HISTOIRE

DE

NOTRE-DAME D'ACEY

PAR

l'Abbé Ch. BLANCHOT

AUMONIER DES CLARISSES DE BESANÇON

OUVRAGE HONORÉ D'UNE MENTION

de l'Académie de Besançon

ET ILLUSTRÉ DE PHOTOTYPIES ET GRAVURES

BESANÇON

HENRI BOSSANNE, IMPRIMEUR-ÉDITEUR

1898

HISTOIRE
DE
NOTRE-DAME D'ACEY

Vu et permis d'imprimer :

Besançon, le 3 Mai 1898.

DUBILLARD,
Vic. Gén.

HISTOIRE

DE

NOTRE-DAME D'ACEY

PAR

l'Abbé Ch. BLANCHOT

AUMONIER DES CLARISSES DE BESANÇON

OUVRAGE HONORÉ D'UNE MENTION

de l'Académie de Besançon

ET ILLUSTRÉ DE PHOTOTYPIES ET GRAVURES

BESANÇON

HENRI BOSSANNE, IMPRIMEUR-ÉDITEUR

1898

INTRODUCTION

Il a plu à Dieu de conserver jusqu'à nos jours, dans la riante vallée de l'Ognon, une de nos plus anciennes abbayes franc-comtoises.

Elle est là, avec son église grandiose, monument le plus vaste et le plus hardi qu'ait jamais vu notre contrée, habitée toujours par les mêmes religieux qui la construisirent en plein Moyen-Age, et qui sont venus, après une interruption de trois quarts de siècle, reprendre la vie austère de leurs premiers pères.

J'ai écrit l'histoire de cette abbaye et je la présente avant tout aux populations avoisinantes. Dans toute la vallée, pendant six cent cinquante ans, on a vu chaque jour les riches et les pauvres, les hommes libres et les serfs s'acheminer vers l'abbaye pour y demander des prières ou des aumônes, pour y porter des offrandes ou des redevances, pour y subir les arrêts de la justice des moines ou pour y trouver protection et secours. Que de fois aussi, aux jours des grandes solennités, la vaste église a été remplie des flots du peuple que traversait lentement la longue file des moines, tandis que l'abbé, à la mitre blanche, d'une main s'appuyait sur sa crosse de bois et de l'autre bénissait les fidèles prosternés. Les fils, ai-je pensé, pourraient être intéressés par un récit où leurs pères avaient une si large part, et prendraient peut-être plaisir, à voir revivre, telle qu'elle fut aux différents siècles de son histoire, la vieille abbaye, si longtemps l'âme de la contrée et où toutes les agitations sociales, politiques, religieuses, dont la contrée a été le théâtre, ont toujours eu un si douloureux contre-coup.

Je la présente encore et surtout aux âmes chrétiennes

à quelque contrée qu'elles appartiennent. Qu'on célèbre les services rendus par les moines à l'agriculture, à l'industrie, aux arts et aux lettres, que l'on salue cette fusion des classes de la société qui s'est faite dans les cloîtres et a préparé la fusion des classes dans le monde, ce n'est que justice, et j'ai estimé que c'était là aussi ma tâche. Cependant une abbaye est fondée dans des vues plus hautes, et lorsqu'on veut en écrire l'histoire dans l'esprit qui a présidé à son institution, c'est à un autre point de vue qu'il faut avant tout se placer.

Une abbaye est une maison de prière où l'on entre dans l'intention de se sanctifier soi-même, et de travailler à la sanctification des autres par les moyens tout intérieurs et surnaturels de la prière et de la pénitence. Son histoire véritable est donc l'histoire de sa ferveur ou de son relâchement, du bien spirituel qui s'est accompli en elle et par elle, et de la gloire plus ou moins grande qu'elle a procurée à Dieu.

Ai-je besoin de le dire, je n'ai pas l'espoir qu'une histoire écrite à ce point de vue offre, à beaucoup de lecteurs, un bien vif intérêt. Aussi est-ce aux âmes chrétiennes que je m'adresse surtout, dans l'espoir qu'elles trouveront dans ces pages quelques leçons ; trop heureux serais-je si quelques-unes y trouvaient des lumières pour leur vocation.

Elles y trouveront, dis-je, des leçons, et avant tout, une leçon de mépris du monde. En voyant tant d'hommes appelés dans le monde à une vie facile, et quelquefois à une situation brillante, tant de prêtres que leur piété et leurs talents semblaient prédestiner à un ministère fructueux et béni dans le clergé séculier, s'enfermer les uns et les autres dans un cloître, uniquement pour s'y préparer à la mort, elles comprendront mieux que, pour chacun, la grande préoccupation doit être de sauver son âme et de se sanctifier.

Elles y trouveront encore une leçon d'humilité et de défiance d'elles-mêmes.

Dans les sept siècles de vie religieuse à Acey, tout n'est pas également édifiant. A certaines époques, il y eut attiédissement, mollesse, négligences plus ou moins graves et prolongées. J'ai dû le reconnaître, et j'ai mis intégralement sur ce sujet comme sur les autres, tout ce que j'ai trouvé dans les chartes, rien de plus, rien de moins. Mais en voyant inutiles et sans effet tant de règles, fruit d'une expérience plusieurs fois séculaire, et tant de précautions prises contre le relâchement par les saints fondateurs, qui ne reconnaîtrait que la sagesse humaine est toujours courte par quelque côté, et que les institutions comme les hommes doivent vivre dans la défiance d'elles-mêmes et dans une crainte salutaire?

Elles y trouveront surtout une leçon d'amour de la pénitence.

La pénitence est en effet le caractère distinctif de l'ordre de Citeaux. Ainsi a-t-il continué une tradition qui remonte jusqu'à l'origine de l'Eglise, et qui se perpétuera jusqu'au jugement dernier. Si les pénitences des Trappistes et d'autres religieux encore paraissent au monde une chose inouïe et extravagante, elles sont au contraire, pour les personnes familiarisées avec l'histoire de l'Eglise, la chose la plus conforme aux exemples et aux enseignements que nous avons reçus de l'antiquité chrétienne.

Les Apôtres pratiquèrent cette vie : saint Pierre n'a d'autre nourriture que quelques lupins ou fèves grossières; saint Paul nous parle lui-même de ses jeûnes nombreux; saint Jacques le Mineur ne mange rien qui ait eu vie; saint Jacques le Majeur s'est, par ses prostrations, durci la peau des genoux et du front comme la peau d'un chameau.

Les chrétiens des premiers siècles recueillent ces exemples comme le plus précieux des héritages. Un grand nombre d'entre eux ne font par jour qu'un seul repas dont le moment varie de trois à six heures du soir; plusieurs passent même des journées entières sans prendre aucune nourriture.

Puis, lorsqu'au quatrième siècle la vie monastique commence en Orient et peu après en Occident, la pénitence en est l'âme. Le jeûne est continuel dans les déserts de l'Egypte et de l'Arabie où habitent par centaines de mille, les solitaires et les religieux, et quel jeûne : Plusieurs, écrivait plus tard Cassien dans les Gaules, regardent comme un mets souverainement délicieux, des herbes cuites dans de l'eau et assaisonnées avec du sel, avec plusieurs autres mets, que ni la température de cette contrée, ni la faiblesse de nos constitutions ne pourraient supporter.

Dans l'Occident, malgré ces obstacles signalés par Cassien, la ferveur est la même. J'ai connu à Rome, écrit saint Augustin, beaucoup de moines qui non seulement ne prenaient aucune nourriture avant la tombée de la nuit, ce qui est partout très usité, mais encore qui très souvent passaient trois jours et davantage sans prendre aucune boisson, ni nourriture.

C'est encore ce qui se pratique à Lérins, dans l'île de ce nom, à Saint-Victor, près de Marseille, à Ligugé près de Poitiers, à Marmoutier près de Tours, à Saint-Bénigne en Bourgogne, à Condat dans le haut Jura, à Luxeuil aux pieds des forêts vosgiennes. A Luxeuil, notamment, la nourriture ne se composait que d'herbes, de légumes, de farine bouillie et d'un peu de pain, et de cette nourriture il ne se faisait qu'un repas vers le soir.

Toutes les nations enfin voient des prodiges semblables, l'Espagne, l'Autriche, l'Angleterre surtout, qui, par la multiplicité et l'esprit de pénitence de ses monastères, mérita d'être appelée l'île des saints.

Ainsi s'est écoulée la première partie du Moyen-Age. Sans doute il y avait des intermittences dans l'héroïsme de cette vie, des alternatives de relâchement et d'austérité, mais lorsqu'un Ordre avait laissé le drapeau de la pénitence extrême s'échapper de ses mains, une réforme se produisait, ou un nouvel Ordre se levait pour le reprendre. C'est à une décadence momentanée de ce genre, dans l'Ordre de saint Benoît, que dut sa naissance l'Ordre de Cîteaux, dont j'ai eu dès lors raison de dire qu'il continue une des traditions les mieux suivies dans l'Église, et que par son histoire seule il prêche la nécessité de la pénitence.

Les âmes chrétiennes trouveront enfin dans ces pages la preuve de la puissance de la pénitence sur Dieu. Jésus-Christ avait dit : Quand j'aurai été élevé de terre, quand j'aurai été mis en croix, quand j'aurai répandu mon sang, je tirerai à moi toutes choses. *Omnia traham ad meipsum.* Et pourquoi? « Parce que, nous répond Bossuet, le ciel apaisé » par la divine pénitence de Jésus-Christ « devait persuader aisément les hommes, et la parole qu'il avait semée devait dès lors fructifier par tout l'univers. Cette vérité étant supposée, je ne m'étonne pas que l'Eglise se soit établie par le moyen des persécutions... Il faut toujours qu'elle dégoutte de sang ; si ce n'est pas du sang que répand le martyre, c'est de celui que répand la pénitence ».

Les pécheurs fléchissant Dieu par la satisfaction qu'ils lui offrent pour leurs crimes, et, lorsque les coupables refusent cette satisfaction, les innocents, comme heureusement il y en a encore, les offrant à leur place, à l'exemple de Jésus-Christ, l'Innocent par excellence, et Dieu enfin écoutant ces voix qui crient vers lui, pour répandre ensuite sur le monde, avec une abondance plus grande, les flots de sa charité, c'est bien là l'esprit le plus pur de la religion chrétienne et comme le fond de sa doctrine.

C'est là aussi le principal motif des pénitences héroïques dont les Trappistes continuent la tradition. Sans doute ces pénitences produisent encore d'autres et non moins admirables effets. Elles domptent les appétits déréglés de la chair et rétablissent entre Dieu et l'âme, cette union que le péché originel a brisée, elles nous rendent conformes à Jésus-Christ, et suivant la loi de l'amour vrai, elles font que les hommes s'immolent pour Celui qui s'est immolé pour eux. Cependant je le répète, la pensée de l'expiation et, par l'expiation, la pensée de la gloire de Dieu que l'on procure, du salut des autres auquel on coopère, est la cause déterminante de ces durs et continuels sacrifices. Et quelle confiance on avait en ces sacrifices dans les siècles chrétiens ! « J'ai à Rome, écrivait le Pape saint Grégoire-le-Grand, trois mille vierges recueillies des monastères ruinés de l'Italie. Leur vie est si sainte, elles prient et jeûnent avec tant de ferveur, elles versent de si abondantes larmes que si elles n'étaient pas là, nul de nous n'eût échappé au fer des Lombards ».

Ainsi les chrétiens attribueront-ils en grande partie au zèle des âmes pénitentes ces victoires éclatantes remportées par la sainte Eglise, toutes les fois que ce zèle s'est manifesté d'une manière extraordinaire : la pénitence chez les Apôtres et chez les chrétiens des premiers siècles est extrême, mais le paganisme est vaincu. Les solitaires et les moines du quatrième et du cinquième siècle poussent l'austérité jusqu'à ses dernières limites, mais l'Arianisme, déjà maître des trois quarts de la chrétienté, expire ; le Moyen-

Age est une grande école de mortification, mais la barbarie succombe. Et aussi ils ne craindront peut-être pas de voir dans les douloureuses épreuves de l'Eglise au quinzième, au seizième, au dix-huitième siècle, la conséquence de ce qu'elle n'eût point, dans ces différentes époques, assez de ces justes pénitents dont Dieu exigeait au moins dix autrefois, pour sauver la seule ville de Sodome.

C'est d'une manière bien indigne d'un tel sujet, mais avec la conviction profonde de ces choses que j'ai écrit ce modeste livre ; s'il n'intéresse pas assez, puisse-t-il au moins instruire et édifier.

NOTRE-DAME D'ACEY

CHAPITRE PREMIER

Situation d'Acey. — Souvenirs de l'époque romaine et de la première époque du Moyen-Age. — Fondation de l'Ermitage Saint-Jean et consécration de sa basilique. — La congrégation des ermites.

La vallée de l'Ognon, qui offre tant de gracieux paysages, en présente peu d'aussi attrayants que celui où est située l'abbaye d'Acey.

Autour de l'abbaye, et rangés comme en demi-cercle, les premiers côteaux du Jura aux sommets verdoyants, aux pentes couvertes de riches vignobles, ferment l'horizon. Des prairies, des forêts, des terres de culture, s'étageant en amphitéâtre, remplissent l'espace qui sépare ces coteaux de la rivière, dont les flots calmes et bleus coulent à pleins bords au milieu tantôt de bas-fonds marécageux, tantôt de rives sablonneuses.

En vain dans cet heureux pays chercherait-on la lande stérile, les rochers dénudés, les broussailles improductives. Si féconde est la terre et si grandes sont les ressources offertes aux travailleurs que la vue, aussi loin qu'elle peut s'étendre, ne trouve aucune parcelle de terre abandonnée à elle-même, aucun sillon privé des sueurs fertilisantes de l'homme. Et ce cours d'eau, ces terres chargées de récoltes, ces bouquets de forêts au feuillage sombre jetés çà et là, ces coteaux enfin dont les sommets se dessinent dans l'azur du ciel tandis que des gorges profondes et noires séparent leurs bases, forment un harmonieux et riche tableau devant lequel personne ne peut rester insensible et indifférent.

Il est donc tout naturel qu'une vie intense et une animation extraordinaire aient toujours été le partage de cette terre.

A l'origine de l'histoire, en effet, la Saône était, avec ses affluents, la grande artère commerciale de la Gaule, Les barques légères des négociants du midi de la France, après avoir remonté le Rhône et la Saône, s'engageaient dans l'Ognon et venaient échanger les étoffes brillantes de leurs contrées ensoleillées, leurs épices et tous les produits de leur art plus raffiné contre les salaisons et les grains des Séquanais. (1) Déjà sans doute de grands villages, de riches exploitations, tirant leur importance de l'agriculture et du commerce, durent couvrir les deux rives de l'Ognon. Plus populeuse et plus vivante devint cependant la vallée, lorsque, à l'époque suivante, les Romains, ses nouveaux maîtres, l'eurent sillonnée de leurs voies, couverte de leurs villes, remplie du bruit et du mouvement de leurs cités.

---

(1) César parle de transports de grains, qui s'effectuaient sur la Saône. (César. *De bello gallico*, lib. Ij. Strabon mentionne à Rome les excellentes salaisons des Séquanes. (Strab. lib. IV).

La voie de Chalon-sur-Saône et Dijon à Besançon la traversait sur une grande étendue, en longeant quelques kilomètres plus haut, la magnifique villa découverte au siècle dernier, à Jallerange, par le professeur Seguin. Au gué de Thervay aboutissaient et cette voie et les chemins romains de Saint-Jean-de-Losne et de Salins. Pour protéger ce gué, on construisait, dès cette cette époque, dit-on, la forteresse de Balançon. (1) Enfin la carte de Peutinger n'indique pas moins, dans la seule vallée, de trois villes sur ces voies.

D'innombrables débris de poteries, de tuileaux, de mosaïques attesteront longtemps encore la puissance de cette civilisation romaine, tandis que des souvenirs d'un autre genre rediront aux générations futures les vicissitudes éprouvées par elle avant sa ruine définitive.

Au troisième siècle, forteresses, villes et villas furent anéanties par une de ces invasions de barbares qui sonnaient le glas de cette domination romaine. Il fallut même que Constance Chlore fît repeupler notre vallée par des prisonniers de guerre.

C'est de cet élément étranger et germain que nos villages conserveront éternellement l'empreinte gravée dans leur nom même.

Qui ne reconnaîtrait la langue allemande, soit dans la terminaison qui particularise le nom de presque tous nos villages, soit dans le W par lequel la plupart de ces noms commençaient au Moyen-Age ? D'un côté : Offlange, Sermange, Malange ; de l'autre : Vitreux, Vuriange, Vauchange. Ajoutez à la fin des premiers

---

(1) Le château de Balançon, actuellement en ruines, était qualifié en 1320, de Châtel Neuf. Il pouvait être une reconstruction.

l'accent tonique supprimé dans le langage écrit ; rétablissez dans les seconds le W tel qu'il existait encore au Moyen-Age, et au milieu des Offlangen, des Malangen, des Wistrug, des Wuriangen, vous pourrez vous donner l'illusion de vous croire dans un coin de la Germanie.

C'est vers la même époque que le christianisme fit son apparition dans les campagnes et spécialement parmi nous.

La critique moderne a constaté l'importance prise dans la société du quatrième, du cinquième et du sixième siècle par la question religieuse : « Tout ce que les hommes d'alors eurent d'énergie, dit Fustel de Coulanges, ils le portèrent du côté de la religion. Payens et chrétiens, dans une mesure presque égale, tournèrent vers elle toutes les forces de leur âme. Elle fut le centre de leurs ardeurs et de leurs passions, de leur travail d'esprit, de leurs devoirs, de leurs vertus, de leur dévouement. Il ne leur resta pas de vigueur pour la vie politique ».

Cette lutte des deux religions a laissé dans notre contrée d'ineffaçables souvenirs. Au cinquième siècle, la chaîne de collines qui ferme notre horizon était encore appelée la montagne des Gentils. Parmi les villages groupés à ses pieds, l'un, situé à côté de Thervay, était nommé village des Athées. (1) Cette dénomination n'indiquerait-elle pas qu'au milieu de populations chrétiennes, cette montagne, ce village avaient été les derniers refuges de l'idolâtrie mourante ? Pendant longtemps

(1) Cartulaire d'Acey.

peut-être, des idoles y restèrent cachées dans la profondeur des forêts, sur quelque autel rustique, autour duquel se rassemblaient, aux jours des solennités païennes, les fidèles de l'ancien culte. Ainsi, saint Colomban arrivant à Luxeuil trouvait encore au fond des forêts de grossières images de pierre adorées par les habitants à demi sauvages des environs. Le dernier refuge de l'idolâtrie dans les montagnes des Vosges fut, on le sait, choisi par le saint pour celle de ses fondations à laquelle Dieu réservait les destinées les plus hautes. De même Athée, fut choisi par saint Lupicin, l'un des deux fondateurs de l'illustre abbaye de Condat pour une fondation monastique. Saint Lupicin mourut en 490 (1). On doit reporter naturellement avant cette époque les premiers débuts de cette maison religieuse, qui n'eut, du reste, qu'une vie bien éphémère. Deux cents ans après, en effet, la seizième année du règne de Charlemagne, un comte Frédéric donnait à cette même abbaye de Saint-Claude, désignée à cette époque sous le nom de Saint-Oyant, un grand nombre de villages de la vallée, entre autres ce même Thervay. Il ne faisait pas même mention, tant elle était oubliée, de la fondation du cinquième siècle, ni des droits qui auraient pu en résulter pour l'abbaye de Saint-Oyant. La donation de Frédéric ne tomba point dans un oubli aussi profond. Nous la verrons rappelée au douzième siècle, dans une charte du comte Renaud III, mais rappelée en termes qui indiquent que le souvenir seul en restait, et que toute possession et jouissance effectives de la grande

---

(1) Histoire de l'Abbaye et de la terre de Saint-Claude, par Dom Benoît.

abbaye jurassienne sur notre vallée avaient depuis longtemps cessé (1).

Enfin au douzième siècle Dieu suscite une institution nouvelle : l'ermitage Saint-Jean, auquel devait immédiatement succéder l'abbaye d'Acey.

Nous arrivons donc à notre histoire et nous commençons à dépouiller nos chartes.

Auprès de ce même Thervay, dans cette même gorge qui avait reçu autrefois la colonie des moines de Saint-Claude, on voyait au commencement du douzième siècle, deux hommes se construire des huttes de branchages et de boue. L'un était prêtre et se nommait Constantin ; le second, son frère, était laïque et se nommait Robert.

Fuir le monde pour ne plus parler qu'à Dieu et à ses anges, se vouer à la pauvreté et à la pénitence dans ce qu'elles ont de plus rigoureux et de plus extrême, voilà ce que cherchaient ces deux hommes. Nous sommes, ne l'oublions pas, au douzième siècle, où l'on ne sait entreprendre que de grandes choses pour Dieu, sous l'empire d'une foi dont l'ardeur n'a jamais été dépassée. Cette foi jette des multitudes sur le chemin de l'Orient, à la conquête du tombeau du Christ ; elle jette aussi d'autres multitudes dans les cloîtres ; et, à la fin du onzième siècle, elle les jette dans la solitude, au milieu des forêts, pour y fonder des ermitages.

C'est de l'Orient, des solitudes de la Syrie, de l'Egypte et du Sinaï, qu'avait été importée parmi nous la vie érémitique. Les Vies des Pères du Désert, les

(1) *Histoire de l'abbaye et de la terre de Saint-Claude,* par Dom Benoît.

Conférences de Cassien, secondant les mouvements de l'Esprit-Saint, en avaient donné la pensée. Constamment lus et relus, ces livres entretenaient une héroïque ardeur chez ceux qu'avaient attirés dans la solitude les exemples des anachorètes orientaux. Si grand en fut le nombre que, pendant un siècle, le mouvement érémitique, on peut le dire, souleva la France, et que ce siècle pourrait être appelé le siècle de l'érémitisme français.

Ainsi, en 1096, Bernard de Tiron, s'enfonçant dans les forêts du Mans et de la Bretagne pour fuir la charge d'abbé à Saint-Savin, trouvait ces forêts plus peuplées d'ermites que de bêtes fauves et les comparait à une nouvelle Egypte. En 1118 était mort Robert d'Arbrissel, le Jean-Baptiste du onzième siècle ; avant de fixer à Fontevrault les immenses multitudes qui venaient demander à son zèle impétueux le chemin le plus court pour arriver à la vie éternelle, il les avait aussi entraînées à travers les forêts et les landes, ne les nourrissant que d'herbes sauvages comme il s'en nourrissait lui-même.

Firmat de Tours mourait un peu plus tard, en 1143, sous sa hutte de branchages, où, comme autrefois Adam dans le paradis terrestre, il était visité par les sangliers de la forêt et par les chevreaux et autres animaux sauvages avides de ses caresses.

Vital de Mortain, mort en 1122, Raoul de la Fustaye, mort en 1129, Alleaume du Mans, mort en 1152, tous ermites, princes du désert, selon l'expression de leurs contemporains, y avaient rassemblé après eux de nombreux disciples (1).

(1) Voir *Histoire de l'Eglise* par l'abbé Darras, t. XXIV, p. 512-570.

Parmi tous ces initiateurs de la vie érémitique en France, qu'il nous soit permis d'inscrire désormais le prêtre Constantin et son frère Robert.

Pour éviter d'inutiles redites, citons dans son entier la charte d'Anséric, archevêque de Besançon, le principal document que nous ayons sur cette fondation : nous y retrouvons toute son histoire.

« Anséric, par la grâce de Dieu, archevêque de Besançon, à tous les Ordres de la foi catholique.

« Qu'il soit connu de la religion chrétienne que les chevaliers et seigneurs de Thervay, Ponce et ses frères, Gui, Guillaume et Gérard, sa mère Ermengarde, et ses fils Thierry, Narduin, Hugues et Robert, dame Berthe, son fils Ansedel et ses autres jeunes frères, Narduin d'Auxange et son fils Etienne, Aimé de Pin et son cousin Pierre de Bay, et Gui de Brans, embrasés de l'amour de la divine charité ont donné ce lieu au prêtre Constantin et à son frère Robert qui, abandonnant pour Dieu les affections charnelles, s'étudient à marcher sur les traces du Christ qui nous dit : *Venez à moi vous tous qui travaillez et qui êtes fatigués, et je vous donnerai le repos*. Et par l'opération de Dieu, le cinq des calendes de décembre, nous y avons consacré une basilique en l'honneur de saint Jean-Baptiste et des autres saints.

« Ce lieu leur a été donné à perpétuité pour qu'ils y habitent, eux, leurs compagnons et leurs successeurs, en y servant le Seigneur pour le remède et le salut de leurs âmes. Leur ont été donnés aussi tous droits d'usage nécessaires pour eux et pour leurs animaux, tant dans les forêts et champs que dans les pâturages, prés et moulins, dans toutes les possessions des seigneurs de

Thervay et dans les dépendances des deux villages qui se nomment Colombier et Athée, du consentement et de l'approbation de tous les seigneurs desdits villages, afin qu'ils regardent ces droits comme devant leur être communs à perpétuité et sans aucune contestation. De plus, dans les territoires susdits, autant ils auront cultivé, de leurs mains ou avec des instruments, de terres non possédées par un colon y étant attaché et les habitant, qu'ils sachent que par un don semblable des seigneurs de ces lieux, ces terres leur appartiennent libres des impôts et des dîmes que percevaient ces seigneurs.

« C'est pourquoi dans les oraisons, messes et autres bonnes œuvres de ceux qui habiteront ici jusqu'à la fin du siècle, seront recommandées les âmes desdits seigneurs et de leurs prédécesseurs.

« Les témoins sont Rodolphe et Pierre, prêtres de Mercey, Hugues, doyen de Dôle, Pierre, prêtre de Lavans, Lambert et Enarrien, prêtres de Thervay.

« Or les seigneurs chanoines de l'église de Saint-Jean l'Evangéliste de Besançon ont remis à ceux qui habitent dans le lieu susdit, et sous la condition d'une livre de cire de cens annuel, toutes les dîmes auxquelles leur église de Thervay aurait eu droit sur toutes les terres que les nouveaux habitants cultiveront de leurs mains ou avec le secours de six bœufs. Albéric doyen est venu leur en apporter la nouvelle. Humbert secrétaire a été témoin. De plus le prêtre Menegaud a remis complètement à ces frères toutes les dîmes que l'église de Brans aurait eu le droit de percevoir sur leurs terres. Furent témoins le prêtre Payen, le scribe Humbert, et Bernard fils de Trembert.

« Pour nous, comme l'autorité attachée à notre charge nous fait un devoir de nous employer à protéger nos églises et à rendre stable ce qui a été justement concédé, établi, disposé et donné, par la vertu du Saint-Esprit, nous confirmons et nous établissons que ce lieu doit demeurer à l'abri de toute incursion d'ennemis et que toutes les choses données doivent demeurer inviolables.

« Mais si quelqu'un sciemment ose aller contre ces décrets, qu'il soit accablé sous le poids de l'excommunication, jusqu'à ce qu'il fasse pénitence.

« Enfin, pour que ceci soit tenu comme certain dans tous les siècles, nous le confirmons par l'impression de notre sceau. L'an de l'Incarnation 1128 Indiction XV.

Ansèric, *archevêque*; Renaud, *consul* ».

Cette charte, écrite sans doute le jour de la consécration et dans l'ermitage lui-même, fait revivre sous nos yeux tous les incidents de la solennité. On devine la joie d'un jour de fête. A côté de ces prêtres et de ces seigneurs faisant abandon des droits de leurs églises et de leurs châteaux sur les terres de l'ermitage, on pressent les flots du peuple qui a envahi la basilique pour recevoir la bénédiction du Pontife, admirer le monument nouveau, et enfin voir de plus près les ermites.

Les ermites offraient en effet une ample matière à la curiosité populaire.

Un ermitage n'est point un monastère dans le sens ordinaire attaché à ce mot. Dans un monastère, il y a une règle, des exercices, des travaux communs. Les moines mangent et travaillent ensemble, dorment dans un dortoir commun. Dans un ermitage, l'homme, en principe, est seul, prie, travaille, mange dans une solitude complète : seule, l'église voit les ermites réunis pour l'oblation du saint Sacrifice.

Ecoutons maintenant saint Jean Climaque, tour à tour ermite et moine, nous redire ce que doit être la vie de l'ermite : nous verrons alors si la curiosité populaire, si la bienveillante démarche de l'archevêque Anséric, et enfin si les donations généreuses des seigneurs et des prêtres des environs n'étaient pas justifiées.

« Lorsque vous voulez sortir du monde, dit d'abord le saint, distribuez promptement votre bien (car pour le vendre il faudrait du temps) et donnez-le aux religieux qui sont pauvres, afin qu'ils se joignent avec vous par leurs prières et qu'ils vous obtiennent la grâce d'embrasser la vie solitaire » (1).

Ce dépouillement universel n'est que la moindre des qualités requises du solitaire : « Que nul de ceux qui se sentent sujets à la colère, ou à la vanité, ou à la dissimulation, ou au ressentiment des injures ne soit jamais si téméraire que de faire seulement un pas pour entrer dans la solitude (2). Et quant à ceux qui seront purifiés de ces passions, ils pourront juger quel état, anachorétique ou religieux, leur est plus utile, ou plutôt ils n'en jugeront pas eux-mêmes, mais ils s'en rapporteront au discernement et au jugement d'un autre (3). L'état de l'anachorète, continue saint Jean Climaque, est, en effet, bien différent de l'état d'un religieux. Le premier a

(1) Echelle, p. 248.
(2) Id. p. 433.
(3) Page 433.

besoin d'une grande vigilance et d'une profonde humilité, comme n'ayant que les Anges qui le peuvent secourir, au lieu que l'autre peut être assisté par ceux qui vivent avec lui dans le monastère » (1).

Ces paroles ne s'appliquent point complètement à nos ermitages occidentaux où l'on chercha à remédier à l'isolement et aux périls dont il était la cause par le groupement des cellules et par un lien de communauté. Le solitaire n'en demeurait pas moins seul dans sa cellule, privé des secours que la présence quotidienne de ses frères lui eût apportés dans les luttes contre l'esprit du mal, et dès lors la distinction établie plus haut demeure vraie dans son ensemble. Où l'imitation put être complète, ce fut dans l'esprit de prière : Lorsque le solitaire a lassé son esprit à force de méditer étant assis, il le délasse en se levant pour faire oraison. Et lorsqu'après la prière il s'est assis de nouveau pour reprendre son premier exercice, il le fera avec une nouvelle vigueur (2).

Ce fut encore dans l'esprit de pénitence : « Du pain de son, de l'eau pure, et des légumes très ordinaires ne sont pas chose très suave, mais il est très agréable, pour l'amour de Jésus-Christ et dans le désir de goûter les délices intérieures, d'en contenter un corps docile et bien réglé. »

Le travail surtout fut en grand honneur parmi eux. Tout en l'approuvant, saint Jean Climaque conseillait aux solitaires encore faibles dans la vertu de ne s'em-

---

(1) Page 424.
(2) Page 427.

ployer point en des travaux corporels qui détourneraient leur esprit de la prière.

Le génie de l'Occident, plus porté à l'action que le génie de l'Orient, est allé plus loin sur ce point que le grand docteur, et le travail des mains est devenu une des obligations de l'érémitisme français.

Il était en particulier une obligation pour les ermites du Val-Saint-Jean. Les terres qui leur furent données, les animaux de culture dont il est fait mention dans nos chartes, indiquent l'alliance qui se fit dans leur vie entre la contemplation et le travail.

Ainsi comprise, la vie érémitique, prière continuelle, contemplation incessante des perfections divines, loin de tout ce qui pourrait occasionner quelque divagation de l'esprit ou quelque trouble de l'âme, est, nous assure saint Basile, une vie d'anges plutôt que d'hommes.

Telle fut cependant la vie des ermites du Val-Saint-Jean, dont le patronage, choisi par eux, de saint Jean-Baptiste, l'austère précurseur, nous dit assez les hautes aspirations.

Dans ce saint ermitage, tous, sans doute, « commencèrent à rassasier par des transports et des désirs insatiables leur violent amour pour Dieu, ajoutant sans cesse un nouvel amour à leur premier amour, une nouvelle ferveur à leur première ferveur, et un nouveau feu à leur premier feu. » Les anges vinrent-ils converser quelquefois avec eux, comme plusieurs fois saint Jean Climaque les avait vus converser avec les solitaires dans les laures d'Orient ? Les anges des ténèbres qui s'attaquèrent si souvent aux solitaires d'Orient, et qui, plus récemment, avaient fait reculer par leurs manifestations extérieures et leurs persécutions saint Romain et saint Lupicin, les deux fondateurs de Condat, vinrent-ils aussi tenter de les effrayer? Nous l'ignorons. Ce que nous savons, c'est que des parfums de sainteté s'exhalèrent longtemps de leur maison.

Quelques années après la consécration de la basilique, les seigneurs de Sermange, de Thervay et d'Auxange lui faisaient en effet une nouvelle donation, pour s'assurer pendant leur vie et après leur mort le secours des prières et des suffrages des ermites (1). Ce qui relève cette donation, c'est qu'elle est faite non seulement avec l'approbation de l'archevêque Anséric, mais en présence de Gauthier, évêque de Chalon; d'Adalbéron, évêque de Bâle; d'Henri, évêque de Toul; du comte palatin Renaud; du vicomte de Besançon; du maître d'Hôtel et de l'Echanson de l'Archevêché. Peut-on croire que, sans une sainteté éminente, nos ermites eussent pu attirer l'attention de tant de nobles personnages, à l'occasion d'une chose aussi ordinaire, à cette époque, qu'une donation?

Quelles espérances le saint archevêque Anséric ne devait-il pas fonder sur cette maison naissante, et avec quelle pieuse joie dut-il consacrer de l'huile sainte cette basilique destinée à être réchauffée par l'ardeur de tant de prières!

Ces espérances devaient être trompées, au moins quant à la basilique.

A partir de cette seconde et dernière donation, le silence se fait sur notre ermitage. Ces biens que l'archevêque Anséric avait déclarés la propriété inaliénable

(1) Archives du Jura, Fonds d'Acey.

des successeurs de Constantin, sont énumérés par le pape Lucius, cinquante ans après, parmi les propriétés de l'abbaye cistercienne que nous allons voir fonder à Acey, à côté de l'Ermitage. Les chartes relatant, et la consécration de la basilique et les donations qui l'ont suivie, sont insérées dans le Cartulaire d'Acey et comptent parmi les monuments de son histoire.

Qu'est-il donc arrivé ?

Il n'est pas difficile de le deviner.

Un grand nombre de communautés régulières, le monastère de Saint-Claude entre autres, furent primitivement des ermitages. Leurs saints fondateurs avaient ainsi pris leur vol vers les régions les plus hautes, et avaient ambitionné l'état le plus difficile qui soit dans l'Eglise de Dieu. Lorsque des compagnons étaient venus se joindre à eux, ils leur avaient assigné à chacun une cellule où ceux-ci devaient, à leur exemple, s'exercer à la vertu dans la solitude. Bientôt, cependant, les fondateurs eux-mêmes ou leurs premiers successeurs se pénétraient plus vivement de cette vérité d'expérience, que si la vie solitaire est la plus sublime, elle est la plus dangereuse. On ne peut s'y soutenir, disait saint Basile, qu'après s'être dépouillé de tout ce qu'il y a de terrestre dans la nature de l'homme. Aussi, concluait-il, la voie la plus sûre, la plus utile pour le salut de plusieurs et la plus proportionnée à la faiblesse humaine est incontestablement la vie commune des maisons religieuses (1).

Tous les fondateurs d'ordre se résignèrent peu à peu en effet à abriter leur bien-aimées congrégations nais-

(1) Reg. Interrog., 7.

santes dans le port calme et tranquille de la vie religieuse sous une règle commune. Quelquefois, comme à Condat, ils composaient eux-mêmes cette règle.

Plus souvent, ils affiliaient leur communauté à un ordre déjà florissant dans l'Eglise.

Ainsi, dans ce même douzième siècle, quarante maisons d'ermites, fondées dans le Maine par le bienheureux Vital de Mortain, sollicitèrent leur admission dans l'Ordre cistercien.

Ainsi ont dû faire les ermites du Val-Saint-Jean.

En 1138, dix ans seulement après la consécration de leur basilique, l'Ordre cistercien fondait l'abbaye d'Acey, dans la même vallée et à une courte distance. Tout porte à croire qu'ils ont sollicité leur affiliation à l'Ordre. Bien plus ; l'ermitage a dû être lui-même le berceau de l'abbaye naissante.

Maintes fois, en effet, dans les fondations cisterciennes, nous voyons un petit monastère du voisinage abriter la colonie destinée à être le noyau de l'abbaye future. La vieille abbaye bénédictine d'Aiguebelle reçut dans ses cloîtres les religieux cisterciens pendant la construction du nouveau monastère. A Cherlieu, un prieuré d'Antonins servit également pendant quelque temps, et pour une raison semblable, de monastère provisoire (1). L'ermitage du Val-Saint-Jean a pu rendre le même service aux premiers religieux d'Acey en même temps que ceux-ci accordaient aux ermites l'immense faveur de les admettre dans leurs rangs.

(1) *Histoire de l'abbaye de Cherlieu,* par l'abbé Besson. — Le plan cadastral de Montigny-les-Cherlieu mentionne encore la forêt où était situé ce prieuré.

Dans la basilique, aux murailles humides encore de l'huile sainte de la consécration, se fit l'union des âmes et des cœurs, et les deux communautés n'en firent plus qu'une seule qui put mettre légitimement dans son cartulaire, et compter, comme les premiers éléments de son histoire, les chartes relatives à l'Ermitage. Lorsque les principaux bâtiments réguliers furent construits à Acey, la communauté tout entière y émigra, y transportant processionnellement ce qu'elle avait de plus précieux : la sainte Eucharistie et l'huile sainte des malades ; ses vases sacrés et ses chartes.

La basilique de l'ermitage, honorée de la consécration épiscopale, finit cependant bientôt par être oubliée devant l'épanouissement de sa grande sœur l'église abbatiale.

Et comme aujourd'hui à Cherlieu, seul le nom d'une forêt rappelle le Prieuré antonin, de même le nom de Val-Saint-Jean, donné à une gorge, et deux parchemins, perdus dans une collection, rappellent seuls les hommes héroïques dont les angéliques vertus ont fait l'admiration de leur siècle. Ainsi tout passe, tout disparaît sur cette terre. Dans le ciel au moins nos ermites francs-comtois ont trouvé un asile plus sûr que les oublieuses mémoires humaines.

C'est là que je suis heureux de leur adresser, et ce modeste souvenir de leurs vertus, et une humble prière.

CHAPITRE II

Renaud III, comte palatin de Bourgogne, fondateur de l'Abbaye d'Acey. — Les archevêques Anséric et Humbert, ses protecteurs ; les seigneurs et prêtres, ses principaux donateurs. — L'Ordre de Citeaux : sa règle, sa popularité et les motifs de cette popularité. — Saint Bernard et Acey.

A une faible distance du Val Saint-Jean, sur le bord même de la rivière, au centre de ce gracieux paysage dont nous essayions plus haut de retracer les charmes, une éminence légère portait, avec le territoire qui l'environnait, le nom d'Acey ; en latin : Aceyum et Accintum (1).

C'est là que va être élevée l'abbaye future, par une dérogation, reconnaissons-le, à la tradition cistercienne consignée dans ces deux vers célèbres :

Bernardus valles, colles Benedictus amabat;
Franciscus vicos, magnas Ignatius urbes.

« Bernard aimait les vallées, Benoît les collines, François les faubourgs, et Ignace les grandes villes ».

Saint Bernard nous a donné lui-même les motifs de sa prédilection pour les vallées. « Nos saints pères et prédécesseurs, dit-il, cherchaient des vallées humides

---

(1) Le nom d'Accium avait été emprunté à l'osier des marais voisins, sauf à être remplacé plus tard par le vocable Accinctum. *L'Eglise et les monuments de l'abbaye cistercienne d'Acey*, par M. Jules Gauthier, archiviste du Doubs.

et profondes pour y élever leurs monastères, afin que les religieux, souvent malades, eussent sans cesse la mort devant les yeux, et vécussent toujours dans une crainte salutaire ». Ce résultat dut facilement être obtenu dans la plupart de nos abbayes cisterciennes. Celle de Cherlieu, avec sa grande église, dans laquelle vingt mille personnes, dit-on, pouvaient prendre place, fut élevée dans une gorge étroite que dominent deux collines boisées, et en aval d'un étang dont les vapeurs et les brouillards devaient être un danger perpétuel pour la vie des moines. A Clairefontaine, la gorge est moins resserrée, mais le ruisseau est plus fangeux. Lorsqu'après avoir traversé un étang, il longeait le monastère et venait mettre en mouvement son moulin, il devait y répandre plus facilement encore les fièvres que ses eaux.

Il y avait loin de ces vallées où le clocher même de l'église était surpassé, caché par les forêts et les collines, à l'éminence légère sur laquelle l'abbaye d'Accy allait se détacher dans l'azur du ciel, et dominer elle-même les collines et les forêts environnantes.

Aussi cette dérogation à la tradition nous paraît être due à la volonté nettement exprimée de l'archevêque Anséric.

A Acey même, un prêtre nommé Thierry desservait une chapelle. Il avait uni à cette chapelle quelques terres qu'il possédait dans le voisinage et il y servait Dieu pieusement. Il offrit le tout, terres et chapelle, à Anséric, approuvant et demandant même avec instance *laudante et rogante* (1) que le don en fût fait à

(1) Archives du Jura.

l'abbé de Cherlieu pour y construire une abbaye. Anséric goûta cette idée, offrit la chapelle, et les moines durent s'incliner.

Faisons immédiatement remarquer que le clergé affirmait ainsi par des actes sa respectueuse vénération pour l'ordre monastique. Les moines à leur tour, semblent avoir voulu conserver à jamais, comme un symbole de leur fraternelle union avec le clergé, l'humble chapelle qui fut la cause occasionnelle de la fondation de leur abbaye,

Sur un plan inférieur à l'église abbatiale et aux bâtiments réguliers, aujourd'hui encore un humble édifice aux murailles épaisses, aux étroites et courtes fenêtres du roman le plus pur, rappelle le dixième ou le onzième siècle. Une cour qui lui est contiguë, et où des ossements sont fréquemment mis au jour, semble avoir servi de cimetière. Il n'est pas téméraire d'y voir la chapelle du prêtre Thierry qui a traversé les siècles, protégée par la reconnaissance des moines.

Il n'est que juste de reconnaître qu'au point de vue spirituel la situation d'Acey offrait d'autres avantages.

L'abbaye allait s'y trouver, comme le demandait la règle, éloignée de tout village. Grâce au voisinage de l'Ognon, elle devait pouvoir s'entourer facilement de grands moulins et d'étangs, et dès lors se suffire à elle-même. Pour toutes ces raisons, elle allait être à l'abri du contact trop fréquent avec les séculiers et du relâchement qu'ordinairement il amène.

On ne saurait douter que toutes ces choses n'aient été vues et prises en sérieuse considération par les moines.

Donnons maintenant un rapide souvenir aux principaux personnages que nous allons rencontrer à la fondation de notre maison.

Renaud III, comte palatin de Bourgogne, est un des princes les plus religieux et les plus remarquables qu'ait eus la Franche-Comté. Treize abbayes cisterciennes s'y élevèrent sous son règne ; deux, celles de Cherlieu et d'Acey, son œuvre directe et personnelle ; les autres favorisées et encouragées par lui. Sa statue, placée au-dessus de la grande porte de notre église, et l'inscription qui l'entourait rappelèrent longtemps la part principale qu'il avait eue dans notre fondation (1). Ajoutons que l'image du prince pouvait impunément traverser les siècles. Si elle rappelait la guerre désastreuse qu'il s'attira avec l'Empire par ses prétentions exagérées sur une grande partie de la Suisse, elle symbolisait surtout la plus inépuisable charité.

Les archevêques de Besançon Anséric et Humbert ont droit aussi à une mention spéciale. Qui fut plus zélé qu'Anséric ? la sainteté qui brillait dans l'Ordre de Cîteaux avait séduit son âme de saint, et il eût voulu voir s'élever dans chaque vallée de son vaste diocèse le clocher d'une abbaye. Aussi jamais n'en vit-on jaillir en aussi grand nombre à la fois de notre sol : Bellevaux et Cherlieu en 1130, Rozières et Clairefontaine en 1133, le Lieu-Croissant en 1134. Il mourut en cette même année 1134, après avoir accepté la chapelle du prêtre Thierry en vue de la fondation de l'abbaye d'Acey dont

---

(1) *Raynaldus comes Burg. 1138 fundavit cœnobium Accincti.*
Renaud, comte de Bourgogne, a fondé le monastère d'Acey en 1138.

il a toujours été regardé comme un des premiers bienfaiteurs.

Humbert, son successeur, marcha sur ses traces. Il acheva l'abbaye de Billon qu'avait commencée Anséric, fonda la Grâce-Dieu et Theuley, et établit à Onans le premier monastère de religieuses qu'ait eu l'Ordre de Citeaux dans notre diocèse. Nous verrons plus tard ses nobles luttes contre l'empereur Frédéric. Ce fut lui enfin qui fonda définitivement, avec Renaud III, l'abbaye d'Acey.

En 1138 « Renaud III donne donc à Dieu et à sainte Marie de l'abbaye que l'on doit fonder à Acey de l'Ordre des Cisterciens, tout ce qu'il possède en champs, prés, forêts, pêches, et autres droits dans ledit lieu. Tous ceux qui tiennent quelque chose de lui à Acey font un abandon semblable en faveur de l'abbaye (1). »

Lorsque l'abbaye fut définitivement fondée, une nouvelle donation vint confirmer la première.

« Moi, Renaud, comte de Bourgogne, implorant de la miséricorde divine le pardon de mes fautes, je donne à Philippe, abbé d'Acey, et aux autres frères du même lieu cette terre et cette possession, c'est-à-dire les champs, prés, forêts, eaux et cours d'eau, pâturages et autres usages, que j'avais acquis, par don et à prix d'argent, de Narduin d'Auxange, auprès du château de Thervay et de ses appendices. Je donne et je concède le tout, afin que la vie temporelle des religieux puisse être quelque peu sustentée par mon bienfait, et que, par le mérite de leurs prières, la bonté divine vienne à mon secours. »

(1) Pièces justificatives. Archives du Jura, Fonds d'Acey.

D'après cette charte, c'est de la maison d'Auxange que le prince avait acquis les terres qui constituèrent le premier domaine de l'abbaye ; ce domaine fut encore augmenté, au dire d'un historien, par les terres qu'il possédait dans la vallée de l'Ognon, du chef d'Etiennette de Vienne, son aïeule (1).

Les noms des seigneurs feudataires du prince et imitateurs de sa générosité méritent d'être cités à côté du sien.

Ce furent Gérard d'Etrabonne et ses fils, Hugues de Montmirey et ses fils, Jérémie de Rufey et Théodoric son fils, Gérard d'Ougney, sa sœur et la fille de sa sœur ; les deux frères Ponce et Gérard, neveux l'un et l'autre de Gérard d'Etrabonne ; Guy de Pagney et son frère ; Guillaume d'Ougney et son frère Ponce ; Richard, fils de Landri, et tous ceux qui tenaient quelque chose de lui dans ce lieu ; et enfin Ulric d'Arch avec sa femme et son fils.

La donation de ces seigneurs, conçue dans les termes les plus larges comme celle de Renaud, comprend tout ce qu'ils possèdent à Acey en champs, prés, forêts, droits de pêche et tous autres droits indistinctement.

Il y eut moins de charité et de dévouement là où l'on était en droit d'en attendre davantage.

Nous avons mentionné plus haut la donation faite par le comte royal Frédéric en 785 dans la vallée de l'Ognon en faveur de l'abbaye de Saint-Claude.

Cette donation était bien oubliée au douzième siècle, si l'on en juge par les termes dont se sert à son égard Renaud III :

(1) Dictionnaire des communes du Jura. — Thervay.

« Parce que ces terres étaient dites avoir appartenu à l'abbaye de Saint-Oyan du Jura..... »

Néanmoins cette abbaye rappela sa possession antique et revendiqua ses droits. Les Cisterciens en convinrent et « statuèrent qu'un cens de cinq sols serait annuellement versé à cette abbaye » pour le rachat de ces droits. Renaud III fit mieux encore : il prit à sa charge les « cinq sols » et statua que « quatre seraient payés sur ses vignes de Montagney au lieu dit Groyz(1), et les douze deniers restants sur ses vignes d'Arbois au lieu dit Rufart. »

Enfin, dans le livre d'or des bienfaiteurs de l'abbaye, que de pages durent être remplies par cette généreuse noblesse qui a eu pendant tant de siècles la responsabilité du pouvoir et de la richesse. Si elle en a connu les excès, elle a laissé dans l'histoire le double souvenir d'une vaillance qui ne sut jamais craindre et d'une charité qui ne sut jamais compter.

Nous aurons occasion de revenir plus tard sur ces donations et sur le domaine qu'elle constituèrent. Qu'il nous suffise de dire ici que dans huit chartes contre-signées par l'archevêque Humbert, il n'y a pas moins de deux cents donations, faites, pour quelques-unes, par les petits propriétaires libres du voisinage, pour l'immense majorité, par la noblesse.

Il y a eu, on le devine, dans un rayon de sept à huit lieues autour de l'abbaye, et probablement à la requête de l'archevêque tendant la main pour ses moines, de véritables cotisations, fruits d'une enthousiaste émulation et d'une lutte de générosité et de piété.

(1) Montagney, il y a encore dans les vignes un lieu dit Les Croz.

Plusieurs donations sont faites par des prêtres.

Pierre, moine d'Avrigney, a donné à Dieu et à Sainte-Marie d'Acey tout son alleu qui était situé à Avrigney, à Tromarey et à Cul.

Ami, prêtre d'Avrigney, a donné à Dieu et à Sainte-Marie d'Acey dix arpents d'une seule pièce.

Odon, chapelain de Bard, a donné à Dieu et à Sainte-Marie d'Acey tout ce qu'il avait sur le territoire de Bard, et qui était situé entre le moulin et la grange (1).

Benoît, clerc de Vitreux, a donné une parcelle de terre près de Genlitz.

Hugues, prêtre d'Etrabonne, a donné trois arpents de terre auprès d'Ougney, et une parcelle auprès de Morchineth, et une faux des prés de Durand de Motey ; les moines lui ont cédé en retour la manse d'Humbert de Jallerange et, auprès de Pagney, une manse que tenait Humbert le Blanc.

Aldon, convers de Bran, a donné toute sa terre.

Humbert, prêtre, Otton clerc, et Richard leur frère, de Venère, ont donné tout ce qu'ils avaient à Neuvelle.

Besançon, prêtre de Lavans, et Odilon, clerc de Malanges, ont donné tout ce qu'ils avaient à Longue-Queue, et la terre qu'ils y partageaient avec Lambert de Malanges.

Robert, clerc de Salmanges, a donné tout ce qu'il avait à Malanges et auprès de Mont-Mourey et auprès de Salmanges.

---

(1) *Petrus monachus de Avregney dedit... totum alodium suum... Amicus presbiter de Avrigne dedit... decem jugera agri in uno campo. . Odo capellanus Barri dedit... quidquid in territorio Barri.*

Marie de Taxenne, nièce du prêtre Poncet, a donné tout son alleu en tous lieux où il se trouvait.

Puis vient la noblesse, dont les souscriptions multiples nous donnent lieu d'admirer, disons-le passant, le changement introduit dans la famille par le christianisme.

Dans le paganisme, l'homme, chef de la famille, pouvait librement en être le tyran. La loi qui faisait de la femme son esclave lui donnait aussi le droit de vie et de mort sur ses enfants.

Ici, l'épouse donne avec l'époux, souvent les filles, presque toujours les fils donnent avec le père.

Nous prenons au hasard les premières donations qui nous tombent sous les yeux.

« Narduin de Pin, et tous ses fils, c'est-à-dire Hugon, Valon, Adon, qui l'ont approuvé et loué, ont donné tout ce qu'ils avaient à Colombier

« Girard d'Arne et ses filles ont donné tout ce qu'ils avaient à Thervay, Colombier et Athée.

« Adile de Serre et Guy son fils ont donné le pré du moulin Armé.

« Bernard d'Arne et son épouse ont donné tout ce qu'ils avaient à Sermanges.

« Etienne de Brans, son épouse qui le loue, et son frère Simon, ont donné six arpents de terre à Colombier et tout ce qu'ils réclamaient dans les prés du Colombier ; ils ont donné de plus auprès de Colombier deux arpents et un certain jardin en échange desquels nous leur avons donné un jardin à Brans et deux arpents. Tout cela a été approuvé et loué par les fils d'Etienne susdit ».

Enfin il n'y a pas jusqu'à Odon de Rougemont, vicomte de Besançon, qui ne fasse approuver par sa femme la concession des droits de pâturage et d'usage dans les forêts et friches de Gy et de Bucey (1).

Ce père, qui fait contrôler par les siens l'administration de ses biens ; cette épouse, ces enfants qui s'unissent à lui pour s'appauvrir avec lui dans un acte de charité, voilà la famille telle que le christianisme l'a faite.

La voilà aussi telle que nos chartes nous la montrent dans ces manoirs féodaux représentés depuis longtemps sous de si noires couleurs, mais auxquels l'histoire impartiale, s'inspirant des chartes poudreuses ou des récits exhumés chaque jour de l'ombre des archives, sera forcée un jour de rendre justice.

Voici enfin les représentants de la classe intermédiaire entre les seigneurs et les serfs, les hommes libres, les petits propriétaires appelés dans l'avenir à de si hautes destinées.

« Hue, Etienne de Cray, Guy de Cray, Maignon, Vichard, Odilon Bordel, Aluz, Henri le Faucon, Humbert Brafort, Etienne de Valnoise, Payen le pèle, enfin tous les hommes libres d'Ougney, d'un commun conseil et consentement, ont donné à cette même maison en aumône tous leurs héritages francs, et cela sur l'autel du Bienheureux Pierre, et de nouveau ils les ont repris de la dite maison et se sont placés eux et leurs biens sous sa protection. Et toutes ces choses ont été faites dans la main du seigneur abbé de Cherlieu, dès la fondation de la dite maison ».

(1) Cart. VII, 1137.

« Il fait bon vivre sous la crosse » disait-on au Moyen-Age.

Ces hommes libres, noyau de la future commune d'Ougney, qui viennent mettre et leurs biens et leurs personnes sous la protection de l'abbaye, en sont une preuve nouvelle. Ils n'apportent ni des terres ni de l'or, mais le témoignage de confiance donné par eux était et demeure un don plus précieux. Qui n'y verrait en effet le témoignage irréfragable de la protection donnée par les moines aux petits et aux faibles, et du rôle qu'a constamment rempli l'ordre monastique tout entier : prêcher aux humbles par la parole et par l'exemple, la soumission aux pouvoirs légitimes, mais les protéger hardiment contre l'injustice et l'oppression.

Pourquoi faut-il que les humbles et les petits par excellence, ces serfs dont nous descendons à peu près tous, aient compté trop peu dans cette société pour manifester, par des actes qui retentissent jusqu'à nous, les sentiments d'allégresse qui durent remplir leurs âmes ? Pour ceux qui allaient trouver de nouveaux maîtres dans les moines, la douceur proverbiale de ces maîtres, et, s'ils les connurent, les sentiments de saint Bernard sur le servage, durent faire tressaillir leurs cœurs. Pour les autres, quel adoucissement à leur sort et au gouvernement de leurs seigneurs ne pouvaient-ils pas espérer de l'exemple que donneraient les moines !

En tout cas, la Providence a permis qu'eux aussi fussent nommés dans le livre d'or des bienfaiteurs de l'abbaye.

Avec la permission de leur seigneur, qu'ils avaient sans doute sollicitée, les serfs de la grange de Vaux purent librement donner en aumône ou vendre à l'abbaye le surplus de leurs récoltes.

Qu'étaient-ce donc que ces moines entre les mains desquels, avant même qu'ils fussent arrivés et dès lors bien connus, affluaient et les terres des riches et l'obole des pauvres ? Quels biens espérait-on en échange de ces dons ? Essayons de le dire.

L'Ordre de Citeaux est une réforme de l'Ordre de Saint Benoît.

L'Ordre bénédictin depuis plus de cinq siècles couvrait l'Europe de ses abbayes, faisait asseoir ses fils sur les sièges épiscopaux qu'ils illustraient, et jusque sur le Siège apostolique. Il avait défriché l'Europe, arraché au vandalisme des barbares les sciences et les arts, et, par ses exemples, par ses prières, par ses pénitences, avait sauvé d'innombrables âmes.

Au douzième siècle, une certaine lassitude semblait cependant s'y manifester. La lettre de la règle n'était pas même observée ; l'esprit surtout était absent : or, c'est l'esprit qui vivifie et la lettre qui tue.

L'austérité et la pauvreté dans la nourriture et les vêtements avaient reçu une douloureuse atteinte ; le travail des mains était surtout laissé à des mercenaires ; c'était, à l'insu peut-être des moines eux-mêmes, l'esprit du siècle qui faisait irruption dans le cloître.

C'est contre cette irruption que se fit la réforme de Citeaux dont Robert de Molesmes fut l'initiateur, dont saint Albéric, saint Etienne Harding et surtout saint Bernard furent les continuateurs immédiats les plus célèbres. Pour faire connaître l'esprit de cette réforme, prenons le moine cistercien ou trappiste dès le commencement de sa journée et suivons le jusqu'au soir ; ce sera le plus éloquent des panégyriques.

A minuit, une heure ou deux heures au plus tard, suivant la saison ou la solennité de l'office, la cloche l'éveille et l'invite à se rendre dans la froide église pour y chanter les louanges de Dieu. Au premier signal, il est debout, et comme il prend son sommeil sans quitter ses habits, il arrive promptement à l'église. Il n'a d'ailleurs pas de temps à perdre. Cinq minutes en effet après le réveil commence l'office de la sainte Vierge, qu'il est d'usage, dans l'ordre de Cîteaux, de psalmodier avant l'office canonial, à chacune des heures de cet office. On reconnaît bien là cette tendre piété envers la sainte Vierge, qui a été le cachet tout spécial de l'ordre depuis son berceau.

Après l'office de la Vierge vient l'oraison qui dure une demi-heure. Enfin le moine sort de cette méditation silencieuse pour psalmodier le grand office canonial suivi, dans les jours de férie, c'est-à-dire les jours sans fête de saint, de l'office des morts. L'office se chante à l'unisson, d'un ton modéré, d'une voix grave et dévote, avec une longue pause au milieu de chaque verset. Le chant du *Salve Regina* dure un quart d'heure.

Ainsi tour à tour le moine s'est adressé à Jésus-Christ et à la Vierge Marie par une ardente prière, puis, dans le repos de l'oraison, il a embrasé son âme d'amour pour la Vierge et le Fils de la Vierge qu'il vient de chanter. Il a repris enfin les sublimes chants des Prophètes ; recueilli, dans les leçons, les exemples de sainteté héroïque que lui ont laissés ses frères et ses sœurs dans la foi, et a prêté un cœur et une voix à ces supplications gémissantes, à ces prières gracieuses et austères par lesquelles l'Eglise a complété sa liturgie.

Il doit s'efforcer en effet de mettre ses sentiments intérieurs en harmonie avec les paroles qu'il prononce. Toujours aussi, pour rendre à Dieu un culte de louange qui ne soit pas trop indigne de lui, il doit avoir devant les yeux ces avis de l'Esprit-Saint : « Servez le Seigneur avec crainte, chantez avec sagesse ». — « C'est sous les yeux des Anges que je vous louerai, ô mon Dieu ! » Et cet autre avis de saint Benoît, inspiré, lui aussi, par l'Esprit-Saint : « Le moine se tient en la présence de Dieu en tout lieu, mais surtout à l'office divin ».

Si l'on songe que ce n'est pas seulement de minuit à trois ou quatre heures du matin, mais pendant sept ou huit heures de la journée que la voix du moine doit faire retentir de sa mélodieuse prière les voûtes de l'Eglise, comme on comprendra cet axiome fondamental de la vie monastique que « la prière est la vie du moine ».

Après l'office du matin, les autels s'illuminent et la messe est dite par les moines prêtres. Tous les autres y assistent, sauf quelquefois au temps de la fenaison ou de la moisson, et en dehors bien évidemment des jours de dimanches et de fêtes. La messe est quelquefois alors, et, suivant les besoins de la saison, avancée, retardée, dite à voix basse, ou même supprimée pour les frères convers.

Nous arrivons ainsi au travail.

« L'oisiveté est l'ennemie de l'âme, aussi les Frères doivent être occupés à des heures déterminées au travail des mains ». Voilà une des règles principales de l'ordre monastique formulée par saint Benoît lui-même. L'oubli de cette règle avait été une des causes principales de la décadence de l'ordre bénédictin. « Qui pourrait soutenir, disait l'abbé de Cluny, Pierre le Vénérable, dans une lettre à saint Bernard, qu'il n'est pas plus agréable à Dieu de voir les moines chanter ses louanges que de les voir couper des arbres ? » Un tel raisonnement, chacun le sent, pèche par la base : dans la vie d'un moine, il peut y avoir du temps et pour chanter les louanges de Dieu et pour couper les arbres. La prière, fécondée et rendue plus fervente par le travail du corps, n'en sera que plus agréable à Dieu. L'ordre de Citeaux remit en honneur, au douzième siècle, ce travail manuel. Après l'office du matin, on voit tous les religieux, valides et libres, se réunir dans l'auditoire, où le prieur indique à chacun sa tâche et lui délivre son outil. Tous se mettent en marche, l'abbé ou le prieur en tête, et se rendent au lieu désigné. Chacun travaille en silence avec ardeur et en esprit de pénitence. On n'use de signes qu'en cas de nécessité ; à plus forte raison n'y parle-t-on pas sans un besoin réel.

L'Abbé ou le Prieur surveille et dirige les travailleurs : c'est lui également qui donne le signal du repos. Alors tous se groupent autour de lui, s'asseoient en silence et délassent leurs membres fatigués en élevant vers Dieu leur esprit et leur cœur par la méditation ou la récitation de quelques prières ou de psaumes.

Disons-le en passant, quel exemple que ce travail ! Ces hommes innocents et simples, dont plusieurs occupaient dans le monde des situations heureuses et enviées, s'astreignant à des travaux si humbles et si durs, s'y livrant dans le silence le plus profond, tout entiers à leur conversation intérieure avec Dieu, à quelle perfection ne doivent-ils pas s'élever? Comment le péché trouverait-il accès dans leur âme, et qui ne voit que, seulement par la prière et le travail, la vie monastique serait déjà la meilleure école de sainteté qui existe?

Que dirons-nous donc de leurs pénitences? L'abstinence de toute viande et le jeûne sont perpétuels dans l'Ordre de Citeaux. Notons cependant que, depuis Pâques au 14 septembre, le jeûne est moins rigoureux. Le repas principal a lieu vers onze heures et demie, et on y ajoute une légère collation. Ni les grands jours de fête, ni même les jours de profession n'apportent de modifications à ce régime. Chaque dimanche seulement et le jour de Noël, deux repas sont permis.

Et de plus, soit les jours ordinaires, soit le dimanche, quels repas? Une livre de pain, des légumes cuits au sel, à l'eau et au lait, en font tous les frais avec une hémine de vin (*310 grammes ou le tiers d'un litre environ*). Encore faut-il remarquer que, pendant l'Avent et le Carême, le laitage est interdit.

Et de ces légumes préparés comme il vient d'être dit, il n'y a qu'un plat avec un dessert. Aux jours de fatigues extraordinaires, un plat supplémentaire et extraordinaire peut, d'après la règle de saint Benoît, y être ajouté. La congrégation de Cluny, interprétant largement cet article, donnait chaque jour ce plat supplémentaire. L'Ordre de Citeaux reprit la règle du Patriarche des moines dans son sens le plus strict. Ce n'est plus qu'une permission accordée à l'Abbé, et celui-ci n'en use qu'au moment de la fenaison ou de la moisson et aux jours de fatigues exceptionnelles. A cette occasion, les religieux reçoivent donc un plat supplémentaire : le lundi, le mercredi, le samedi, c'est la pitance ou un plat pour deux ; le mardi, le jeudi et le dimanche, c'est le plat général ou un plat pour chacun. La pitance et le plat général comportent le poisson, les œufs et le fromage.

Enfin les moines qui en éprouvent un véritable besoin peuvent prendre le matin une légère réfection, appelée mixte, consistant en quatre onces de pain et un tiers d'hémine de vin.

Voilà la vie du moine au double point de vue de la pauvreté et de la pénitence. Cela ne suffit pas au point de vue du renoncement et de l'humilité : des sacrifices vont lui être demandés qui ne seront peut-être pas moins cuisants pour l'amour-propre et la nature.

Le moine ne s'appartient plus : il doit à son supérieur et à la règle une obéissance prompte, parfaite, de tous les instants. C'est en vertu de cette obéissance que les murailles et les limites du domaine de l'abbaye formeront, entre le monde et lui, une infranchissable barrière, et réduiront son univers à cet étroit espace.

Par cette même obéissance, il est astreint à un silence absolu, continuel, sans récréations. Enfin, dans les petites choses comme dans les grandes, il doit se quitter lui-même, renoncer à sa volonté propre, et, s'élevant au-dessus de ses désirs et de ses cupidités, n'avoir d'autre volonté que celle de ses supérieurs.

Dévoilerons-nous les humiliations qui l'attendent au chapitre des coulpes ?

En présence de tous ses frères, il doit se prosterner aux pieds de son supérieur et confesser publiquement les fautes contre la Règle auxquelles a pu l'entraîner la fragilité humaine. Celles qu'il aura oubliées et qui auront été vues par ses frères sont déclarées par eux. Pour les unes et les autres, il reçoit publiquement une réprimande et une pénitence, toujours humiliantes, quelquefois peut-être sévères et dures.

Voilà, à grands traits, la règle cistercienne, que plusieurs trouveront peut-être excessive et au-dessus des forces de la nature.

Si tel est le langage et si telles sont les pensées des mondains, les chrétiens y verront au contraire ce qu'y ont vu nos pères, une voie assurée pour aller au ciel, une source intarissable de mérites spirituels, une source sublime de sainteté.

Car ce sont là les motifs qui ont porté tant d'hommes à embrasser cette règle. Des âmes avaient été vivement saisies par la pensée du salut éternel et de la nécessité de suivre la voie étroite qui conduit au ciel. Jamais, à leurs yeux, la vie présente ne pouvait être trop dure pourvu qu'elle assurât l'éternité. Alors elles accourraient dans les cloîtres cisterciens et en suivaient l'austère discipline, soutenues par la grâce de Dieu et la pensée des jugements éternels.

C'est dans ce sens que saint Bernard écrivait à son neveu Roger, séduit, après quelque temps passé dans l'Ordre, par les charmes d'une vie plus douce et moins crucifiée : « Vous avez peur des veilles, des jeûnes et du travail manuel, mais c'est bien peu de chose que tout cela quand on songe aux flammes éternelles. Je vous assure que la pensée des ténèbres extérieures fait supporter aisément les plus grandes horreurs de la solitude.

Quand on a présent à l'esprit le compte qu'il faudra rendre des paroles inutiles, on ne trouve plus le silence désagréable. »

D'autres y étaient entraînés par ces craintes et ces espérances décrites d'une manière si poétique par saint Bernard à Maître Gauthier de Chaumont : « Je vous plains, mon cher ami, toutes les fois que je pense à vous, en voyant que vous consumez dans de vaines occupations cette fleur de jeunesse, cet esprit pénétrant et cultivé, cette âme érudite, et, ce qui vaut mieux encore pour un chrétien, ces mœurs pures et innocentes qui vous distinguent, car vous faites servir tous ces dons de la grâce à des choses qui passent, au lieu de les employer pour Jésus-Christ de qui vous les tenez. Oh! s'il fallait (mais que Dieu éloigne de vous un pareil malheur) s'il fallait, dis-je, que la mort vînt tout-à-coup heurter toutes ces choses de son pied destructeur, quelle ruine soudaine, hélas! Tous ces avantages se flétriraient à l'instant même, comme on voit au souffle d'un vent brûlant et rapide, l'herbe des champs se flétrir et perdre toute beauté. Que vous semblera-t-il alors de tout le mal que vous vous serez donné? Que serez-vous en état de rendre à Dieu pour tout ce qu'il vous a prêté? et quels intérêts pourrez-vous servir à ce divin créancier pour les talents qu'il a placés chez vous? Quel malheur s'il allait vous trouver les mains vides! »

C'était là une pensée bien chrétienne et bien haute. Ne pas perdre un instant de cette vie si courte, en faire une succession non interrompue d'actes de religion, de pénitence, d'amour de Dieu, un hymne incessant chanté en l'honneur de Dieu, et s'assurer ainsi pour soi-même une mesure pleine, surabondante de mérites spirituels, et dès lors une couronne merveilleuse de la part de Celui qui ne laisse point sans récompense un verre d'eau donné en son nom ! Quel rêve ! Et puisque ce rêve était réalisé par la règle cistercienne, qu'il est facile de comprendre l'attraction exercée par cette règle sur les âmes croyantes et ardentes, en si grand nombre à cette époque.

Enfin et surtout, les âmes étaient séduites par cette règle, parce qu'elles y voyaient un chemin assuré pour arriver à la perfection chrétienne.

Les austères pénitences qu'elle impose ne font-elles pas porter la croix de Jésus-Christ, et, expiant les fautes passées, ne préviennent-elles pas les fautes sans nombre qu'entraîne pour l'âme sa dépendance d'un corps immortifié ?

La pauvreté, l'obéissance ne préservent-elles pas l'âme des intimes et dangereuses satisfactions de l'amour-propre et de l'indépendance, de même que les humiliations la mettent à l'abri des vaines complaisances où eût pu l'entraîner la vue de ses pénitences et de ses mérites ?

Et comme à mesure que l'homme humilie son esprit et châtie son corps, il devient accessible aux divines opérations de la grâce et de l'amour divin, la vie de ces hommes, passée dans la contemplation incessante de Jésus crucifié et dans la recherche ardente, passionnée de son amour, n'est-elle pas en réalité un exercice continuel d'amour et de sainteté ?

C'est là surtout ce qui a attiré à l'Ordre cistercien d'innombrables et pures vocations. Sans doute, je l'ai dit, les pensées moins hautes de la crainte des jugements éternels et des récompenses célestes lui ont gagné beaucoup de disciples. Quelquefois même des considérations purement humaines et temporelles que nous signalerons dans le chapitre suivant, lui recrutèrent des serviteurs ou des frères convers. Mais ce qui a séduit le plus grand nombre, c'est cette pensée qui a fait les saints dans tous les siècles ; comme Jésus-Christ a aimé ses créatures jusqu'à s'immoler et mourir pour elles, ainsi la créature doit chercher à aimer Jésus-Christ jusqu'à s'immoler et mourir pour lui.

L'Ordre de Citeaux avait encore une autre attraction pour le peuple chrétien : il professait la plus vive dévotion envers la vierge Marie.

Evidemment une telle dévotion n'était pas nouvelle dans l'Eglise ; elle avait été le partage de tous les saints dans tous les siècles. Mais ce que l'on n'avait pas encore vu dans dans l'Eglise, c'était un ordre religieux se glorifiant du patronage de Marie jusqu'à placer sous ce patronage chacune de ses maisons : ainsi Notre-Dame d'Acey était le nom de la maison nouvelle, et ce même et doux nom de Notre-Dame précédait le nom de toutes les fondations cisterciennes pour bien indiquer au peuple chrétien qu'elle était la protectrice de ces lieux, la reine vers qui, après Dieu, s'élevaient les esprits et les cœurs. Ce que l'on n'avait pas encore vu, c'était un ordre religieux n'adressant à Dieu aucune prière, aucune partie du divin office qu'elle ne fût précédée d'une prière à Marie, d'une partie de l'office de Marie correspondant à ce grand office. Marie était ainsi chargée de présenter à Dieu les hommages de ses fils. Nous voyons saint

Bernard vivement recommander cette dévotion dans ses écrits : quand vous voudrez offrir quelque chose à Dieu, dit-il, ayez soin de l'offrir par les mains très agréables et dignes de Marie, à moins que vous ne vouliez être rejeté. *Modicum quid offerre desideras, manibus Mariæ offerendum tradere cura, si non vis sustinere repulsam.*

C'est à Citeaux que saint Bernard avait emprunté cette pratique, de même qu'il avait puisé dans ce foyer brûlant d'amour pour Marie ces élans de piété envers elle, ces paroles enflammées qui jaillissaient sans cesse de ses lèvres et que nous ont conservées ses ouvrages. Combien cette dévotion extatique envers Marie fut agréable à Dieu et à cette reine du Ciel, nous le voyons par une gracieuse histoire qui flotte sur le berceau de l'Ordre cistercien et à laquelle ont cru les plus graves personnages.

En quittant Molesmes pour Citeaux, les religieux portaient le costume noir des Bénédictins. Or, une nuit, pendant que le bienheureux Albéric et ses religieux chantaient au chœur l'office des Matines, la Vierge mère de Dieu, entourée d'une phalange d'esprits célestes et couverte d'une auréole de lumière, apparut au milieu d'eux. Elle portait dans ses mains un manteau blanc resplendissant d'éclat et de fraîcheur, et, s'arrêtant devant le bienheureux, elle le lui présenta. Quand la vision eut disparu, non seulement Albéric, mais tous les religieux se virent revêtus de blancs vêtements qui devinrent dès lors le costume de l'Ordre.

Mais cette dévotion ne toucha pas seulement Marie, le peuple chrétien aime d'instinct la Vierge Marie, il embrasse avec ardeur ses dévotions et accourt avec empressement dès qu'il voit ses livrées et sa bannière : ainsi accourut-il vers l'Ordre cistercien.

Enfin, puisque nous énumérons les titres principaux qu'avait notre abbaye naissante à la confiance et à l'admiration des peuples, disons qu'une des gloires de l'Eglise, saint Bernard, étendit jusqu'à elle le rayonnement de sa sainteté et de son génie.

L'abbaye de Cherlieu était une fille de Clairvaux ; elle en avait reçu cet esprit de ferveur extrême, de pénitence surhumaine, auquel un témoin oculaire, Guillaume, historien de saint Bernard, a rendu ce témoignage : « Les premiers habitants de Clairvaux servaient Dieu dans la pratique de la pauvreté d'esprit, dans le froid et la nudité, dans la faim et la soif, et enfin dans les veilles multipliées. Souvent ils n'avaient pour nourriture que des feuilles de hêtre bouillies et du pain d'orge, de vesces ou de millet. »

Cet esprit ne déchut point en elle, car, dirigée par le bienheureux Guy, elle mérita par sa ferveur que trois fois saint Bernard l'honorât de sa visite, avant et après la fondation d'Acey. Ce fut donc ce même esprit que la colonie de Cherlieu apporta parmi nous. Bien plus, saint Bernard, en 1135, alors que la fondation d'Acey était décidée en principe, était venu à Besançon et avait été reconduit solennellement de cette ville jusqu'à Langres. La voie romaine de Besançon à Langres qu'il suivit passe trop près de Cherlieu pour que, spécialement dans cette circonstance, il ne s'y soit point arrêté. Le bienheureux Guy lui aura présenté alors sans doute l'abbé et les principaux religieux de la maison future, ou tout au moins l'aura consulté sur le choix qu'il en avait fait ou qu'il devait en faire. Les premiers religieux d'Acey étaient donc fils directs de saint Bernard, et les héritiers sinon de son génie, au moins de quelques reflets de sa sainteté? comment n'auraient-ils pas été chers au peuple chrétien.

Et maintenant rappelons dans notre pensée tous les personnages que nous venons de voir, à un titre quelconque, coopérer aux débuts de notre abbaye; faisons, si nous le voulons, revivre ensemble, dans l'abbaye même, au milieu de ses cloîtres inachevés, ces archevêques Anséric et Humbert, l'un si zélé, l'autre, nous le verrons, si grand dans la persécution; ce prince palatin si pieux et si bienveillant, ces seigneurs si terribles sous leurs armures de fer, ces hommes libres si humbles avec leurs sombres vêtements, tout autour d'eux la foule des serfs plus humbles encore, tous offrant joyeusement leurs dons à ces moines que nous nous représenterons au milieu d'eux avec leur blanc costume et leur visage émacié, tout rayonnants cependant de l'allégresse et de la ferveur intérieure; mettons dans tous ces hommes la même flamme d'un ardent christianisme; mettons de plus chez les moines une sainteté qui va jusqu'à l'héroïsme, et nous pourrons suivre avec quelque intérêt et suivant la vérité la chaîne des faits qui composent cette histoire.

CHAPITRE III

Dom Philippe, premier abbé d'Acey, (1138-1151). — Départ de Cherlieu. — Dom Lucas, deuxième abbé, (1151-1162). — Construction du cloître et des lieux réguliers, du moulin et de l'huilerie. — Donations de terres et serfs. — Moines et convers. — Mercenaires. — Organisation des granges et bienfaits multiples de l'abbaye.

Un écrivain s'est plu à nous peindre le départ de moines allant fonder une abbaye nouvelle :

« L'abbé convoque ses religieux à l'église, mande à ses pieds au degré du presbytère l'abbé de la maison future et lui remet la croix de bois entre les mains. Lui adjoignant ensuite douze compagnons, choisis parmi les plus fervents de la communauté, il les envoie, pèlerins du Christ et de la pénitence, arroser de leurs sueurs une nouvelle contrée pour y faire germer, avec les fruits de la terre, les fleurs des plus belles vertus. Obéissants jusqu'à la mort, ainsi qu'ils l'ont juré au jour de leur solennel engagement, les humbles moines s'inclinent sous la parole et la main bénissante de leur abbé, et se mettent en route, accompagnés par leurs frères jusqu'à la porte du monastère. C'est là qu'ils se donnent en pleurant le baiser d'adieu. Mettant en Dieu toute leur espérance, ils n'emportent pour bagages qu'un missel, un bréviaire, tous les livres exigés pour le chant de l'office divin, avec la sainte Règle et le livre des Coutumes, renfermant la Charte de charité et les règlements des chapîtres généraux » (1).

Puis le voyage se continuait dans un profond recueillement et un pieux silence, qu'interrompaient seuls la prière et le chant des psaumes.

Ainsi arriva parmi nous la colonie de Cherlieu.

Dom Philippe était à sa tête.

Le choix que fit de lui le Bienheureux Guy, abbé de Cherlieu, et, comme nous l'avons vu, l'approbation que saint Bernard lui-même dut donner à ce choix, nous sont un sûr garant de ses hautes vertus et de l'intelligence, avec laquelle il gouverna, pendant près de quinze ans, la communauté naissante. C'est à ces hautes qualités que rendit hommage l'archevêque Humbert, en provoquant, enregistrant, contresignant ces donations dont nous voyons, sous le règne de Dom Philippe, la noblesse combler Acey. Ces donations étaient également un témoignage d'estime de la noblesse elle-même, pour l'abbé, dont la règle du silence imposée aux autres religieux faisait l'entremetteur, à peu près unique, entre le monde et le cloître.

Humbert reporta cette faveur sur le deuxième abbé d'Acey, Dom Lucas, que nous trouvons déjà en 1151, sur le siège abbatial. Il signait à cette époque, comme témoin, une donation du doyen de Saint-Etienne, Gauthier, aux moines de Rozières. Lorsque ce Gauthier, fils de Hugues II de Bourgogne, et de la maison royale de France, fut élevé lui-même à l'archevêché de Besançon, il continua à entourer de son affection et de son estime l'humble moine dont il avait apprécié les hautes

(1) *Vie des saints de Franche-Comté*, tome IV. L. B. Gui.

qualités. En 1162, dans une donation de Gislebert, comte de Vesoul, en faveur de l'abbaye du Lieu-Croissant, à côté du nom de l'archevêque, on trouve le nom de l'abbé d'Acey.

Quelques signatures données çà et là seules nous apprennent, on le voit, le nom de ces deux premiers abbés. Cependant ces hommes, si peu soucieux de transmettre leur souvenir à la postérité, ont fait, pendant le quart de siècle que comprend leur prélature, des choses grandes et mémorables, même au seul point de vue humain. Ils ont construit leur monastère, organisé leurs granges, et donné à la vallée le spectacle de la vie cistercienne dans toute son activité et sa fécondité. Arrêtons-nous donc ici pour admirer leurs œuvres, et, par le bien déjà réalisé en ces vingt-cinq premières années de notre abbaye, jugeons du bien qu'elle a fait pendant des siècles.

Sous l'abbé suivant, nous verrons le monastère habité. Il faut en conclure que Dom Philippe et Dom Lucas avaient pu le construire.

Nous ne parlons cependant point de l'église. Non seulement un si court laps de temps eût été insuffisant, mais certaines indications prises dans cette église même nous prouveront, à défaut de date scripturaire, que la construction en est plus récente.

La basilique des ermites du Val-Saint-Jean et la chapelle du prêtre Thierry durent servir, pendant cinquante ans au moins, d'oratoire provisoire.

Ce qui dut être construit par nos premiers abbés, ce furent donc les lieux réguliers et, tout d'abord, le cloître.

Qu'on se représente une vaste cour carrée, entourée

sur ses quatre côtés d'une galerie ajourée par des arceaux gothiques que soutenaient des colonnes petites, à chapiteaux gothiques, c'est là le cloître d'Acey. Sur trois faces extérieures de cette galerie étaient construits la salle capitulaire, le réfectoire et les cuisines, les chauffoirs, les cellules et les dortoirs. C'est là, avec l'église à laquelle le quatrième côté était réservé, ce qu'on nomme les lieux réguliers et ce qui compose essentiellement les monastères bénédictins et cisterciens. D'autres édifices pourront y être ajoutés en vue d'une exploitation agricole ou industrielle. Dans ces nouveaux édifices, le silence sera même rigoureusement exigé et gardé par les moines employés à cette exploitation. Cependant ce qui fait le monastère, c'est bien ce que nous venons de dire, cette cour carrée avec la galerie qui l'entoure, c'est-à-dire le cloître, et les édifices qui s'ouvrent sur le cloître.

Ce sont là aussi les lieux à la plupart desquels les règles monastiques permettent d'apporter quelque luxe d'ornementation.

Contrairement à ce que nous venons de dire pour l'église, des sculptures peuvent orner la salle capitulaire. Certains réfectoires comme celui du prieuré de Saint-Martin-des-Champs, à Paris, sont des chefs-d'œuvre d'architecture. Le cloître surtout fut toujours abandonné aux artistes pour qu'ils y exerçassent toutes les ressources de leur talent et toute la vivacité de leur imagination. Sous leur ciseau, la pierre semblait, tant elle était fouillée avec soin, s'être amollie pour se couvrir de gracieux symboles, de rameaux de vigne ou d'olivier, de colombes et d'agneaux, ou pour retracer aux moines de l'avenir la gloire des saints et des héros de l'Ordre.

C'est que, spécialement dans le cloître, le moine est invité à ouvrir son âme aux pensées les plus riantes et aux sentiments les plus consolants qu'inspire la piété. S'il doit ordinairement participer au calice de souffrances et d'ignominie du Sauveur crucifié, il doit aussi goûter les effets de cette parole que le joug de Dieu est doux et que son fardeau est léger. C'est aux heures du repos, lorsqu'il se livrera sous les galeries du cloître à une silencieuse méditation, lorsqu'il y délassera son esprit par la lecture de quelque pieux livre ou par quelque promenade faite le chapelet à la main, c'est alors que ces doux sentiments rempliront son âme. De là, ces saintes images, ces symboles mystérieux, sculptés ou peints sur les murs, qui doivent s'harmoniser avec l'élan de son âme et lui prêcher par leur muet langage, cette même consolante doctrine qu'il entendra tomber des lèvres de l'abbé ou du maître des novices. La construction de ce cloître et des lieux réguliers qui l'entouraient fut l'œuvre des cinquante premières années, et serait déjà un titre de gloire pour les abbés qui en eurent, avant tous autres, la responsabilité et la charge. Nous admirerons encore davantage ces deux hommes en nous rappelant qu'en même temps ils devaient voir les donateurs, recevoir les novices, et donner à la maison la direction spirituelle qui est l'âme d'un monastère et le souci principal de son supérieur. Cependant nous n'avons pas vu la moitié encore, au moins au point de vue matériel, de leurs œuvres et de leur travail.

CHAPITRE TROISIÈME

Comme une abbaye doit se suffire à elle-même et renfermer dans son enceinte les différents ateliers nécessaires à une exploitation agricole et à une nombreuse communauté, on ne peut douter que de bien bonne heure tous ces ateliers n'aient été entièrement achevés. Nous avons une date précise pour le moulin et l'huilerie. En 1144, les moines avaient creusé un canal dérivé de l'Ognon pour y établir deux tournants destinés à ce service. Un certain Syboin voulut s'y opposer. D'après lui, les religieux ne devaient point élever de moulin depuis le moulin Armé, qui lui appartenait, jusqu'à Taxenne. Le moulin de Chatenoy (1) qui lui fut concédé et qui, sans doute dès l'origine, avait appartenu à l'abbaye, lui fit abandonner cette prétention Enfin les religieux édifièrent leurs granges dont l'organisation complète demandait une somme de travail qui effraie. Disons en passant qu'il était urgent de fournir aussitôt cette somme de travail. Il fallait en effet nourrir la multitude de moines et d'ouvriers que nous pressentons déjà dans le monastère et dans les ateliers, il fallait surtout subvenir aux frais immenses des constructions. Pour faire face à toutes ces dépenses, les moines n'avaient qu'une ressource, la terre, de laquelle il fallait faire jaillir immédiatement des trésors. Cette noble terre ne faillit point à leurs espérances. C'est en la cultivant avec ardeur et intelligence qu'ils rendirent leur maison prospère et en firent de plus la Providence des pauvres et de toute la contrée. En réalité, leur domaine

---

(1) Le moulin de Chatenoy était sans doute sur le ruisseau de Motey, au-dessous du bois de Chatenoy près de la Grange de Neuvelle, sur le territoire de Montagney.

rural fut leur chef-d'œuvre. Essayons d'en étudier et d'en pénétrer l'organisation.

A la vente des biens de l'abbaye, en 1792, son domaine comprenait une superficie totale d'environ trois cent cinquante hectares. (1) Il devait la comprendre déjà à son origine. Dans le cours des siècles, j'en ai acquis la conviction par l'étude lente et approfondie de son histoire, ce domaine a en effet plutôt diminué qu'augmenté. Plusieurs trouveront peut-être, s'appuyant sur les données de la science moderne, que deux cents donations ont dû former un domaine d'une étendue beaucoup plus considérable.

D'après cette science moderne, en effet, la terre, à l'époque romaine, était divisée en domaines ayant généralement l'étendue de nos villages actuels et appartenant à un seul propriétaire. Le maître venait-il, soit à partager son domaine entre plusieurs enfants, soit à en vendre une ou plusieurs parties, il en résultait des portions de domaines qui sont devenues les petites seigneuries de la féodalité.

Fustel de Coulanges, à qui nous empruntons ces lignes dans son beau livre sur l'Alleu et le Domaine rural, ajoute : « Il est possible qu'au temps déjà lointain où le grand domaine s'était constitué par agglomération, il ait dû respecter quelques petites terres qui s'y sont trouvées enclavées. Par plusieurs partages de succession, une part du domaine a pu se trouver aussi morcelée en parcelles ».

(1) Il ne s'agit ici que du domaine agricole proprement dit et non des forêts. Celles-ci à elles seules avaient une superficie totale de sept cent quinze arpents, soit trois cent cinquante hectares environ, comme nous le dirons plus tard.

CHAPITRE TROISIÈME

D'après cette théorie, le morcellement de la terre ne serait ainsi qu'une exception. Sans vouloir y contredire d'une manière générale, reconnaissons que, dans notre vallée au moins, il a été plus commun. Nos chartes nous montrent en effet constamment dix, quinze, vingt seigneurs faisant des donations sur le territoire d'un même village ou d'une même grange, et rien ne nous prouve que ce morcellement déjà considérable n'ait pas été plus grand, par suite de la coexistence sur le même territoire d'autres terres qui n'auront pas été données.

Nous avons du reste l'indication positive de la superficie de la plupart des donations. Ainsi « Renaud, comte de Bourgogne, donne tout ce qu'il possède à Colombier » et la charte ajoute : c'est-à-dire le manse de Benignus. Un manse, étendue de terres que pouvait cultiver une famille, dans l'état imparfait de l'agriculture à cette époque, ne dépassait pas, d'après Fustel de Coulanges, cinq à six hectares. Voilà donc la donation et toute la seigneurie à Colombier, du comte souverain de Bourgogne. Nous pourrions citer vingt exemples semblables.

Et encore ces donations peuvent-elles être appelées grandes et princières à côté de tant d'autres qui comprennent modestement un ou deux arpents de terre ou une faux de pré.

Il n'y a guère qu'un cas où le domaine semble vaste et non morcelé et où aussi les donations soient faites en termes indéfinis et vagues : c'est lorsqu'il s'agit de terres incultes et stériles. Au fond des forêts de Gésier et de Montboillon, autour d'un point central qui portait le nom de Fontaine Arlay, l'abbaye se fit une magnifique grange par les dons seulement de cinq ou six seigneurs. Là, Narduin d'Apremont, lui donna le droit de glandée et tous autres usages dans la forêt de Montbartel, et l'autorisa à mettre en nature de champ tout ce qu'elle pourrait défricher dans ses forêts à l'exception du Gros Bois. Là encore « Guy de Tyl et Manassès, son frère, lui donnèrent tout ce qu'ils possédaient depuis le ruisseau de la Fontaine Arlay jusqu'au Gros Bois de Gésier, et depuis la source qui jaillit au-dessus du moulin jusqu'à la charme qui est sous la grange, avec tous droits d'usage dans les champs et les bois de Montboillon et de Gésier pour nourrir les troupeaux, faire paître les porcs, recueillir des matériaux de construction et du bois à feu ». Il fallait peu de donations de ce genre, on le conçoit, pour faire un vaste territoire.

Remarquons en passant, pour montrer la permanence des souvenirs dans nos campagnes, que Montboillon et Gésier sont toujours là. Fontaine-Arlay n'est plus qu'une ferme sous le nom de Fontenelay. Auprès du ruisseau sont les ruines des granges élevées par l'abbaye et qui portent son nom. La forêt de Gésier s'appelle encore le Gros Bois, et une autre forêt nommée Bois des Tilles est probablement le dernier souvenir du château de Tyl, où Guy et Manassès ont peut-être signé la charte, et ont certainement arrêté le projet de leur donation.

Avec les donations petites ou grandes de terres incultes ou de riches prairies, le domaine de notre abbaye fut enfin constitué et il fallait en tirer parti. Comment cette douzaine d'hommes que nous avons vus quitter

Cherlieu avec quelques livres, et dont la moitié de la journée doit se passer à redire sur des livres les louanges de Dieu, vont-ils pouvoir exploiter cette immense étendue de terres dont la féodalité, malgré les ressources que lui donne le servage, a été obligée de laisser une partie si considérable inculte et stérile ?

L'Ordre cistercien a accompli ce prodige avec ce même servage qu'il a anobli et transformé.

Etudions avec un soin spécial cette grande œuvre.

On ne peut nier que le servage, reste du paganisme et de l'esclavage antique, n'ait été universellement pratiqué à cette époque. Dans un travail qu'il me sera bien permis de citer, je disais à ce sujet : (1)

« Où nous voyons aujourd'hui s'élever nos villages, ordinairement si gracieux et si pittoresques, avec leurs maisons blanches et leur ceinture d'arbres fruitiers, avec leurs clochers, leurs tourelles, débris de quelque antique château, on voyait, il y a quinze siècles, s'élever une seule et immense maison. Dans cette maison, il y avait un homme qui possédait à lui seul toute la terre, terre de culture et de pâturages, forêts, prairies et ruisseaux ; il possédait tout, jusqu'aux hommes eux-mêmes qui exploitaient la terre et auxquels il ne donnait plus un nom d'homme, mais un nom de chose inanimée. Il les appelait « *mancipia* » : biens meubles — « *instrumenta fundi* » : machines agricoles. Il s'appropriait le fruit de leur travail, il les emprisonnait, il les torturait, il les tuait, et personne n'avait le droit de lui en demander compte. Et, pendant ce temps, il s'enivrait de toutes les joies de l'existence !

(1) *Un coin de frontière franc-comtoise*, p. xi.

« En face de cette épouvantable tyrannie viennent se dresser les apôtres du Christ. S'ils prêchent aux esclaves la soumission à leurs maîtres, ils prêchent aux maîtres les droits de l'âme humaine et l'égalité devant Dieu. Sous l'influence de cette doctrine, les maîtres accordent successivement à leurs esclaves le droit de jouir de la forêt et des pâturages, le droit d'avoir un foyer et une famille, le droit d'avoir une maison à eux, qui abritera les fils après avoir abrité les pères.

« Sans doute, au douzième siècle, cette œuvre de libération n'est pas terminée, et la liberté, cette liberté si généralement enviable, n'est pas complète.

« Non seulement les serfs, les fils des esclaves doivent l'impôt qui est de tous les temps, mais ils doivent des corvées dans la réserve du maître ; ils sont, au moins pour les délits et les fautes d'une importance secondaire, jugés sans appel par lui, et l'appellent leur seigneur. Si le seigneur a pris à sa charge presque exclusive les périls de la guerre, l'impôt du sang, les serfs ressentent, trop cruellement quelquefois, le contre-coup des luttes de château à château.

« L'émancipation complète sera l'œuvre des siècles suivants, se pénétrant de plus en plus des maximes du christianisme. »

Cette émancipation complète, saint Bernard eût voulu voir les moines l'appliquer sur leurs terres et pour leurs serfs. « Vous possédez, disait-il aux moines de Cluny, des châteaux, des villages, des serfs de l'un et l'autre sexe, et, qui pis est, des péages et des tributs, en quoi vous ne différez point des séculiers, et, pour défendre ces biens, vous plaidez et revenez dans le monde contre votre profession. » Et le défenseur de Cluny, Pierre le Vénérable, voyait si bien dans ces paroles une attaque contre le servage, au moins contre le servage pratiqué par des moines, qu'il répondait : « Comme toute la terre appartient à Dieu, nous recevons indifféremment toutes les offrandes des fidèles, soit en meubles, soit en immeubles, et quand la règle permet au novice de donner ses biens aux monastères, nous ne voyons pas qu'elle en excepte rien. Nous usons même de ces biens mieux que les séculiers, qui lèvent des tailles sur leurs serfs trois ou quatre fois l'année et les accablent de corvées et d'exactions indues, au lieu que nous n'en tirons que les redevances réglées et les services légitimes. Or, puisqu'il nous est permis de posséder ces biens, il nous est aussi permis de les défendre en justice, et nous serions coupables si nous laissions usurper les biens consacrés à Dieu. » (1).

Ces paroles ne purent convaincre ni saint Bernard ni tout son Ordre. On remarquera, nous dit le dernier historien du saint, que dans l'énumération des biens (de Clairvaux), il n'est aucunement question d'églises paroissiales, de villages, de colons ou de serfs. C'est qu'une clause de leur premier règlement interdit ces possessions à tous les monastères de l'Ordre. (Chap. xv, ap. Guignard, *Monuments* p. 71) (2).

De même à Acey, parmi plus de deux cents donations faites dans le premier siècle de la fondation, il n'est pas même fait allusion à la donation de serf. Et cependant nous allons le montrer, malgré ce silence,

---

(1) *Histoire de l'Eglise*, par Fleury, t. xiv. p. 376.
(2) *Vie de saint Bernard*, par l'abbé E. Vacandard, t. I. p. 426.

l'abbaye a dû en avoir sur ses terres dès son origine. Pourquoi ne les a-t-elle pas nommés? Parce que, et c'est ici son éloge, l'intelligence très vive qu'eut l'ordre de Citeaux de l'esprit du christianisme, lui fit repousser toutes ces distinctions que le paganisme avait établies entre nobles et serfs, colons et hommes libres. Prouvons toutes ces choses par nos chartes.

Vers le deuxième ou troisième siècle de notre ère, les esclaves, au lieu de cultiver par bandes le domaine de leurs maîtres, commencèrent à recevoir chacun un lot de terres de culture, de prés et de vignes, qu'ils purent transmettre à leurs enfants (1). Partout aussi, les propriétaires se réservèrent une partie des terres de culture, des prairies, et plus tard, des forêts et pâturages. Cette réserve s'appela en latin *Dominicum, Sala, Broïlum, Vetitum*. Le plan cadastral de chaque village en conserve l'ineffaçable empreinte. Chaque serf dut, en effet, pour prix du fermage de ses terres, venir y travailler un jour, deux jours, trois jours par semaine. De là, dans chaque village, le nom de corvées donné à une partie du territoire ; c'était là incontestablement la réserve du maître. Presque partout aussi, à côté du village, une prairie porte le nom de Breuil, corruption évidente de Broïlum, ou de Vezain, corruption non moins certaine de Vetitum ; l'un et l'autre nom indiquant la prairie que le maître s'était réservée et dans laquelle chaque serf devait faner et voiturer pendant un jour ou deux au temps de la fenaison.

Les terres incultes et, provisoirement au moins, les

---

(1) *De l'Alleu et du Domaine rural*, par Fustel de Coulanges, p. 362 et suivantes.

forêts et les pâturages restèrent dans la réserve, dans ce que nous appellerons, avec les auteurs, le *Dominicum*.

Cela étant posé, passons à l'examen des chartes.

Lorsque les seigneurs donnent un ou deux arpents de terre, une ou deux faux de pré, il s'agit évidemment de parcelles détachées du *Dominicum* et qui ne sont pas exploitées par des serfs auxquels il eût été injuste de les arracher. Il en est de même pour les donations de terres incultes et stériles. Mais lorsque nous voyons telle famille seigneuriale, celle d'Auxange par exemple, donner toute sa terre à l'exception de quelques arpents, ce nom de terre, ainsi employé, ne signifie pas seulement le *Dominicum*, mais bien le domaine, ou si l'on veut, le village entier. Les lots des serfs, ou, pour employer le langage du temps, devenu le langage scientifique, les tenures serviles entraient donc dans cette donation. Et dès lors les serfs d'Auxange durent passer au service de l'abbaye.

Nous en avons encore une autre preuve. Le lot de terres et prés laissés à chaque serf, le manse lui-même portait un nom. Quelquefois c'était celui du premier serf qui l'avait occupé ; plus souvent, c'était le nom du serf qui l'occupait actuellement. C'est dans ce dernier cas que se trouvent plusieurs des manses donnés à l'abbaye. Qu'on en juge par les deux désignations suivantes : « Guillaume de Thervay et Girard son frère ont donné aux moines, à Colombier, le manse de Guy de Pagney, neveu de Wicard, auprès du manse d'Arduin ». Ce Guy de Pagney, dont on dit qu'il est le neveu de Wicard, n'était-il pas certainement vivant à l'époque où fut faite cette donation ? « Narduin d'Auxange, avec l'approbation de ses fils, a donné tout ce qu'il avait à Athées, c'est-à-dire le manse du moine Constantin et le manse de Bernard et le manse d'Alburge ». Peut-on douter qu'il ne s'agisse là d'un manse tenu en dernier lieu par un certain Constantin, actuellement moine convers à l'abbaye, une des premières vocations religieuses suscitées par Dieu dans la vallée de l'Ognon.

L'abbaye a donc eu des serfs ; il faut même avouer qu'il était impossible qu'elle n'en eût pas.

Lorsque des seigneurs lui donnaient des terres cultivées et habitées par des serfs, aurait-elle pu garder les terres et renvoyer les serfs ? Personne ne pourrait le soutenir. Une telle action eût été une cruauté et une injustice semblables à celles des évictions irlandaises de notre époque. Une possession de plusieurs siècles donnait sur le manse à la famille serve un droit strict et inaliénable. Si elle était liée à la terre, la terre, à son tour, était, dans un certain sens, sa propriété et son bien.

L'abbaye aurait pu refuser la terre, dira-t-on. Mais alors elle eût heurté de front toute l'organisation sociale de l'époque en même temps qu'elle se fût enlevé le moyen d'accomplir sa mission.

Elle eût pu sans doute encore accepter des serfs et les traiter avec bonté ? Mais cela n'eût été qu'imiter les moines de Cluny, si vivement attaqués par saint Bernard.

L'ordre cistercien a eu une pensée plus grande et que l'on doit regarder comme inspirée par l'esprit le plus pur du christianisme.

Il va traiter les serfs comme des hommes libres, en les appelant à l'honneur de la vie religieuse, les faisant asseoir au milieu des fils des barons, leur confiant la direction de ses granges, les chargeant de pourvoir à la subsistance de plus misérables qu'eux. Nous allons le voir en particulier dans notre abbaye (1).

Comme tout l'Ordre cistercien, elle eut deux sortes de religieux : les moines et les convers. Les moines, toujours liés à l'Ordre par des vœux, soumis à toutes les observances de la règle, devaient assister à tous les exercices du chœur. Ils devaient être dès lors plus lettrés ou plus susceptibles de le devenir, et se recrutaient surtout pour cette raison parmi les fils des barons, des chevaliers, en un mot parmi les fils de la classe noble et riche. Les convers étaient les religieux qui, destinés surtout aux travaux corporels et aux œuvres extérieures, n'avaient besoin que de l'instruction la plus élémentaire.

L'institution des frères convers n'est pas une création de Citeaux. Les Bénédictins de Vallombreuse, les Chartreux en avaient déjà admis dans leurs monastères. Les Cisterciens eurent le mérite de les mul-

---

(1) Qu'il me soit permis d'anticiper légèrement sur l'avenir pour donner une autre raison. En 1203, en 1226 et très souvent ensuite, des serfs sont donnés à l'abbaye et nommés. Si celle-ci avait reçu de saint Bernard une défense formelle de les accepter, peut-on supposer qu'elle lui eût désobéi sitôt, alors qu'elle était dans sa plus grande ferveur et cela sans réclamation du Chapitre général. Il est plus probable, comme je l'ai dit ; qu'elle en a toujours eu, sauf à les regarder comme des fermiers et dès lors à ne pas les nommer. Puis plus tard, elle les a nommés pour se conformer à l'usage général. Enfin me serais-je trompé et n'en eût-elle eu qu'à partir du treizième siècle que sa bienveillance envers les serfs reste la même : seulement pendant cinquante ans, ce sont les serfs des autres qui en ont bénéficié.

tiplier et d'en faire un véritable moyen de régénération morale et matérielle de ce siècle.

Ce fut un trait de génie de l'Ordre de Citeaux d'aller les prendre parmi les serfs, pour faire ensuite assister les fils des barons et les fils des serfs aux mêmes exercices claustraux, les faire asseoir à la même table, prendre la même nourriture, leur faire confondre leurs sueurs dans le même sillon et les désigner tous sous le même nom de frères.

« Les convers valent ce que nous valons, dit le livre des Us, le prix du sang d'un Dieu. De quel droit établirions-nous pour eux une différence de régime, puisqu'il est certain qu'ils sont nos égaux, selon la loi de grâce de la rédemption ? Serait-ce parce qu'ils sont plus simples et plus ignorants que nous ? Mais la raison nous conseille alors de n'en prendre que plus de soin ».

C'est ainsi que la règle proclamait hautement, nettement, l'égalité et la fraternité humaines, et faisait faire un pas prodigieux à cette lente ascension qui a insensiblement rapproché toutes les classes de la société.

Il fallait cependant bien créer aux convers des occupations, une vie en rapport avec leur culture intellectuelle, leurs habitudes et leurs occupations précédentes. La règle y a pourvu et en même temps, elle a su par là moraliser les classes populaires et couvrir l'Europe d'un réseau de fermes modèles qui deviendront la grande ressource de cette Europe dans toutes les calamités publiques et une des causes principales de la prospérité du siècle suivant.

Aux moines, le soin de cultiver les terres comprises dans le périmètre de l'abbaye. Ce travail manuel, qui durera six ou sept heures par jour et même davantage suivant la saison, sera suffisant pour honorer l'agriculture et témoigner de l'égalité parfaite qui existe entre tous les frères. D'autre part, se faisant sous les murs de l'abbaye, il ne les empêchera point de suivre à la lettre tous les exercices du cloître, et de conserver au monastère ce parfum de régularité, de piété et de pénitence extrême qui en est l'âme.

Aux convers, de qui moins de prières et de pénitences sont en général demandées, appartient le soin à peu près exclusif des granges.

Qu'est-ce que les granges?

Des terres ont été données à nos moines dans tous les villages de la vallée. Plus nombreuses, nous l'avons vu, ont été les donations dans les lieux écartés et déserts. Ces lieux sauvages sont choisis par eux pour en faire des centres de culture. Ce seront Colombier, Montmorey, Vauchange, Frontenay, Ougney, Fontenelay, Neuvelle, et autres encore. Moins de dix ans après la fondation, ces centres de culture étaient organisés si parfaitement que de là pouvait être dirigée la culture des moindres terres de l'abbaye dans la vallée tout entière.

C'étaient là les granges. Les moines en avaient sans doute la haute direction, et, à deux reprises différentes, nos chartes y signalent leur action. Cependant, en principe, les granges étaient confiées à peu près exclusivement aux convers qui formaient ainsi de véritables communautés, ayant leurs exercices de piété particuliers, leur mission spéciale. Leur vie, s'y passant davantage dans la campagne, sous la voûte du ciel, renfermant moins de pénitences et de prières que la vie des moines, était même au point de vue naturel plus agréable et moins dure, tout en étant une vie honorée et sainte. N'était-ce point les relever à leurs propres yeux et qui n'admirera déjà cette pensée ?

Bien petit, cependant, devait toujours être le nombre des hommes appelés à la vie religieuse même parmi les convers. Pour exercer, sur la classe pauvre et serve, une action plus profonde et plus efficace, l'Ordre cistercien va étendre le bienfait de sa protection et de la vie religieuse sur les séculiers eux-mêmes. Dans chaque grange, avec les moines, les convers, nos chartes et l'histoire signalent la famille de l'abbaye.

Qu'est-ce que cette famille? (1) Ce sont les mercenaires admis en nombre illimité dans les granges pour aider au travail des uns et des autres. Que les serfs auxquels le manse paternel ne suffit plus, que les vagabonds sans ouvrage et sans pain, que tous les déshérités de ce monde en un mot, viennent frapper à la porte des granges ou de l'abbaye ; ils y trouveront un travail modéré avec des leçons d'industrie et de science agricole, et après ce travail, ils y recevront le pain de chaque jour, honorablement gagné ; un salaire justement acquis, et ce qui, aux yeux du chrétien et de tout homme raisonnable, vaut mieux encore, ils y trouveront de hautes leçons, d'admirables exemples, et des habitudes chrétiennes qui seront leur sauvegarde pendant leur vie tout entière.

Devant ce respect de l'Ordre pour les serfs, n'avons-nous pas eu raison de dire que pesait bien peu pour

---

(1) *Terræ quas monachi et conversi et familia eorum propriis manibus seu animalibus laborare poterunt. Cartularium. Cart.* XIII.

lui la distinction païenne établie entre seigneurs, hommes libres, colons et serfs.

Saisi de cette divine pitié dont son Maître lui avait donné l'exemple à l'égard de la multitude des misérables, il est vraiment descendu au peuple, non seulement pour le bénir par la main de ses prêtres, mais pour le relever et le moraliser. Il a invité les serfs, les fils de ces esclaves dans lesquels le paganisme avait vu des êtres intermédiaires entre l'homme et la brute, à venir s'asseoir parmi les fils des hommes libres. Dans le baiser de paix qu'au pied des autels ceux-ci donnaient à ceux-là, c'étaient deux classes d'hommes qui s'embrassaient et se réconciliaient sous l'égide de la religion ; c'était le prélude de cet embrassement final de deux classes dans la société tout entière auquel, depuis Jésus-Christ, travaillait l'Eglise.

Le peuple a compris le bien qu'on lui voulait.

Chaque abbaye à côté de vingt, trente ou cinquante moines, avait cent ou cent cinquante convers et autant de mercenaires. Et comme en Europe, en moins d'un siècle, il s'éleva plus de cinq cents abbayes cisterciennes, c'est par dizaines de mille qu'il faut compter les serfs tirés de l'abjection et de la misère par l'Ordre.

Son action est descendue plus profondément encore dans les classes populaires.

L'aumône était obligatoire dans les granges et dans les abbayes. Veut-on savoir avec quelle générosité elle s'accomplissait ? Ecoutons cette histoire arrivée à Acey même quarante ans après sa fondation.

C'était sous le pape Lucius III (1). Des mendiants s'é-

(1) 1181-1185.

taient présentés à la porte du monastère. Rien ne nous prouve que ce jour ils aient été plus nombreux que d'habitude, mais ils se trouvèrent audacieux et voleurs. Ils mirent en effet au pillage la maison. Etables et basses-cours, caves et celliers furent dévalisés et vidés. Tous les bœufs, porcs et moutons, toutes les provisions furent la proie de leur effronté brigandage. Le désastre fut si grand que des plaintes en furent portées jusqu'au pied du trône pontifical, et Lucius III enjoignit à l'archevêque de Besançon et à l'évêque de Langres de rechercher les voleurs et les recéleurs du bien volé après les avoir frappés d'excommunication. On ignore si ces recherches aboutirent à quelque résultat.

Dès que l'aumône était faite avec cette générosité, le nombre des pauvres nourris par l'Ordre de Citeaux, n'a-t-il pas été vraiment immense? Et si l'on examine toutes ces raisons, ne faut-il pas conclure que cet Ordre est venu à son heure?

Il est venu à son heure pour restaurer l'esprit de pénitence et de sacrifice qui tendait à s'attiédir, pour conduire à la liberté les serfs que la renaissance du droit romain menaçait de faire rétrograder vers l'esclavage antique, à son heure pour nourrir ces multitudes dont les calamités publiques et les croisades augmentaient la misère, à son heure enfin pour restaurer l'agriculture et ramener l'activité humaine vers la culture de la terre, de la terre, cette mère nourricière des hommes dont une nation ne peut s'éloigner sans périr. Après les guerres civiles qui marquèrent l'agonie de la République romaine, Virgile écrivait ses Géorgiques pour ranimer l'agriculture dans laquelle il voyait le salut de sa patrie.

Après nos guerres civiles du seizième siècle, Sully voyait dans le labourage et le pâturage les deux mamelles de la France.

Au douzième siècle, après les luttes de château à château qui avaient stérilisé une partie du sol, après cette première croisade qui avait dépeuplé tant de foyers, l'Ordre cistercien vint aussi dire à l'Europe, plus encore par ses exemples que par ses paroles, que l'avenir de tout pays, au point de vue matériel, moral et même spirituel, est attaché à la culture de la terre. Et à tous ces points de vue, il a rempli une mission évangélique, sociale, patriotique, dont jamais nous ne saurions lui être assez reconnaissants.

Nous en sommes à l'agriculture. Esquissons brièvement l'organisation intérieure des granges (1).

Le supérieur de la grange était un convers, appelé le maître, ayant pour coadjuteur le frère hospitalier dont la mission principale était de recevoir les étrangers et les pauvres qui ne pouvaient aller à l'abbaye. Celui qui tenait le manche de la charrue (*frater stivarius*) avait le second rang après le maître ; on lui donnait pour associé le frère bouvier ou pique-bœuf (*frater bubulcus*) qui aiguillonnait les bœufs dans le sillon et les menait au retour dans les pâturages.

Les frères vachers, bergers et porchers avaient chacun un compagnon plus jeune qu'eux (*junior*) qui ne les quittait jamais dans les champs ; le laitier et son second portaient soir et matin à la fromagerie de l'abbaye le lait qui n'était pas nécessaire à la grange. Le

(1) Cette description a été tirée en partie de l'histoire de Morimond, grande abbaye fondée en même temps que Clairvaux.

frère charretier (*carrucarius*), accompagné du frère palefrenier (*frater stabularius*), conduisait aussi chaque jour au monastère les produits de la grange et revenait chargé de pain et autres grosses provisions. Un autre frère charretier allait chaque semaine à Lons-le-Saunier chercher, pour la répartir entre l'abbaye et les granges, la montée de sel donnée par les comtes de Vienne, Etienne et Girard. D'autres encore, partant soit de l'abbaye, soit des granges, allaient conduire aux marchés publics de Pesmes et d'Etrabonne la surabondance des récoltes et en rapportaient les produits de l'industrie et du commerce nécessaires à la vie ou à la culture et qu'ils ne pouvaient faire sortir du sol. Notons en passant que soit par charité, soit pour attirer à leur marché les fruits et denrées de l'abbaye, soit pour ces deux raisons réunies, les sires de Pesmes et d'Etrabonne avaient dispensé de tout droit de vente ce qui y serait amené par nos moines.

Le changement qu'un travail si persévérant et si intelligent dut apporter dans le territoire des granges, est facile à comprendre, mais il amenait un danger. A mesure que la surface des terres cultivées s'agrandissait, diminuait le libre parcours pour les immenses troupeaux qui furent à cette époque la grande richesse de l'abbaye. L'archevêque Humbert y pourvut. Bien que se devant avant tout à ses œuvres diocésaines, il voulut cependant témoigner par un sacrifice personnel l'intérêt affectueux qu'il lui portait : il lui abandonna le droit de pâturage dans sa terre de Gy et sur les villages de Bucey, Autoreille, avec défense à d'autres communautés religieuses de s'y établir sans le consentement de l'abbé et des frères. Il autorisait de plus ceux-ci à construire une étable pour abriter leurs moutons pendant la saison d'hiver, c'est-à-dire depuis la Toussaint jusqu'à Pâques, là où il leur plairait, entre Choye et Fayl-sur-Saint-Maurice d'une part, et d'autre part entre Croset et la Fontaine de Jean. Cette donation, contresignée par les « ministres » de Gy et de Bucey, fut de plus approuvée par le vicomte de Besançon. Ce grand officier du conseil de l'Archevêque, sans le consentement duquel le Pontife ne pouvait aliéner les Régales de son archevêché, y ajouta la faculté de prendre, dans les forêts de la terre, tout le bois nécessaire pour construire une petite maison et des étables.

Cependant une grange monastique n'était pas seulement une ferme-modèle. C'était encore une maison religieuse où les droits de la piété et de la pénitence étaient soigneusement sauvegardés.

Les lits des convers ne consistaient qu'en une paillasse avec quelques peaux de mouton cousues ensemble pour couvertures. Ils s'y couchaient tout habillés, après avoir ôté leur chaussure ; le maître de la grange les éveillait en agitant une clochette appelée *nola*, d'assez bonne heure pour que leurs prières fussent faites avant le lever du soleil ; puis, tous s'en allaient : les uns garder les troupeaux, les autres, conduire la charrue ; ceux-ci charrier, ceux-là faucher ou moissonner ; souvent il ne restait à la grange que le frère hospitalier.

Le maître, au retour des champs, sonnait sa petite cloche pour les appeler au réfectoire. Tous ayant dit : *Benedicite*, *Kyrie eleison* et *Pater noster*, se mettaient à table revêtus du manteau et du capuce, y mangeaient sans mot dire les mêmes mets qu'au monastère, mais en plus grande quantité.

Ils se confessaient fréquemment et avaient sept grands jours de communion solennelle : Noël, la Purification, le Jeudi-Saint, la Pentecôte, la Nativité de la Sainte-Vierge et la Toussaint. Les dimanches et fêtes, ils étaient obligés de se rendre au monastère pour y assister à l'office, au chapitre et aux conférences que l'abbé leur faisait, à l'exception de ceux que le maître désignait pour faire la garde.

Cela n'empêchait pas qu'il n'y eût dans la grange même un oratoire et, bien souvent sans doute, le dimanche, dans les granges comme celle de Fontenelay, trop éloignées pour un voyage hebdomadaire de toute une communauté, le Saint-Sacrifice y fût offert. Enfin, la clôture même était imposée aux granges. Elles étaient ordinairement construites sous la forme d'un parallélogramme avec une cour au milieu et deux grandes portes d'entrée, les hébergeages et les écuries d'un côté, le logement des frères de l'autre. Ce logement était composé d'une cuisine, d'un réfectoire, d'un dortoir, d'un chauffoir et d'une petite *celle* des hôtes avec l'oratoire. Il y avait extérieurement un mur d'enceinte circonscrivant un certain espace de terrain qu'on appelait la *cour* de la grange (*curtis grangiæ*). Jamais aucune femme ne pouvait mettre le pied dans cet espace, où les officiers de la féodalité même ne pouvaient pénétrer pour en arracher violemment les malheureux, innocents ou coupables, qui y avaient cherché un refuge.

Disons enfin qu'aucune grange ne vivait de sa vie propre et personnelle, ni au point de vue moral, ni au point de vue matériel. Profits et dépenses, autorité, direction spirituelle, l'abbaye centralisait tout. L'abbé d'Acey, supérieur immédiat, vraiment évêque de cette multitude de moines, de convers, de mercenaires, se regardait devant Dieu comme chargé de la moindre de ces âmes, et devait s'intéresser au salut et au progrès de chacune dans la perfection.

Au point de vue matériel, il faisait aussi converger vers l'abbaye tous les produits des granges pour les faire refluer ensuite vers celles-ci sous la forme de nourriture et de vêtements pour les moines, pour les mercenaires et les pauvres.

Nous vantions un peu plus haut l'œuvre de nos deux premiers abbés, Dom Philippe et Dom Lucas.

Il est facile maintenant de mesurer cette œuvre et de s'en rendre compte. Après vingt ans seulement, elle comprenait :

Huit granges organisées, c'est-à-dire habitées et exploitées au moins par quatre-vingts ou cent frères convers ; l'abbaye, avec ses moulins et ses ateliers, achevée, et renfermant des moines et des convers peut-être en plus grand nombre encore ; des ouvriers mercenaires formés au travail soit dans l'abbaye, soit dans les granges, et y trouvant, répétons-le, un juste salaire, du pain pour le jour, du pain pour le lendemain. C'étaient dès lors des centaines d'hommes vivant heureux et en paix, donnant par leur travail et leur industrie du pain à des centaines d'autres hommes plus pauvres et plus misérables qu'eux. Puis tout autour de l'abbaye, sur une surface de soixante ou quatre-vingts lieues carrées, c'étaient des terres défrichées, de magnifiques exemples de travail, et de ce que peut le travail, donnés aux hommes libres et aux serfs. C'étaient la fraternité et l'égalité humaines prêchées aux grands par l'introduction des serfs dans la grande famille monastique, le respect et la soumission pour l'autorité légitime prêchés aux petits par l'exemple de l'obéissance religieuse.

Et au point de vue spirituel, qui est le principal, que de centaines d'âmes ramenées ou affermies dans le chemin du ciel ! Combien même d'âmes guidées vers les plus hauts sommets de la vie religieuse, dont les prières et les pénitences s'élevant vers Dieu comme la fumée d'un pur encens, servaient de contrepoids dans la balance de la justice aux crimes du monde, et faisaient descendre sur la contrée la miséricorde divine ! Et tout cela dans vingt ans ? Qu'importe donc que nous connaissions seulement par quelques signatures les noms des deux hommes qui furent l'âme de ces travaux et présidèrent à tant de grandes choses? Leurs bonnes œuvres personnelles et les bonnes œuvres qui s'accomplirent sous leur impulsion, les âmes qu'ils ont sauvées et aussi les larmes qu'ils ont séchées, rediront éternellement leurs noms devant Dieu.

CHAPITRE IV

Lutte de Frédéric Barberousse contre Alexandre III et contre l'Ordre de Citeaux. — Les moines d'Acey sont chassés du monastère par Herbert. — Dom Pierre, troisième Abbé d'Acey (1161-1179). — Fondation de l'abbaye de Polisy(1180). — Dom Odon, quatrième Abbé (1179-1180). — Construction de l'église abbatiale — Sa description sommaire. — Dom Servius, cinquième Abbé (1180-1195). — Agrandissement des domaines. — Dom Guy, sixième Abbé (1195-1207). — Inhumation des bienfaiteurs dans le cimetière de l'abbaye. — Le Prieuré de Bellefontaine. — Dom Gauthier, septième Abbé (1207-1220). — Donations de rentes. — Un oblat. — Dom Pierre II, huitième Abbé (1220-1256). — L'abbaye acquiert des fiefs. — Le siècle d'or de l'Ordre de Citeaux.

Parmi toutes les formes de l'immolation de soi-même, l'immolation par la persécution est une des plus dures parce qu'elle est la moins volontaire.

Aussi Dieu ne manque-t-il jamais de faire passer par le creuset de cette épreuve les âmes qu'il chérit spécialement et les œuvres les plus excellentes qui se font dans son Eglise.

L'Ordre de Citeaux et nos moines d'Acey n'ont point échappé à cette loi.

Chose incroyable pour celui qui oublierait que depuis le péché originel la chair a toujours conspiré contre l'esprit, les prêtres et les moines, en plein Moyen-Age et dans le siècle du Moyen-Age où la foi était le plus vive, ont eu à confesser Jésus-Christ et à braver pour lui, sinon la mort, au moins la ruine et l'exil.

L'empereur d'Allemagne, Frédéric Barberousse, avait repris le rêve qui hante le cerveau de tous les despotes, d'étendre l'action du pouvoir civil sur les âmes et les consciences, non moins que sur les corps. En vain le pape Adrien IV avait-il protesté et lui avait-il envoyé, à Besançon, deux légats, pour l'inviter à modérer ses prétentions ! Ceux-ci avaient dû quitter précipitamment cette ville sans rien obtenir. Lorsqu'à la mort d'Adrien IV, un de ces légats fut élevé sur le trône Apostolique sous le nom d'Alexandre III, Barberousse entra dans une colère étrange, se jeta dans le parti de l'antipape, qu'une faction venait d'opposer à Alexandre, et prétendit y entraîner tous ses sujets.

Un édit impérial enjoignit donc à tous les évêques et à tous les abbés de reconnaître Victor sous peine de bannissement perpétuel.

Il y eut avant tout, hâtons-nous de le dire, de nobles résistances.

Parmi nous, l'archevêque Humbert sacrifia au salut de son âme son siège épiscopal. Il se retira en 1161 au monastère de Saint-Paul à Besançon où il embrassa la règle des Chanoines Réguliers qu'il observa jusqu'à sa mort.

Son successeur, Gauthier II, trouvant, après deux ans, la situation désespérée, obtint du roi de France, son parent, sa translation au siège de Langres.

En vain, pour briser toute résistance, au moins dans le Comté, Frédéric fit-il élire pour archevêque, par le Chapitre métropolitain, un Allemand de sa cour, Herbert, qui surpassait même son maître en ardeur pour le schisme : les résistances continuèrent, souvent poussées jusqu'à l'héroïsme. Telle fut celle de nos moines d'Acey.

En 1163, le Chapitre général de l'Ordre de Citeaux s'était déclaré pour Alexandre III. Dès lors toutes les abbayes cisterciennes le reconnurent pour véritable successeur de saint Pierre et éprouvèrent tous les effets de la colère impériale. Un moine cistercien, moine et évêque, que sa sainteté a fait distinguer et briller dans le sillon lumineux tracé au ciel de l'Eglise par l'Ordre tout entier, saint Pierre de Tarentaise en un mot, osa alors se présenter devant Barberousse à Besançon pour y défendre la cause du Pape et la cause de ses frères persécutés : il n'obtint que d'être entendu, et encore au grand étonnement des schismatiques. « Bien que, nous disent les auteurs de l'Ordre, il fût presque le seul des métropolitains dans ces régions qui résistât à l'empereur, celui-ci l'entendit volontiers. » — « Par quels artifices, disait à ce sujet Herbert, ce moine a-t-il donc pu séduire l'empereur et en obtenir un visage favorable? Lorsque j'en ai chassé des multitudes de leurs monastères, l'empereur ne s'y est pas opposé, et il se recommande aux prières de celui-ci ! »

Ces paroles sont une preuve de la persécution qui s'appesantit sur tous les cloîtres. Nos chartes nous prouvent de plus que les moines d'Acey durent témoigner un zèle tout spécial pour la bonne cause, car ils encoururent une haine toute particulière aussi de la part d'Herbert. En 1168, en effet, celui-ci tolère les Cisterciens à la charité et se prête même à un traité entre eux et Ponce de la Roche. Il n'y aura point pour les moines d'Acey de ces adoucissements à la persécution et de ces faveurs. Les religieux sont chassés ; l'Abbé est envoyé en exil. Les seigneurs du voisinage, ceux de Thervay et de Brans surtout, croient le monastère si bien fini qu'ils se jettent sur ses biens comme à la curée, pour ne restituer que longtemps près, sous le pontificat de l'archevêque Eberard, le successeur d'Herbert.

Celui-ci mourut vers 1172. Sa vie avait été d'un serviteur du prince et non d'un serviteur de Dieu. Sa mort fut d'un pécheur impénitent, et ses funérailles répondirent à sa vie et à sa mort. Sur le passage du cortège funèbre, le peuple criait : « Béni soit Dieu qui a puni l'impie ! » et ce cortège conduisit ailleurs qu'au caveau des archevêques son cadavre déshonoré ! (1).

C'est à sa mort sans doute que se manifestèrent les premiers symptômes de paix à l'abri desquels les moines d'Acey commencèrent à rentrer dans leurs cloîtres.

Dès 1172, l'abbé Dom Pierre semble y être revenu lui-même. Une donation où Etienne de Bourgogne, comte de Vienne et de Mâcon, ayant « la croix dans le cœur et la croix sur ses vêtements », enrichit de ses libéralités l'Eglise de Besançon, est contresignée par les abbés Pierre d'Acey, Bernard de Bellevaux, Jacques de la Charité, Luc de Cherlieu, et par les plus grands seigneurs de la contrée : Eudes de Champagne, Gérard de Fouvent, Othon de la Roche, et divers autres.

Frédéric fit sa paix avec l'Eglise vers 1176, et Dom Pierre put gouverner en paix son abbaye. Il ne la gou-

---

(1) Disons, pour être juste, que, si l'attachement d'Herbert pour le schisme n'est pas contesté, cette triste mort ne paraît pas aussi bien prouvée.

verna pas longtemps. Si nous le voyons encore en 1181 signer une transaction avec Lambert de Gendrey, et plaider en 1183 devant l'archevêque de Thierry contre Guy de Pesmes, la qualification d'ancien abbé qui suit son nom dans ces deux actes nous avertit qu'il s'était démis déjà de la dignité abbatiale sans cesser d'en exercer, au moins en partie, les fonctions. Quelles que soient les causes qui aient pu le faire descendre volontairement au rang des simples moines, il a apporté plus de gloire à l'abbaye que ses saints prédécesseurs eux-mêmes. Sous lui, sans doute, les cloîtres devinrent silencieux et déserts ; les granges furent privées de leurs essaims de travailleurs ; mais avec ses moines, il s'est dressé contre les impies et il a souffert persécution pour la justice. C'est là, devant les hommes et devant Dieu, le gage d'une gloire pure et impérissable entre toutes.

Il eut pour successeur Dom Odon, sous lequel la maison semble être entrée dans la voie d'une extrême prospérité. (1180)

Tout d'abord, ce dut être une récompense bien douce au cœur de l'abbé et de ses moines que la Bulle dont les honora le pape Lucius III. Après leur avoir confirmé leurs possessions dans trente-trois villages qu'il énumère, le pape les exempte de toute dîme sur les terres qu'ils cultiveront par eux-mêmes ou par leurs hommes ; il met leur maison à l'abri de toute violence et saisie, et règle enfin la conduite à tenir dans le cas où l'évêque diocésain refuserait de bénir soit l'abbé, soit les novices.

Après les luttes avec Herbert, on comprend l'opportunité de cette dernière mesure.

Le Pape ne s'en tint pas à cette première preuve de sa bienveillance.

L'abbaye fut pillée à ce moment par des mendiants, comme nous l'avons dit plus haut. Lucius ne crut point au-dessous de lui de lui adresser cette Bulle que nous avons relatée.

Ainsi, à peine sortie de la persécution, alors qu'une partie de ses terres était encore occupée par les seigneurs féodaux du voisinage, l'abbaye avait repris le cours de ses largesses. Les granges, où elle puisait ses aumônes, étaient donc de nouveau florissantes, et elle avait donc renoué avec le peuple chrétien, par l'emploi des frères convers et des mercenaires, cette alliance qui fit sa force et sa gloire.

Les moines eux-mêmes étaient devenus plus nombreux que jamais, puisque, dès 1180, partait une colonie d'entre eux destinée à fonder une abbaye.

Qui ne verrait dans tous ces faits une récompense de sa générosité à combattre le bon combat et à supporter l'épreuve?

La colonie partie d'Acey a des droits tout particuliers à notre souvenir.

Aux extrémités de la chrétienté, à Polisy, en Hongrie, une abbaye bénédictine était complètement dégénérée. Quelles circonstances firent donner à notre abbaye la mission d'en remplacer les religieux et d'y infuser une vie nouvelle? On l'ignore, mais la colonie fut à hauteur de sa tâche. Le roi de Hongrie, André II dit le Jérosolymitain, fut tellement édifié de la vie des nouveaux moines qu'il confia à leur église abbatiale la dépouille mortelle de sa femme, Gertrude de Méranie, mère de sainte Elisabeth. Ainsi ce sont des religieux français, et sans doute francs-comtois pour la plupart, qui ont prié les premiers sur la noble femme dont un illustre fils adoptif de la Franche-Comté, le comte de Montalembert, devait de nos jours immortaliser le souvenir dans sa touchante histoire de sainte Elisabeth.

De plus, en 1225, André envoya à Acey vingt marcs d'argent en témoignage de sa satisfaction et de sa reconnaissance.

Avec la faveur des rois et la protection éclatante des papes, l'abbaye eut aussi les suffrages, toujours bien chers aux moines, des évêques diocésains.

L'archevêque Eberard, du clergé de Besançon et de la maison de Saint-Quentin, avait été détaché du parti de l'antipape par saint Pierre de Tarentaise. Une tendre amitié en était résultée entre eux. Toutes les abbayes, et spécialement la nôtre, plus affligée que toute autre à l'occasion du schisme, trouvèrent en lui un défenseur dévoué.

Son successeur Thierry, ne fut pas moins bon pour Acey. Telle était sa confiance dans les prières qui s'y adressaient chaque jour à Dieu que, pour y avoir un droit plus spécial encore, il lui donna une terre à Valedon. Il n'y mettait que cette condition, acceptée d'avance, que le défrichement de cette terre serait l'œuvre exclusive des religieux et de leurs familiers.

Et à l'exemple des papes, des rois, des archevêques, le peuple chrétien s'éprend d'une estime de plus en plus grande pour notre abbaye. Il commence en effet à offrir des biens pour y être admis.

En 1181, Richard de Chastenay et son frère lui donnent des dîmes à Vauchange, des terres à Villers et à Batonvillers, mais ils y mettent cette condition qu'ils seront reçus quand ils voudront au nombre des frères.

Que va donc faire l'abbaye afin de témoigner à Dieu sa reconnaissance pour tous ces biens dont il l'a comblée, pour ces richesses qu'il lui envoie, pour ces fils qui se multiplient en elle, pour ces faveurs qui descendent sur elle du siège épiscopal, du trône des rois et jusque de la Chaire Apostolique, et surtout pour ces grâces spirituelles auxquelles elle doit les flammes de sa charité ? Comme autrefois David, elle va prouver sa reconnaissance en élevant un temple magnifique à Dieu.

C'est bien à cette époque qu'il faut fixer la construction de l'église. Non seulement le temps eût manqué auparavant, mais à défaut de date gravée dans la pierre ou consignée dans un parchemin, elle porte elle-même sa date dans son style.

Jusqu'au douzième siècle, le style roman seul était employé pour les monuments religieux. Mélange austère et grave des formes latines et de celles créées sous Justinien par les artistes du Bosphore, il avait bien cette majesté sévère qui convient aux imposantes cérémonies du catholicisme.

Cependant, il faut bien le reconnaître, malgré l'immense étendue des basiliques et les savantes conceptions des artistes qui en avaient dessiné le plan, les formes romanes étaient généralement lourdes, massives, telles que le génie religieux, si actif à cette époque, ne pouvait s'en contenter. Aussi le voyons-nous enfanter au douzième siècle une conception nouvelle et plus riante, l'ogive, qui se répand aussitôt dans toute la chrétienté.

Qui devait l'emporter de ces deux arts, l'un plus grave, l'autre plus hardi; l'un ayant pour lui tous les monuments du passé, l'autre répondant mieux aux espérances et aux ardeurs de la société de cette époque ? Personne n'eût pu le dire. Aussi les artistes unirent-ils dans leurs œuvres ces deux styles dont le mélange, appelé style de transition, donne l'âge précis des monuments où on le retrouve. Ainsi l'église d'Acey qui, tout entière appartient à ce style de transition ou romano-gothique, est donc du douzième siècle (1).

Essayons-en une rapide description :

Un porche la précédait, surmonté de la statue colossale du comte Renaud dont une inscription disait le nom et rappelait le titre de fondateur de l'abbaye. Le porche a été complètement détruit, mais l'église reste.

C'est une croix latine à trois nefs de soixante-seize mètres de long et vingt mètres de haut dans la grande nef. Aux deux tiers de sa longueur, arrive le transept, qui forme les deux bras de la croix et ne mesure pas moins lui-même de trente-deux mètres. Sur

---

(1) Un monument de cette importance ne pouvait être fait d'un seul jet. Il a été en effet l'objet d'une reprise de construction, dont M. Gauthier précise ainsi la date :

Le sanctuaire (détruit et depuis réédifié sur ses fondations encore visibles par les Pères Trappistes) le chœur, le carré du transept et le bras droit du même transept datent de la fin du douzième siècle, c'est-à-dire de la rentrée dans leur cloître des Cisterciens chassés par Frédéric Barberousse au plus tard. Le bras gauche du transept, les nefs et le porche ont été construits seulement au début du treizième siècle et achevés à une date qui ne doit pas dépasser la période de 1250 à 1270.

(1) *L'Eglise et les monuments de l'Abbaye cistercienne d'Acey (Jura)*, par M. Jules Gauthier, membre résidant. Académie 1895. Page 277.

chacun des bras de ce transept s'ouvrent deux chapelles qui se prolongent de chaque côté du chœur et donnent à l'église, à partir de ce point, l'aspect d'une église à cinq nefs Le style de transition s'accuse dès le premier regard. Tandis que les fenêtres sont exclusivement romanes, les arceaux des voûtes et les arcades qui supportent les murs sont toujours à ogive. Les deux styles ont été du reste harmonisés avec un tact parfait, et leur mélange, loin d'être disparate, repose et charme la vue.

De la porte jusqu'au mur absidial, il y a, de chaque côté de la grande nef, onze piliers.

Les piliers, ici comme dans toutes les églises du moyen-âge, sont le triomphe de l'architecture.

En les voyant si sveltes et si élancés, peu de personnes supposeraient leurs mesures réelles. Ils ont en effet de quatre à cinq mètres de contour et forment une énorme masse circulaire à laquelle l'architecte est parvenu à donner de la légèreté et de la grâce par une savante disposition. Chacun d'eux a quatre faces planes et égales, heureusement réduites par des angles rentrants. Sur chaque face plane saillit une demi-colonne; de même dans les angles rentrants saillissent des colonnettes.

Sur l'abaque des chapiteaux, viennent s'appuyer les arceaux des voûtes des bas-côtés et le mur qui doit s'élever jusqu'à la voûte de la grande nef. Ce mur est porté par des arcades ogivales s'élançant dans le vide d'un pilier à un autre. Au-dessus des nefs latérales, il est percé par de rares et petites fenêtres, et suit, à sa partie supérieure, les sinuosités de la voûte. Les nervures de cette voûte beaucoup plus élevée de la grande nef réclamaient un appui particulier qui s'élevât jusqu'à elles. De là, un surexhaussement des piliers sous la forme d'une demi-colonne qui fait saillie sur le mur, et porte son chapiteau jusqu'à la retombée de la voûte centrale.

Rien de majestueux comme ce prolongement des piliers et des colonnes dont on suit ainsi les lignes harmonieuses depuis le sol jusqu'aux voûtes. L'œil est satisfait en constatant lui-même, d'une manière en quelque sorte matérielle et tangible, que l'édifice tout entier repose vraiment sur ces colonnes aériennes dont il semble qu'elles auraient déjà beaucoup de peine à se soutenir elles-mêmes. Et cependant pressées entre les fondements qui les supportent et les voûtes qui s'y appuient, elles forment pour l'édifice un soutien tellement inébranlable que des siècles de négligence et un demi-siècle de complet abandon n'ont pu en compromettre la solidité.

Il est juste de remarquer aussi que le nombre des piliers est venu suppléer à leur légèreté. En joignant aux vingt-deux piliers de la grande nef les piliers engagés dans les murs des bas-côtés, du transept et de l'abside et les deux piliers qui coupent les bras de ce même transept, nous arrivons à l'énorme puissance de soutènement de cinquante-deux étais. Ajoutons-y des contreforts extérieurs, peu développés il est vrai, mais suffisants déjà, des murs reliant entre eux les piliers extérieurs et les contreforts, murs, contreforts, piliers en moyen ou grand appareil, d'une pierre indestructible, jointoyée dans un ciment inattaquable, et l'on comprendra la force de résistance d'un tel monument.

Nous venons de voir le génie de l'artiste. Voici celui de saint Bernard.

J'ai nommé les chapiteaux. Eux surtout sont le triomphe de l'art gothique.

Tandis que l'art grec s'était arrêté à quelques formes invariables, à quelques types définis et précis dont le style corinthien est le plus parfait, l'art gothique a mis dans ses chapiteaux une extraordinaire fantaisie. De jolies couronnes d'acanthe ou de fougère, de feuilles grasses ou de feuilles d'eau, des figures symboliques d'animaux réels ou fantastiques, d'hommes ou de génies, y charment la vue et excitent la curiosité du visiteur.

A Acey, on ne trouve rien de ces richesses. Une corbeille plus ou moins curviligne, formée de deux ou trois rangs de feuilles d'acanthe repliées en volute sous une plinthe chanfreinée, voilà le chapiteau tout entier. Malgré son élégance, il respire une âpre sévérité et prouve combien les Cisterciens de cette époque étaient fidèles à l'esprit de leur Père.

Les voûtes nous offrent le même contraste et nous donnent le même enseignement.

C'est à l'art gothique qu'il était réservé de porter à sa plus haute perfection cette partie de nos églises, de produire ce mélange heureux de lignes droites et de lignes courbes, ces mille intersections des arceaux s'épanouissant autour des clés de voûte comme des rais d'escarboucle, ou s'élançant, comme des branches d'arbre, de l'abaque des chapiteaux.

Cette merveille se retrouve à Acey. Grâce au large transept qui vient couper d'une manière si heureuse la grande nef, arcs-doubleaux et arceaux se mélangent, se coupent, se rapprochent dans un ordre parfait qui fait admirer le génie de l'artiste par lequel ont été mesurées et pondérées à l'avance tant de forces énormes, destinées en même temps à se faire contrepoids et à charmer les regards.

En vain chercherait-on cependant sur les clés de voûte ces sculptures et ces scènes dont elles sont relevées dans les cathédrales diocésaines, véritables tableaux, petits poèmes qui offrent à l'artiste ou à l'archéologue un sujet intarissable de méditation et d'étude. L'austérité qui a présidé à la construction de l'édifice s'est encore accentuée ici ; les clés de voûte sont dépourvues de tout ornement.

Signalons enfin, dans la voûte, une large ouverture circulaire qui plane sur le transept. Par là, les cloches étaient hissées dans la flèche aérienne qui portait bien haut, plus haut que les tours les plus élevées du voisinage, la croix bénie du Sauveur. Puis, s'échappant de cette flèche, les sons mélodieux des cloches appelant les moines à la prière, allaient au loin, à travers les monts et les vallées, parler de Dieu aux petits et aux grands, et leur rappeler, par la pensée des pénitences et des saintes veilles des moines, la grande pensée de l'immolation et de la prière.

La sévérité cistercienne s'est enfin manifestée dans les fenêtres et avec une rigueur que nous serions tentés de taxer d'exagération.

L'architecte en a banni ces colonnettes gracieuses qui leur font, dans tant de monuments contemporains, une riche guirlande ; ces meneaux, qui les transforment en fenêtres géminées ou trilobées, et servent de cadre artistique aux verrières; cette dentelle de pierre où les cathédrales de cette époque trouvent leur plus merveilleuse parure. Les soixante-deux fenêtres sont ici de simples baies à voussure romane, de trois mètres de haut sur un mètre trente de large, reposant, au dehors comme au dedans, sur un cordon de forte saillie. Avec un autre cordon dans la grande nef à la hauteur des chapiteaux des bas-côtés, elles sont cependant tout l'ornement de ces grandes murailles.

Avouons-le, néanmoins, il y a dans cette sévérité quelque chose de beau, d'une beauté qui ne flatte point les sens mais qui parle à l'âme et l'élève.

Nous arrivons enfin au chœur de l'église.

Le chœur s'ouvre sur le transept et égale, en longueur, deux travées ordinaires. Un degré, sur le sol, en indique l'entrée. De chaque côté, nous l'avons dit déjà, deux chapelles s'ouvrent au même point, mais n'ont en profondeur que la moitié du chœur. C'est au milieu de ce chœur que fut placé le maître-autel, tandis que le long des murs étaient fixées les stalles dans lesquelles, pendant tant de siècles, les religieux devaient psalmodier le saint office.

Dans les quatre chapelles qui l'entouraient étaient également des autels.

Le chœur est rectangulaire.

Dans le mur plein qui le termine s'ouvre une petite abside qui nous rappelle une des plus antiques traditions de l'architecture chrétienne. Longtemps la voûte du chœur fut plus basse que celle de la nef, et alors elle lui était reliée par un mur sur lequel était représentée ordinairement la scène du crucifiement. Lorsque les voûtes furent toutes élevées à la même hauteur, il fallut renoncer à placer ainsi l'image de la croix. On tint cependant pour très convenable qu'elle ne cessât pas d'être le premier objet offert aux regards des fidèles, et que, dès l'abord du lieu saint, ils trouvassent dans le souvenir de la Rédemption une pensée de recueillement et d'amour. On destina donc à cette œuvre la fenêtre terminale de l'église.

L'église d'Acey réunit le caractère des deux époques.

Dans le mur du chevet s'ouvre l'abside, basse, percée de trois fenêtres, rappelant comme la façade par ces trois fenêtres, le souvenir de la Trinité. Un mur relie l'arc absidial à la grande voûte. C'est là, comme à l'époque romane qu'est représentée la croix ; mais, au lieu de l'être par une peinture, elle l'est par une fenêtre terminale comme à l'époque nouvelle.

Une croix à branches égales a donc été évidée dans le mur. Autour de cette croix s'épanouissent neuf lobes, visible souvenir des neuf chœurs angéliques qui, dans le ciel, chantent la gloire du Sauveur crucifié ; ces lobes forment à la croix un étincelant diadème.

Ainsi, dès les premières lueurs du jour, la croix apparaissait aux regards des moines en prière, se dorait des radieuses clartés du soleil levant, et, par la vive représentation des mystères de notre foi, ranimait leur ferveur.

Ne quittons pas l'église sans avoir admiré, et cette fois au dehors, un autre souvenir de l'époque romane.

Lorsque des poutres en bois soutenaient les entablements et les toitures, on chercha, en sculptant leur extrémité, à en dissimuler l'effet maussade. Il en résulta un genre d'ornements nouveaux auxquels on donna le nom de modillons ou corbeaux. Lorsque la pierre seule fut employée dans la construction des églises, cet ornement, bien qu'inutile à l'édifice, fut cependant conservé longtemps encore.

Il l'a été notamment à Acey. Tout autour de l'édifice, sous la corniche qui soutient les toitures des basses nefs comme de la grande, des modillons, espacés d'environ un mètre, simulent les poutres absentes. Plus élégants et plus robustes au chevet et au transept que dans la nef et les bas-côtés, ils n'offrent nulle part cependant des figures d'animaux réels ou fantastiques, et à plus forte raison, inutilement chercherait-on au-dessous, des gargouilles faisant saillie sur le mur, ou des animaux grimaçants, assis à califourchon sur les contreforts comme on en voit partout : saint Bernard, avec son inflexible sévérité était là. Même non revêtue ou non accompagnée de ces ornements, cette corniche est néanmoins imposante et couronne noblement l'édifice.

En résumé, l'église d'Acey est une croix latine à trois nefs, romano-gothique, immense, sobre d'ornements, et malgré cette austérité, belle et grandiose.

Encore aujourd'hui, rapetissée par un incendie d'un tiers de sa longueur, dévastée par le vandalisme révolutionnaire, abandonnée depuis un siècle, elle frappe d'étonnement le visiteur. La nudité même des murailles et l'absence de toute sculpture ou peinture pouvant en rompre l'uniformité, augmentent encore la sensation de grandeur.

Pourquoi l'artiste qui a pu concevoir et faire exécuter un tel monument ne nous a-t-il pas au moins laissé son nom, gravé sur une de ces pierres que son génie devait immobiliser pour tant de siècles ? L'humilité religieuse seule nous donne le secret de ce silence. Le moine architecte, une fois sa tâche finie, est retombé dans son obscurité volontaire ; à sa mort, il a été déposé dans un coin du cimetière de son monastère et nulle inscription gravée sur la pierre ne vient rappeler l'église ou les églises qui furent son œuvre.

Les abbés enfin, qui présidèrent à ce grand travail, sont morts avec une humilité semblable, et nul ne saurait dire aujourd'hui d'une manière absolument certaine qui en a posé la première pierre.

Dom Odon n'occupa que deux ans le siège abbatial.

Un procès devant l'archevêque avec Guy de Pesmes qui avait violemment chassé les moines d'un pré qu'il prétendait être son fief, la donation par Guillaume de Pesmes, en 1180, de la troisième partie du village de Battonvillers (1) et de dîmes et terres dans ce même village par Richard et Aimon de Chastenay, la revendication, mal fondée du reste au jugement de l'archevêque, par les chanoines de Montjeu, du domaine de Fontenelay, tels sont les seuls actes extérieurs qui aient laissé un souvenir de lui dans nos chartes.

Il fut remplacé par Dom Servius.

Cet abbé semble avoir aussi gouverné sa maison dans une paix profonde et au milieu d'universelles sympathies. Sous lui s'agrandirent à peu près tous les do-

(1) Battonvillers, hameau situé au sud de Champagney, qui prit au treizième siècle le nom de Labergement. En 1204, ce même Guillaume donnera encore à Acey les quatre bichets moitié froment et moitié avoine qui lui étaient dus annuellement sur cette terre.
Pesmes et ses seigneurs, par Gaston de Beauséjour, pages 26 et 105.

maines de l'abbaye : celui de Fontenelay par des donations des maisons de Pin, Tramelay, Apremont, etc.; celui de Colombier par la générosité de Gérard de Thervay, revenu à de meilleurs sentiments ; celui de Vauchange par les dons de Philibert et de Richard de Vauchange et de Lambert de Gendrey, ce dernier acceptant en échange la faculté, sa vie durant, de prendre du bois pour faire du feu dans la forêt des moines à Vauchange, avec le droit de justice dans ce bois et différents manses qui devront revenir en toute propriété à l'abbaye après sa mort et celle de son fils Guy; celui de Neuvelle par le don de terres à Bard, terres provenant de Guy de la Résie, de Daniel de Motey et d'Adeline Ramilassia d'Apremont avec Guibor sa fille. Nous omettons à dessein différentes donations de peu d'importance afin de pouvoir consacrer quelques lignes de plus aux deux suivantes.

L'une est de Guillaume de Mâcon, de cette maison de Vienne et Mâcon qui a exercé si longtemps une autorité quasi souveraine parmi nous. Il donnait à notre abbaye différents manses, à Lons-le-Saulnier, qu'il avait acquis de trois de ses serfs.

L'autre est de Daniel de Motey et comprend, avec différentes propriétés, l'exemption de péage à Montagney pour les frères et les marchandises qui leur appartiennent, la décharge d'un cens de six bichets de froment, deux mesures de vin et cinquante-cinq sous qu'ils lui devaient, et enfin tout ce qu'il possédait dans la forêt de Vaudenay où il se réservait cependant le droit de prendre des perches pour l'usage du port.

Signalons en passant un procès heureusement terminé avec Raymond de Fraisans pour arriver à Dom Guy, Abbé de 1195 à 1207.

Un très grand nombre de transactions et donations, souvent collectives, portent son nom. Plus importante que toutes est la Bulle d'Innocent III, du 12 septembre 1203, par laquelle l'abbé d'Acey, avec toutes les personnes de son abbaye, est mis à l'abri de toute sentence d'excommunication ou de suspens qui ne serait pas autorisée par le Saint-Siège.

Une autre charte nous montre avec quel respect la règle était observée.

En 1201, Lambert, doyen de Pesmes, après avoir attesté que Guy, chevalier de Gleneth, et Hugues son fils, se sont désistés de toutes anciennes contestations et querelles avec l'abbaye, ajoute que le dit seigneur a fait inhumer l'un de ses fils dans le cimetière de cette abbaye. Dom Guy signe cette pièce avec le religieux celerier, Aimon.

Cette mention de la sépulture dans le cimetière est à elle seule une précieuse indication.

Non seulement, en effet, elle est une preuve de l'estime que l'on faisait des prières des moines, et de l'importance que l'on attachait à ce que le doux murmure de ces prières retentît sur les cendres mêmes des défunts. Elle prouve de plus, et c'est ce que nous voulons relever, qu'à cette époque, conformément à la Règle, les religieux n'avaient pas encore autorisé les inhumations dans leur église.

L'Ordre de Citeaux, dit l'Annaliste d'Aiguebelle, avait compris par les tristes exemples qu'il avait sous les yeux, que les honneurs rendus aux morts peuvent, sous une apparence religieuse, revêtir un caractère de spéculation. Pour éviter un pareil abus, on limita les anniversaires au nombre de seize. Pour les mêmes motifs, on défendit d'enterrer dans les églises d'autres personnes que les rois, les reines et les évêques. Les abbés étaient placés dans le caveau qui leur était destiné, entre le chapitre et l'église; quelquefois aussi, mais rarement, dans le grand cloître ou le chapitre. Tous les autres, religieux convers ou donnés, étaient portés au cimetière (1).

Les bienfaiteurs et les nobles laïques, nous dit un autre auteur, avaient un cimetière séparé.

Qu'il y ait eu ou non un cimetière séparé à Acey, c'est dans un cimetière, et non dans l'église, qu'étaient inhumés, à cette époque, les nobles bienfaiteurs de l'abbaye. Ce respect de la Règle, sur un point d'une importance secondaire, montre avec quelle rigueur elle devait être obéie dans tout ce qui touchait à l'essence de la vie monastique elle même.

Une contestation s'éleva alors entre notre abbaye et une illustre maison religieuse.

Raimbaud, chanoine de Saint-Paul, avait fondé, en 1070, les prieurés de Courtefontaine et de Bellefontaine. Ce dernier, enrichi de différentes églises, notamment en 1147 de celle d'Auxon, avait connu de bonne heure la décadence et était tombé entre les mains des laïques. En 1206, il fut donné à notre abbaye par Odon d'Apremont avec ce que celui-ci avait en gagerie sur le moulin de Bruchambaut et autres biens.

Le Prieur de Saint-Paul de Besançon le réclama

(1) *Annales d'Aiguebelle*, t. I, p. 174.

alors, soutenant que, fondé par un chanoine de Saint-Paul, possédé par les chanoines pendant de longues années, il leur avait été enlevé et était tombé entre les mains des laïques par la seule violence. La cause fut portée devant l'archevêque de Besançon, qui reconnut la justesse de ces réclamations. Bien qu'ayant signé la charte de donation, il fit rendre, du consentement même d'Odon, le prieuré aux chanoines. Pour dédommager cependant l'abbaye des dépenses déjà faites par elle, ceux-ci furent condamnés à lui verser une somme de cent vingt livres et à lui faire remise d'un cens de sept sous qu'elle leur payait annuellement auparavant.

Nous venons d'admirer la fidélité de nos moines à la règle cistercienne concernant les sépultures. N'allons-nous pas être scandalisés par les donations suivantes, dont l'acceptation paraît une contradiction flagrante avec les principes si généreux et si élevés formulés ainsi par saint Bernard dans sa lettre à Pierre le Vénérable, Abbé de Cluny : Vous possédez des églises paroissiales, des prémices et des dîmes destinées au clergé ; ces choses ne vous conviennent pas.

Et voilà que nous voyons les moines d'Acey recevoir en 1129, d'Aymon de Pesmes, une part des dîmes de Taxenne ; en 1201, de Guy de Glennes, chevalier, la moitié des dîmes de Sermange ; en 1205, d'Etienne de Thervay, la moitié des dîmes de Colombier et d'Ougney et un serf ; en 1207, d'Etienne de Montmirey, chevalier, et de Vuillaume de Jallerange, une part de dîmes à Sermange.

Sont-ils donc déjà déchus de l'esprit de leur saint fondateur, et comment ces dîmes peuvent-elles être données par des laïques ? C'est précisément cette provenance laïque qui justifie ces donations et qui va nous donner la clé de cette énigme.

Et d'abord qu'est-ce que la dîme. C'est l'impôt du culte et de la charité, impôt de la dixième partie des récoltes, et qui plus tard, réduit à la douzième ou à la quinzième partie, n'en conserva pas moins le nom de dîme ou décime dû à sa quotité primitive. L'Eglise en avait fait quatre parts : l'une pour l'évêque et ses œuvres diocésaines, l'autre pour la nourriture des clercs, la troisième pour la nourriture des pauvres, la quatrième pour la restauration des églises. Ainsi, par cet impôt, chacun dans la proportion de ses ressources, contribuait à la grande œuvre de l'apostolat dont les évêques ont la charge, et venait au secours de ces pauvres que l'Eglise a toujours regardés, suivant la belle expression de Bossuet, comme les premiers citoyens du royaume de Dieu ; chacun aussi apportait son humble pierre à la construction de tant d'édifices religieux, splendides cathédrales ou humbles églises de village, dans lesquels s'est offert le sacrifice qui a sauvé le monde, et enfin, chacun, suivant la doctrine de saint Paul, faisait participer à ses biens temporels les ministres de Dieu de qui il recevait les biens temporels. C'étaient là des pensées très justes et très hautes qui ne furent pas toujours bien comprises. En maint endroit, les seigneurs s'approprièrent ce revenu des églises et des pauvres. Dans notre province, la chose arriva même si souvent qu'un auteur moderne a pu se demander s'il n'y avait pas eu des dîmes laïques (1). Non, il y a eu simplement un abus

(1) *Glanures*, par E. Longchamps.

général contre lequel a constamment protesté l'Eglise. En 1078, notamment, au concile de Rome, la peine d'excommunication fut portée, et en 1139, au concile de Latran, cette même peine fut renouvelée contre les laïques qui retiendraient des dîmes de quelque côté qu'ils les eussent reçues.

La restitution a toujours été difficile, et l'esprit humain toujours ingénieux à trouver des motifs plus ou moins plausibles pour s'y refuser. Aussi, dans l'intérêt supérieur de la tranquillité des consciences, usant de son pouvoir suprême sur les biens ecclésiastiques, le Concile de Latran, en 1179, se contenta de défendre aux laïques qui possédaient des dîmes au péril de leurs âmes de les transférer à d'autres laïques. C'était leur permettre, soit de les transférer aux monastères, soit de les conserver pour eux-mêmes. Conformément à cette décision, jusqu'à la Révolution française, des dîmes dites inféodées sont demeurées l'apanage de nombreuses familles seigneuriales ; plus souvent encore elles sont allées aux monastères. On devine maintenant sans qu'il soit nécessaire d'insister, pourquoi notre abbaye a accepté ces dîmes que nous venons de mentionner, et pourquoi elle en acceptera encore dans l'avenir. Il fallait, ou les accepter en usant de la permission accordée, ou les laisser entre les mains des laïques. Le choix ne pouvait être douteux et l'apparente dérogation aux ordres de saint Bernard n'est qu'un acte de respectueuse soumission aux intentions de l'Eglise.

Une libéralité plus grande que toutes les autres et qui emprunte à son auteur un intérêt particulier, vint réjouir les derniers jours de Dom Guy.

Philippe de Souabe, fils cadet de Frédéric Barberousse, élu empereur par une partie des électeurs en 1198, mais non reconnu par le Pape, avait fait sa paix avec celui-ci en 1206. Il allait sans doute bientôt recevoir la couronne impériale, lorsqu'il fut assassiné le 22 juin 1208, par Othon, comte de Bavière. C'est en cette même année, le 7 janvier, que dans une longue charte où il ne prend le nom que de roi des Romains, il accorde aux moines d'Acey « dont le zèle pour le culte de Dieu est bien connu » et « pour le remède des âmes de ses parents par une bonté royale » l'exemption de tout péage et de toute autre exaction dans tout le comté de Bourgogne, sa protection, et le droit de pâturage pour leurs troupeaux, tant sur les plaines que sur les montagnes, dans toute la chatellenie de Dole. Enfin le gouverneur de Dole fera exactement payer les dix livres estevenantes que le comte Othon avait promises à l'abbaye, sur les revenus du péage de Dole, pour le jour de la Purification.

Dom Guy mourut peu après son généreux bienfaiteur, car en 1209, il était déjà remplacé par Dom Gauthier. Le nouvel abbé reçoit d'abord des dîmes : en 1215 deux bichets sur les dîmes et un sur le moulin de Charcenne, de Vuillaume, seigneur du lieu (1), et en 1216, les grosses et menues dîmes de Courcuire, de Guy, seigneur de Roche.

Puis viennent des donations d'un genre différent : ce sont des rentes ou des cens qui, ne demandant aucun travail aux moines, constituaient un revenu net et

---

(1) Qui y ajoute la réception de son fils, clerc dans l'abbaye : *Pro filio suo Vuillelmo recipiendo*. Arch. de la Haute-Saône, H. 22.

exempt de toutes charges. Ainsi en 1213, le comte palatin Othon de Méranie avec sa femme Béatrix donne cent sols de rente à prendre sur l'éminage de Dole le jour de la saint Etienne, et dans le but spécial d'acheter des cierges le jour de la Purification.

En 1209, c'est le comte Vuillaume de Bourgogne, avec son fils Gérard, qui donne deux montées de sel à Lons-le-Saulnier. Enfin en 1215, Pons, fils de Durand Chair-de-Porc, donne encore dans cette ville deux nouvelles montées de sel. Il y ajoute des prés et des vignes situés dans l'intérieur même des murailles de la ville.

Puis vient une donation de serfs. En 1216, Vuillaume de Thervay donne pour en jouir après sa mort deux sujets avec leurs manses à Villette.

Bien peu de choses, on le voit, nous restent sur cet abbé qui paraît avoir joui cependant d'une grande considération dans l'Ordre. Il fut en effet choisi pour arbitre, d'abord en 1209, entre les abbayes de Cherlieu et de Faverney, puis en 1214 entre cette même abbaye de Cherlieu et celle de la Charité (1).

Il dut aussi prendre une part importante à l'achèvement de l'église. Le don de vingt marcs d'argent que l'année après sa mort nous voyons faire à l'abbaye par André, roi de Hongrie, put être une réponse à une demande faite par lui et motivée par les dépenses énormes auxquelles l'entraînait l'achèvement de l'édifice.

Le dernier acte que l'on possède signé de son nom est un traité avec Girard, prêtre de Recologne, qu'il admet comme clerc dans l'abbaye. Celui-ci donne en retour

(1) En 1218, Dom Gauthier accorde aussi le privilège de biens spirituels et d'inhumation dans le *cimetière* à Vuillaume de Bresilley et à sa femme.

les dîmes de Recologne dont la jouissance lui est laissée jusqu'à sa mort. Girard devenait par là un de ces Donnés, Oblats ou Familiers, qui vivaient dans les monastères sans être soumis à toutes les austérités de la règle. La jouissance des dîmes lui était laissée sans doute pour lui faciliter cette vie plus douce et dès lors plus coûteuse.

Remarquons toutefois que ces oblats ou donnés devinrent pour l'Ordre une cause de relâchement. Pour y remédier, le Chapitre général leur imposa d'abord les trois vœux de religion en 1233, puis finit par les exclure définitivement de l'Ordre en 1271 et en 1293.

A Dom Gauthier succède Dom Pierre II, de 1220 à 1256. Par une coïncidence singulière, cet abbé a vu se renouveler quelques-uns des troubles dont, près d'un siècle auparavant, un autre Pierre, abbé d'Acey, avait été le témoin, la victime, et enfin le héros.

Dans ces temps que l'on nous représente si volontiers comme le règne de l'ordre sacerdotal, Gérard de Rougemont, archevêque de Besançon, avait vu sa ville épiscopale se révolter contre lui. Les plus grands seigneurs de la province, Jean de Chalon et Guillaume d'Apremont entre autres, avaient apporté aux insurgés contre leur légitime seigneur le secours de leur lourde épée. Bientôt après, Frédéric II reprenait contre Grégoire IX la lutte sacrilège de Frédéric Barberousse contre Alexandre III, et obligeait le Pontife à venir chercher asile et protection dans la ville libre et neutre de Lyon. Il y a loin, on le voit, de ces troubles au règne théocratique que l'on prétend, et qui n'a jamais existé que dans l'imagination des romanciers.

Et comme en 1163, Alexandre III avait trouvé dans l'Ordre de Citeaux, représenté par son Chapitre général son plus ferme soutien, ainsi le successeur de Grégoire IX, Innocent IV, trouve dans le Chapitre réuni en 1244 un secours analogue. Lorsque saint Louis, roi de France, se présente au Chapitre avec sa mère et sa cour pour se recommander aux prières des moines, tous les abbés et les cinq cents moines qui composaient la communauté de Citeaux se mettent à genoux devant lui pour le supplier de prendre la défense du Pape exilé.

L'histoire ne nous dit pas si Frédéric essaya de se venger sur les abbayes de son empire du blâme retentissant que l'Ordre venait de lui infliger. Nos chartes toutefois ne nous mentionnent non plus aucun désastre particulier, aucune persécution dirigée contre Acey. Nous n'y trouvons au contraire que des marques d'estime et des bienfaits, même de la part des princes et des comtes souverains.

En 1220, Marguerite de Blois lègue par testament « à ses amis Pierre, abbé d'Acey, et les religieux de l'abbaye » une somme de 3500 livres et nomme pour ses exécuteurs testamentaires au Comté de Bourgogne les abbés d'Acey et de Cherlieu. En 1226, Etienne, comte de Bourgogne et Agnès sa femme lui donnent un serf avec son manse. En 1256, Jean de Chalon, comte de Bourgogne et sire de Salins, l'enrichit encore, sur son puits à sel de Salins, d'une somme annuelle de cent sous.

Il y a dans ces dons, dans la manière délicate dont ils sont offerts, dans la préférence qui est donnée à notre abbaye sur toutes les autres abbayes franc-comtoises, un témoignage non équivoque de la haute estime dont elle jouissait auprès des grands et des puissants du siècle, et des vertus éminentes qui lui avaient mérité cette estime.

Que dirons-nous de l'estime et de l'affection dont l'entouraient les petits et les humbles, et dont l'entouraient surtout ceux qui avaient pu l'apprécier de plus près ?

Edmond d'Ougney y a exercé les humbles fonctions de frère portier, puis, pour des raisons que l'on ignore, il en est sorti, réclamant les biens auparavant apportés par lui. Dans le monde où il est rentré, il est poursuivi par le souvenir des vertus qu'il a vu pratiquer dans le cloître, et bientôt, n'y tenant plus, il obtient de revenir parmi les frères convers reprendre ses humbles fonctions.

Ceux qui n'aspirent point à la vie religieuse ambitionnent au moins de vivre sous la protection des hautes murailles d'Acey. Deux serfs de Bresilley se réfugient sur ses terres. C'est une révolte contre l'ordre social existant ; c'est aussi et surtout un cri d'appel à l'humanité des moines et à leur proverbiale bonté envers tous ceux qui souffrent et qui pleurent. Ce cri d'appel n'a pas retenti en vain. Toute la hiérarchie féodale peut se mettre en mouvement contre les fugitifs ; l'abbé les conserve et les soutient, puis désintéresse leur seigneur par un cadeau de deux chênes pris dans la forêt de Vaudenay (1).

L'abbaye est toujours regardée comme l'expression

---

(1) Evidemment les deux serfs durent abandonner leur manse avec une pièce de terre qu'ils possédaient. Ils versèrent de plus à leur seigneur une somme de 65 sols estevenants. Arch. de la Haute-Saône, H. 32.

la plus haute et la plus pure de l'esprit religieux et du zèle des âmes. A ce titre, elle est chargée de pourvoir les églises de pasteurs et d'en dispenser les revenus. Ainsi reçoit-elle en 1225, l'église de Champvans, des prêtres du lieu et d'Elisabeth d'Apremont (1).

Enfin la voici qui s'élève en puissance et en dignité mondaine au rang des plus puissants manoirs du voisinage.

Elle a déjà des serfs, elle va avoir des vassaux. En 1225, Guillaume de Bard lui fait hommage de son fief et s'engage envers elle à un cens annuel d'un muid de vin.

Voilà donc l'abbé d'Acey seigneur-suzerain. Guillaume de Bard a fléchi le genou devant lui, a mis sa main dans sa main pour lui prêter serment de fidélité. C'est un symptôme nouveau qui semble nous avertir qu'une période nouvelle va s'ouvrir dans notre histoire. Arrêtons-nous donc avant d'en entreprendre le récit.

(1) La donation de Champvans et de ses dépendances « *et in pertinentii* » c'est à dire d'Esmoulins et du Tremblois comprend le droit de patronage, les oblations d'autel, les revenus de l'Eglise et du cimetière « *quidquid in jura patronatus, in oblationibus altaris, in proventibus cymiteriiæ et ecclesi.* » Les dîmes sont exceptées. Une première donation avait été faite pour la moitié de la troisième partie par Girard, prêtre de Champvans, *sacerdos de Chanvent* et pour le reste par Vuillaume d'Apremont. Elle fut confirmée et mise à exécution par Henri et Vuillaume, clercs de Champvans, du consentement d'Elisabeth d'Apremont et de son fils Jean. Lambert « par la permission divine, doyen de Gray, agissant au nom de Jean, archevêque de Besançon, avait présidé à la première donation en 1225, qui fut signée de plus par Henri, maître de l'Hôpital. Arch. de la Haute-Saône. H. 32.

CHAPITRE V

Dom Louis, neuvième abbé d'Acey (1255-1265). — Dom Jean, dixième abbé (1265-1270. — Abolition de la Charte de Charité. — Dom Hugues, onzième abbé (1270-1290). — Scrupules des laïques possesseurs de dîmes. — Dom Jean, douzième abbé (1290-1300). — Changement dans l'esprit public. — Les marchés remplacent les donations faites aux moines. — Dom Vernier, treizième abbé (1300-1314). — Lutte de Philippe-le-Bel contre Boniface VIII et sa persécution contre les moines. — Dom Etienne (1314-1317), Dom Jacques (1317-1320), Dom Aimé de Rochefort (1320-1326), Dom Renaud (1326-1334), quatorzième, quinzième seizième et dix-septième abbés. — Acensements. — Diminution de la ferveur dans les cloîtres. — Dom Humbert de Sermange, dix-huitième abbé (1334-1348). — Réforme de Benoît XII. — Dom Nicolas de Sermange, dix-neuvième abbé (1348-1364),

Brillante au point de vue humain, est la période de l'histoire d'Acey dans laquelle nous entrons.

L'abbaye a ses serfs, répandus dans vingt villages ; elle a ses vassaux, les seigneurs de Bard ; elle est puissance féodale comme les nobles familles des manoirs du voisinage. La flèche de son église, qui étincelle au soleil, plus haut que les tours de ces antiques manoirs, symbolise cette puissance, née d'hier, et qui déjà éclipse toutes les autres. L'abbé est maître de cette petite seigneurie. Il a sa justice et ses officiers. Seigneur il est : en seigneur il est traité. Les serfs l'appellent « notre amé et redouté seigneur ». Lorsqu'il voyage, il a autour de lui non seulement des moines, mais comme les seigneurs, des jeunes pages à la livrée éclatante, au poignard passé dans la ceinture, à la toque coquettement penchée sur l'oreille. C'est à sa haute situation dans le monde qu'il croit devoir accorder ce luxe, dans lequel les chrétiens de nos jours verront plutôt une brèche à la pauvreté évangélique et à l'antique simplicité cistercienne. Le Chapitre général, dans lequel se conserva longtemps le premier esprit de l'Ordre, jugea comme les chrétiens de nos jours et ne cessa de lutter pendant plusieurs siècles contre ces concessions à l'esprit du monde. Plusieurs de ces abus succombèrent sous ses décrets. Néanmoins les abbés restèrent des seigneurs, et c'est sous cet aspect que nous devons les considérer désormais. En dehors de ce fait, peu de choses nous sont parvenues sur chacun d'eux.

Dom Louis (1255) nous est connu par un acensement de terres à Brans et par l'engagerie de dîmes que fit entre ses mains Aimé de Montmirey.

Sous Dom Jean (1265) fut abolie par le Saint-Siège la célèbre Charte de charité.

Les abbés étaient déjà exempts de l'autorité épiscopale en vertu des privilèges reçus de Rome ; par suite de cette modification apportée à l'administration intérieure de l'Ordre, ils devenaient presque indépendants du pouvoir central et maîtres plus absolus dans leur abbaye respective. L'intervention du Saint-Siège ne permet pas de douter de l'opportunité de cette mesure dans les temps et les circonstances que l'Ordre traversait. Elle était faite de plus pour plaire aux abbés dont la situation dans le monde grandissait sans cesse ; elle pouvait enfin être utile aux abbayes elles-mêmes en fortifiant le principe d'autorité qui est la ressource par excellence des temps troublés. Cependant, après quelques siècles, elle eut des conséquences funestes. Les moines, devenus tièdes, nommèrent des abbés médiocres et tièdes comme ils l'étaient eux-mêmes. Si la Charte de charité n'eût pas été abolie, le Chapitre général, dans lequel la force des souvenirs, la responsabilité de la mission sublime de Citeaux, et surtout l'assistance toute spéciale de l'Esprit-Saint, entretinrent plus longtemps la régularité et les hautes aspirations, eût pu réprimer les abus et ranimer la ferveur. Mais, privée de l'autorité suprême que lui conférait la Charte, cette assemblée manqua de force pour enrayer le mal et la décadence devint bientôt irrémédiable.

Différents actes passés sous Dom Hugues (1270-1290) nous peignent bien la situation de notre abbaye.

Nous le voyons d'abord accorder la faveur si enviée et si longtemps refusée par l'Ordre de la sépulture dans l'église abbatiale. Grégoire IX, de son autorité suprême, avait en 1225, modifié, sur ce point encore, les règles primitives, ouvert les églises aux bienfaiteurs et transformé les infractions à ces règles en des actes de filiale et respectueuse obéissance envers l'autorité pontificale. C'est à cette obéissance que nous devons les tombes armoriées, aux grandes figures d'évêques et d'abbés, de nobles dames et de vaillants chevaliers, dont le sol des églises était recouvert et dont l'art et l'histoire pleurent à peu près partout la destruction.

Nous avons parlé plus haut de la permission donnée aux familles nobles de conserver les dîmes. La restitution restait toujours cependant dans les désirs de l'Eglise. Aussi, l'archevêque Eudes de Rougemont, contresignant une donation, fait précéder sa signature de ces paroles significatives : «... Dîmes qu'ils affirmaient posséder... nous confirmons cette donation sauf les droits de l'église paroissiale. »

Plus remarquable encore est la donation des dîmes de Malans par les seigneurs de ce village.

La crainte de Dieu animait toute cette famille. Déjà Amédée de Malans — citons le texte même de la charte pour nous rappeler les motifs élevés qui attiraient les gentilshommes eux-mêmes dans les cloîtres — « saintement inspiré et conduit par une dévotion particulière, s'était retiré au couvent, y avait pris l'habit religieux pour y faire pénitence, obéir à Dieu, à l'Ordre et aux préceptes de cette sainte règle. » Ses deux frères étaient restés dans le monde, mais ils avaient voulu être les bienfaiteurs de l'abbaye et lui avaient donné la troisième partie des oblations, bénédictions de noces, revenus du cimetière et de l'autel de Malans. Enfin, en 1270, et c'est sur cet acte que nous voulons attirer l'attention, Guy, l'un d'entre eux, vend au curé et à l'église de Malans tout ce qui lui appartient dans les dîmes « ladite vente faite pour le salut et le remède de son âme et surtout parce qu'il lui paraissait qu'il possédait les dîmes au détriment et danger de sa conscience et contre les prescriptions des institutions canoniques. » Cette vente, faite en présence de Dom Hugues, est contresignée par lui. L'abbé eût pu facilement sans doute, alors qu'un des possesseurs de l'église était son religieux, faire donner ou vendre ces biens au profit de son abbaye. Les prétextes n'eussent pas manqué pour légitimer cette transaction et la faire envisager comme une restitution à laquelle la maison de Malans se croyait obligée. Non seulement il ne l'a pas fait, mais par sa présence à cette vente, par le consentement signé qu'il lui a donné, il nous a appris que si, devant les décisions de l'Eglise, l'abbaye avait modifié sa conduite relativement aux biens ecclésiastiques, elle pratiquait toujours le même détachement des biens temporels et mettait au-dessus de tout, le respect des droits des églises et les intimes réclamations des consciences.

En même temps que les donations de dîmes se multiplient les donations de serfs.

En 1270, Adeline de Bresilley donne tout ce qu'elle a et peut avoir à Vouflanges, en hommes, femmes, manses, tenures, justice, droits, revenus, bois, champs, prés, vignes et toutes choses quelconques.

En 1274, deux fiefs à Vengarde et à Frasne sont donnés d'une manière aussi complète par cette Sibille dont nous avons déjà parlé. En 1276, c'est le village de Flammerans à peu près tout entier qui devient serf mainmortable de l'abbaye. Plusieurs autres donations du même genre, mais de moindre importance, pourraient être ajoutées aux précédentes.

Toutes ces donations ne nous indiquent que trop le vide fait par les croisades de saint Louis dans les escarcelles seigneuriales. Ne pouvant donner l'or dépensé dans les voyages d'outre-mer, les seigneurs donnent ces villages qui sont leur fortune même, ou même le plus souvent, comme nous allons le voir, ils vendent ces villages pour remplir d'or ces escarcelles.

C'est à un autre point de vue surtout, que ces donations méritent qu'on s'y arrête.

Au premier siècle de cette histoire, nous l'avons fait remarquer, les serfs ne sont jamais nommés dans les chartes. Il en existait cependant, nous avons cru pouvoir le présumer. Au début du treizième siècle, nous les y voyons apparaître, et désormais ils y seront couramment nommés et par les abbés eux-mêmes. Ceux-ci en s'éloignant de leur origine commencent-ils donc à oublier les hautes pensées qui ont animé leurs saints fondateurs ? C'est possible. Cependant rassurons-nous sur leur piété ; l'oubli de ces hautes pensées put encore être regardé par eux comme un progrès à cause des avantages matériels que le servage procurait aux serfs : La mainmorte des fonds, écrit Dunod en plein temps de servage, tient lieu ordinairement des cens considérables qu'on paie sur les biens francs et le travail de plusieurs personnes réunies profite bien plus que si tout était séparé entre elles. » Les serfs ne pouvaient aliéner leurs fonds de mainmorte. « Cette prohibition, dit encore Dunod, les conserve à leurs familles et les empêche de les dissiper ». Et il affirme que les familles mainmortables sont plus aisées et plus prospères que les autres. Ces avantages matériels contrebalançaient facilement, nous le verrons plus bas, dans l'esprit des populations, les charmes de la liberté absolue et devaient enlever aux abbés tout scrupule pour cette dérogation aux règles anciennes, d'autant plus que, quand ils nomment leurs serfs, c'est surtout quand il faut leur faire du bien. Ainsi Dom Jean II, successeur de Dom Hugues donne, en 1299, à ses hommes de Labergement de Montmirey les droits d'usage, d'affouage et de pâturage pour les porcs dans les bois de la grange, avec droit de foin et de regain dans une faux de pré. En réalité, c'était donner le pré et la forêt. Avec quelle joie un don semblable ne serait-il pas accueilli par une commune, même de nos jours ! Que de largesses du même genre nous aurons encore à signaler !

Le monde, à son tour, se montra-t-il généreux et bon pour les moines ? Il faut bien l'avouer : à cette époque même, l'esprit public dévie, la société se transforme, une sourde opposition se manifeste contre l'Eglise et le clergé. Les donations aux monastères n'ont point complètement cessé, mais elles ressemblent le plus souvent à des marchés. Les chartes débutent d'abord comme dans les beaux temps du Moyen-Age : « Je fais savoir à tous que non contraint, non baraté, mais de ma bonne et propre volonté, de ma certaine science, ai donné et octroié à religieuses personnes l'abbé et couvent d'Acey par le remède de mon âme et des âmes de mes prédécesseurs... » Et à cette ancienne formule on ajoute celle-ci : « Et por ceste chose je coignais que li dit abbé messire..... et li covent m'ont donné..... sols d'estevenants que j'ai heu et reçus de..... en bons deniers nombrés et m'en tiens por bien payé... »

Qu'est-ce que cela ? sinon un échange ou un marché.

Telles sont cependant presque toutes les donations de cette époque.

Prenons au hasard.

En 1275, Jacot de Cresancey donne la moitié des revenus du port de Montagney, mais il accepte en échange huit livres estevenantes.

En 1292, Perrin, fils de Jelebert de Montagney, donne la seizième partie des dîmes et la seizième partie de ses terres. En retour « les seigneurs d'Acey » lui paient comptant « 40 sols et un amenal de blé, mesure de Pesmes ».

En 1300, Pierre le Mage, de Brans, donne la troisième partie des grosses dîmes de Brans et de Vouflanges, mais les religieux, ne voulant pas être ingrats, lui rendent cinquante sous de monnaie actuelle.

Quelquefois, il y a tout à la fois vente, fondation, tout, excepté une donation.

En 1295, Hugues de Brans vend un meix à Sermange pour quinze livres. Le surplus de la valeur du meix sera l'honoraire d'un anniversaire pour sa femme Isabelle qui git au cimetière et pour lui qui « promet gésir et eslir sa sépulture en ce même cimetière s'il ne trépasse deçà la mer ».

Et encore ces transactions sont si mal exécutées que pour un mince cens de six deniers à Sermange, l'official de Besançon fait intervenir la menace de la saisie des biens et la grande excommunication.

Cet esprit nouveau que nous retrouvons dans un coin de vallée s'affirmait et se développait sur les hauteurs de la société avec une brutale franchise. Philippe le Bel occupe le trône de France et commande à un âge où l'on ne devrait qu'obéir. Il s'est bientôt mis en lutte ouverte avec le pape Boniface VIII, et en appelle contre lui au Concile futur. Un esprit de vertige semble animer la France. Les Etats-Généraux réunis pour la première fois, l'Université de Paris, le clergé de Paris même se rangent du côté du roi. En même temps des commissaires royaux parcourent la France pour obtenir l'adhésion des communautés séculières et régulières à l'acte d'appel au Concile. Dès le mois d'août 1307, le roi a sept cents adhésions entre les mains.

C'est ici que nous allons voir comment les abbés, malgré le titre de seigneur qu'ils se laissent donner, les hommages de vassalité qu'ils reçoivent et quelquefois le luxe de l'escorte qui les entoure, sont des hommes austères sachant braver l'exil pour la justice, faisant grande figure dans le monde par leurs vertus, plus encore que par leur dignité et l'éclat de leur charge.

Depuis neuf ans la Franche-Comté avait été vendue et comme inféodée à la France par son dernier franc-comte Othon IV. La réunion effective des deux pays ne devait s'effectuer qu'en 1315, à la mort de Robert l'Enfant, fils d'Othon. Cependant l'administration était toute française bien auparavant. Dès 1298, nos chartes portent le sceau du Roi de France dont la cour est dite siéger à Gray.

Les commissaires royaux durent donc se présenter à Acey, comme dans le royaume proprement dit, pour solliciter des adhésions à l'appel royal, et cela dès la fin de 1303 ou en 1304. Dom Vernier y occupait le siège abbatial et signait en cette année 1303 l'acensement d'un chasal en faveur du maire de Gendrey. Que répondit-il? Les faits vont nous le dire.

Les abbés de Citeaux et de Cluny avaient énergiquement refusé leur adhésion et ils avaient été jetés en prison. Après l'apparition des commissaires à Acey, Dom Vernier disparaît pour un an. En 1304, un autre acensement est signé par Frère Aimé dit abbé (1), puis en

(1) « L'an de grâce corrant per mil trois cent et quatre au mois de May ».

1305, de nouveau Dom Vernier est revêtu de sa haute dignité.

Cet Abbé intérimaire, l'autorité précaire dont il jouit au moment même où en France les abbés fidèles à la cause du Pape couvraient les routes de l'exil, et étaient jetés dans les prisons, ne nous prouvent-ils point que la persécution royale s'étendit jusqu'à notre abbaye ? N'est-ce point parce que Dom Vernier a refusé d'adhérer à l'appel révolutionnaire et sacrilège de Philippe-le-Bel que, de gré ou de force, il a abandonné momentanément son siège, cédé son autorité à l'un de ses religieux pour ne recouvrer l'un et l'autre qu'un an après, lorsque le roi s'est fatigué de la persécution et que l'orage a commencé à perdre de sa fureur. S'il en est ainsi, et nos conjectures sont appuyées sur des faits, nos moines ont été fidèles à leur passé et les dignes héritiers des moines héroïques du premier siècle de leur histoire.

Saluons donc avec respect ces abbés que nous venons de voir se succéder si vite sur le siège abbatial ! Leurs successeurs y passeront plus rapidement encore, mais sans pouvoir éviter cependant les témoignages de vénération dont les peuples, les seigneurs et les princes continuent à les honorer.

C'est à l'ombre des murailles de notre abbaye, sous Dom Vernier, que veut dormir son dernier sommeil un fils de l'illustre maison de la Résie. Il lui lègue à cet effet, en 1312, pour jouir de cette faveur si ambitionnée et si rare encore, son lit garni, son meilleur cheval, ses armes de corps, et tout son droit sur les grosses dîmes de Bard.

Le successeur de Dom Vernier, Dom Etienne (1314-1317), ne nous est guère connu que pour avoir emprunté à Jehan, fils de Lordet, de Gendrey, « une somme de seize livres dont il a grand besoin. » Pour se libérer de cette somme, il abandonne à son créancier les dîmes de Sermange.

Sous le nom de Besançon, c'est encore lui qui signe avec Huguenin de Saint-Julien un singulier contrat où il est question de la viande de couvent et dont nous parlerons plus tard.

Sous Dom Jacques, successeur de Dom Etienne Besançon, (1317-1320) la princesse Mathilde, comtesse d'Artois et de Bourgogne, « dans son extrême désir de jouir à perpétuité des prières de nos moines, » leur donne sur son puits à muire de Salins une rente de soixante-cinq sols estevenants. En retour, pendant sa vie et dans notre abbaye même, une messe du Saint-Esprit sera dite pour elle chaque année, et après sa mort une messe anniversaire à perpétuité.

Avec le successeur de Dom Jacques (1320) nous voyons apparaître cette illustre maison de Rochefort qui a donné trois abbés à Acey et deux chanceliers à la France. Un de nos édifices actuels fut construit par un de ces abbés et en a longtemps porté le nom. Dom Aimé Ier de Rochefort ne signala guère son administration que par de nombreuses amodiations de terre ou acensements. Nous reviendrons bientôt sur ces acensements à cause des indications qu'ils nous donnent sur l'état intérieur de notre abbaye.

Veut-on une preuve que le servage n'excitait pas de répulsion au quatorzième siècle et n'indiquait pas une situation trop misérable ? Dom Renaud, successeur de Dom Aimé, va nous la fournir.

En 1326, il avait acensé à Girard et Perrin, fils de Hudelet dit Salet de Brans, différentes pièces de terre. Quelques années après, ces mêmes Girard et Perrin se trouvent si heureux sous la dépendance des moines qu'ils veulent y engager à jamais leurs enfants. « Pour le remède de leurs âmes, des âmes de leurs prédécesseurs et de leurs successeurs », ils donnent à l'abbaye, « d'une donation pure et irrévocable en l'honneur de la Bienheureuse et très glorieuse et toujours Vierge Marie et de tous les saints et saintes invoqués dans l'église d'Acey et dans tout l'Ordre » le manse Blanchon avec toutes ses dépendances en terres, jardins, prés, vignes et autres choses. De plus ils promettent « de placer, assigner et marier dans ledit manse un ou deux de leurs enfants qui devront rester les hommes justiciables des religieux selon l'usage et la coutume de leurs autres hommes. »

Bien paternel et bien bon devait être le gouvernement qui inspirait un acte semblable. Des hommes libres, abandonner une vaste terre et, afin de mieux pourvoir à l'avenir de leurs enfants bien-aimés, les ranger parmi les serfs de l'abbaye et les constituer gardiens de cette même terre cultivée en liberté par leurs pères, c'est là en faveur du servage, ou tout au moins du servage sous les moines un témoignage d'une incontestable valeur.

Sous Dom Renaud, comme sous les abbés précédents, les acensements continuent, et, à cette époque où nous sommes arrivés, doivent déjà avoir absorbé une partie notable du domaine agricole d'Acey. Il importe d'examiner ici cette question des acensements : en dehors de son importance pour la prospérité matérielle de notre abbaye, elle nous donnera des indications précises sur sa vie intime et spirituelle elle-même.

L'acensement est, en réalité, l'amodiation d'une terre sous la condition d'une somme annuelle fixe. Le nom de cens donné au Moyen-Age à ce rentaire a engendré le mot acensement, et comme ordinairement ce bail était à perpétuité, il liait l'abbaye non seulement envers l'amodiataire mais encore envers ses héritiers. Les acensements signifièrent bientôt des aliénations perpétuelles, et depuis la fin du treizième siècle, n'ont pas discontinué parmi nous jusqu'à la Révolution française.

Comme toutes nos chartes sont conservées, il y a là, disons-le d'abord, une source inépuisable de renseignements sur l'histoire de l'agriculture dans notre province. Contentons-nous d'y étudier les rapports des moines avec leurs serfs et leurs censitaires, et aussi d'y chercher des indications pour l'histoire de notre abbaye elle-même.

En 1304, Dom Aimé acense quatre journaux de terres à Penenat de Sermange et à ses deux fils pour la sixième partie des fruits. Après le décès des amodiataires, la terre reviendra au couvent avec la moitié des fruits de l'année courante.

Voilà un modèle de bail au commencement du quatorzième siècle.

Plus tard, ces minimes redevances diminuent encore.

Neuf chaseaux sont acensés en 1317 à Labergement au prix de deux sous par faux de pré, cinq sous par chasal, et un boisseau moitié froment et moitié avoine par journal de terre. En 1326, Dom Renaud ne demande plus que la septième partie des récoltes à ce Girard et ce Perrin cités plus haut. Ailleurs, dans un contrat avec des serfs, ce même Dom Renaud demande le cinquième des récoltes, « cent sols d'entraige », et stipule qu'à la mort des censitaires les terres acensées reviendront à l'abbaye.

Même de nos jours où la terre a tant perdu de sa valeur, peu de propriétaires, croyons-nous, accepteraient de telles conditions, si favorables aux travailleurs et aux déshérités de ce monde. Cependant ces chartes, si utiles pour l'histoire et si instructives sur le caractère des moines, nous donnent d'un autre côté une triste indication. L'abbaye ne faisait point appel, cent cinquante ans auparavant, aux familles libres ou serves pour cultiver ses terres. Elle les exploitait elle-même, surtout par ses moines convers que secondaient les mercenaires. D'où vient ce changement? Pourquoi cet amoindrissement volontaire de son domaine, qui doit évidemment consommer sa ruine? On ne peut supposer que cette conséquence n'ait pas frappé les yeux des hommes de haute valeur qu'elle eut à sa tête, et à plus forte raison des hommes qui présidèrent aux destinées de l'Ordre. Il faut donc en conclure ceci, et cette conclusion nous est donnée par l'histoire générale de l'Eglise, c'est que le nombre des moines décroissait rapidement et que les religieux, travailleurs par excellence, les convers, ne se recrutaient plus dans les masses populaires. Pourquoi alors les moines diminuaient-ils? Il y eut sans doute à cela des causes multiples.

La première ne fut-elle pas tout d'abord la guerre faite à l'Eglise par Philippe-le-Bel et par les légistes qu'il anima de son esprit. Ce n'est pas en vain que le Chef de l'Eglise est bafoué et que l'idée religieuse, partout et toujours indissolublement liée au Pape, est battue en brèche. Nécessairement les croyances des multitudes en seront affaiblies, et par suite de cet affaissement des croyances, bien des vocations qui se seraient épanouies dans un siècle de paix et de ferveur, en seront ébranlées et perdues.

Une autre cause fut l'apparition des Ordres mendiants.

Dans notre province, dès le milieu du quatorzième siècle, quatre monastères franciscains et quatre monastères dominicains étaient en pleine prospérité. Il fallait s'en réjouir, car de Dieu venaient ces ardents missionnaires, et de Dieu aussi descendait l'attrait auquel cédèrent des multitudes d'âmes d'élite en allant à eux.

Plusieurs autres âmes ne cédèrent-elles point cependant à un autre attrait? Dans ces ordres, la vie est active et contemplative, et les œuvres extérieures qu'elle embrasse, telles que l'apostolat, l'enseignement, le soin des pauvres, non seulement répondent aux sentiments les plus nobles du cœur humain, mais de plus, elles plaisent, à un certain point de vue, à la nature, toujours portée aux choses extérieures.

Les cloîtres cisterciens au contraire, perdus dans les campagnes, n'offraient aux âmes ardentes qu'un moyen de faire le bien : l'immolation d'elles-mêmes par les sacrifices intérieurs et la pénitence, et ne leur assuraient qu'une joie humaine : les chastes délices de la psalmodie, des longues prières, des effusions de l'âme en Dieu, puis une place élevée dans le ciel. Sans doute, c'était beaucoup, et cette vie contemplative était, comme l'a dit Notre-Seigneur, la meilleure part, mais qui serait surpris que plusieurs âmes appelées à cette vie, humainement parlant si monotone et si dure, fussent allées d'elles-mêmes à la vie active? Personne sans doute, et c'est plutôt le contraire qui nous surprendrait.

Ainsi diminution de la foi par suite de la guerre faite à l'Eglise et éparpillement des vocations, telles sont les deux grandes causes de la diminution des moines à Acey. On a voulu en ajouter une troisième, le relâchement de ceux-ci. Pour cette époque au moins, il n'en est rien, et je vais le prouver par un document irréfutable.

Dom Humbert de Sermange était depuis six ans abbé d'Acey lorsqu'un moine cistercien fut élevé sur le siège apostolique sous le nom de Benoît XII. La première pensée du nouveau pape fut pour son Ordre. Mieux que personne, il en connaissait les gloires et les taches, et nous devons croire à la vérité de ce tableau qu'il nous en fait :

« Brillant comme l'étoile du matin au milieu de la brume, le saint Ordre de Citeaux, dans les rangs de l'Eglise militante, combat avec courage par ses œuvres et ses exemples, et tout en s'efforçant avec ardeur par son amour pour la sainte contemplation et les mérites d'une vie innocente de franchir les hauteurs avec Marie, il ne néglige pas le ministère plus laborieux de Marthe par son empressement à exercer des actions louables et les œuvres de piété. En effet, appliqué au ministère du culte divin, dans le but d'être utile au salut des âmes et au sien propre, assidu à l'étude des Saintes Lettres afin de parvenir à la parfaite connaissance de l'Excellence suprême, se faisant remarquer entre tous par son empressement à exercer les œuvres de charité pour accomplir la loi de Jésus-Christ, cet Ordre a mérité d'étendre ses rameaux d'une mer jusqu'à l'autre. Parvenu par degrés au faîte des vertus, comme tout le monde le voit, et comblé des dons du Saint-Esprit, qui enflamme les cœurs débiles, il s'est rendu digne des plus insignes faveurs de la part de l'Eglise romaine, maîtresse de toutes les églises. »

Voilà l'Ordre de Citeaux au plein quatorzième siècle ; vie contemplative et active, prière incessante, inépuisable charité, ardente recherche de la perfection chrétienne dans ce qu'elle a de plus rude et de plus élevé, il possède encore toutes ces choses. Le Souverain Pontife ne se contente pas de l'affirmer. Comme autrefois Jésus-Christ invoquait le témoignage des foules au sujet des merveilles opérées par ses mains, Benoît XII invoque le témoignage des peuples. Tout le monde voit, dit-il, constate que cet Ordre est arrivé au faîte des vertus.

Après les éloges, voici les reproches, formulés avec cette liberté de langage qui convient au Siège apostolique :

« Dans les dortoirs autrefois communs à tous, on a élevé une cellule à chaque moine. »

« Si l'abstinence est encore rigoureusement observée dans le réfectoire commun, trop facilement les religieux mangent de la viande à l'infirmerie ou dans des chambres particulières. »

Disons en toute simplicité que ce dernier abus existait à Acey. En 1317, le bailli et le procureur du comté, arbitres d'un différend entre l'abbaye et un certain Huguenin de Saint-Julien, avaient décidé que celui-ci recevrait de l'abbaye, soit à Acey s'il lui plaisait de s'y retirer, soit ailleurs, « sa provendè de pain, telle come à un moine, et de vin aussi selon cou que li année aporterait et selon cou moismement que l'on dovorait à un moyne c'est à savoir pain et vin de covent et viandes aussi de covent, telle come à ung moine et quatre aunes de drap et sa chancemante et lit soffisant » (1). Dans ce texte, chacun le remarquera, le pain et le vin sont cités avant tout, et sont même cités deux fois. La viande de couvent n'arrive qu'en dernier lieu et dans une phrase incidente. On peut conclure de l'ensemble de cette convention que le pain et le vin sont avant tout l'ordinaire des moines. Mais Huguenin, n'appartenant point à l'Ordre cistercien, n'est pas astreint à l'abstinence continuelle et veut de plus manger de la viande. Il est donc réglé qu'on lui en donnera, et de la bonne viande, telle qu'on en mange au couvent lorsqu'on en mange. La viande n'entre donc point dans l'ordinaire des moines ; cependant il s'en mange assez souvent pour que le monde sache que cela arrive et que cette viande est bonne.

Bien petits paraîtront ces détails à plusieurs. Ils paraîtront d'autant plus petits et d'autant moins essentiels à la sainteté que l'Ordre franciscain, si fécond en saints, n'avait jamais été astreint à cette abstinence perpétuelle. Qui sait même si la vue de ces nouveaux religieux, chez lesquels étaient allégées les antiques

(1) Archives de la Haute-Saône. H. 29.

observances monastiques de l'abstinence et du jeûne perpétuels, n'avait pas contribué à les faire adoucir chez les enfants de saint Bernard ? Il était facile de répondre à ceux qui réclamaient ces adoucissements que chacun a reçu de Dieu sa vocation et un don particulier. L'Ordre cistercien laissait à d'autres l'apostolat et la pratique spéciale des vertus qui doivent embraser le cœur des apôtres, à d'autres encore les hautes spéculations de la science théologique ou historique, et les travaux patients que demandent ces nobles études. Sa mission personnelle, c'était la pénitence héroïque, dont l'abstinence et le jeûne perpétuels sont la garantie et la base la plus certaine.

L'expérience du reste devait apprendre bientôt que lorsque la porte a été ouverte à la sensualité, si petite que soit cette porte, toutes les règles finissent tôt ou tard par être méconnues et trahies jusqu'à ne plus laisser subsister le moindre esprit de pénitence et de mortification chrétienne.

C'est donc avec raison que le Souverain Pontife rappelait les religieux à une pratique plus austère de leurs règles et réprimait si impitoyablement ces premières révoltes de la chair.

Il ne s'élève pas avec moins de force contre l'usage, introduit dans quelques maisons, d'affecter à chaque religieux quelques revenus avec lesquels il se nourrit et s'habille, et même fait des échanges ou trafique.

Rien de semblable, disons-le en passant, ne se faisait parmi nous.

Le Pape en vient enfin à l'abus déjà ancien du luxe des abbés.

Dans ces temps troublés où des bandes de brigands ou de soldats, ce qui à cette époque était la même chose, infestaient le pays, il n'eût pas été prudent pour un abbé de voyager, comme autrefois saint Etienne Harding, sur un méchant âne, dans la compagnie d'un ou deux frères convers. Le Pape le reconnaît ; mais tout en autorisant une suite plus nombreuse et plus redoutable, il en proscrit absolument tout faste mondain, contraire à la simplicité monastique.

Enfin il termine en prescrivant la fondation de collèges cisterciens où les jeunes novices s'instruiront dans les sciences ecclésiastiques.

Voilà les taches que le Pontife cistercien a découvertes dans son Ordre bien-aimé, traité par lui d'autant plus sévèrement qu'il l'aimait davantage.

Reconnaissons-le, ces critiques sont le plus bel éloge que l'on en puisse faire, car en nous indiquant les points de la règle auxquels on a dérogé, elles nous précisent ceux qui ont été assez fidèlement observés pour ne pas donner lieu à une simple observation.

Ainsi à Acey, depuis deux cents ans, n'avaient jamais cessé, en dehors des jours de la persécution, ces longues prières qui se succédaient par intervalle depuis une heure du matin jusqu'au soir. Pendant deux siècles, ces blancs Nazaréens, suivant les expressions de Grégoire X en 1265, n'avaient pas cessé de vivre en présence du Roi des rois et de toute la cour céleste, de se signaler entre tous les religieux par leur dévotion envers la glorieuse Vierge et d'élever vers Dieu des coupes remplies d'ardentes prières, fleurs célestes et immortelles, qui après avoir embaumé le cloître, allaient fléchir le ciel.

Pendant deux cents ans à Acey, des âmes jeunes, pures ou purifiées par le repentir, s'étaient saturées de renoncement, de sacrifice, de souffrance dans le travail silencieux, l'abstinence et le jeûne continuels, et après avoir vécu de la folie de la croix, s'étaient envolées, elles aussi, peupler les monastères du ciel. Les légats apostoliques eux-mêmes, visitant le monastère, n'avaient pu obtenir la dispense de l'abstinence, dispense que la règle accordait aux seuls malades et que la charité des abbés avait étendue, selon Benoît XII, à des indispositions trop légères ou avait trop prolongée. Depuis deux cents ans, si les abbés avaient cru devoir à leur haute situation de s'entourer d'un certain luxe extérieur, ils n'en étaient pas moins demeurés des religieux austères, hardis contre l'iniquité triomphante, appliqués au gouvernement de cette maison qui les avait choisis pour la diriger dans les voies de Dieu.

Pour reprendre les expressions dont s'est servi, à l'égard de l'Ordre entier, le pape Innocent IV, tous abbés, moines et convers, avaient passé comme des colombes douces et humbles, s'efforçant de rejeter loin d'eux toute rouille de mal et toute tache de difformité, empêchant tout vice de croître dans leur âme, vivant crucifiés sur la croix de la règle et de l'obéissance. Votre Ordre, écrivait encore Grégoire X, est radieux de charité, étincelant de chasteté ; il est, continuait Alexandre IV en 1260, un membre très noble du corps de l'Eglise et répand un parfum très suave de sainteté. Combien cette maison d'Acey, où l'amour divin avait fait germer et s'épanouir tant de vertus, qu'avaient sanctifiée tant de prières et tant de pénitences, devait paraître belle aux populations voisines, et fût-elle venue à disparaître dès lors, celles-ci auraient pu regretter les sacrifices qu'elles avaient faits en sa faveur.

Qui nous dira enfin les péchés qu'elle a expiés, les grâces qu'elle a fait descendre sur la vallée pendant ces deux premiers siècles de son existence?

Au commencement de ce travail, je faisais remarquer qu'il a toujours existé dans l'Eglise des âmes pénitentes jusqu'à l'héroïsme, et que, suivant le nombre plus ou moins grand de ces âmes, l'Eglise a connu des jours plus ou moins prospères. Que l'Ordre de Citeaux ait relevé, au douzième siècle, ce drapeau de la pénitence, qu'il l'ait porté plus haut et qu'il ait abrité plus d'âmes derrière ses plis que toute autre institution, c'est là un fait qui ne peut être nié par personne. C'est donc à cet Ordre aussi qu'il faut attribuer une partie de la gloire apportée à l'Eglise dans ces deux premiers siècles de son existence, comme nous pouvons estimer par cette gloire, ce que notre abbaye a fait pour la cause de Dieu et des âmes dans notre vallée.

Bien des fois sans doute, au moine que tourmentaient sur sa misérable couche les tiraillements de la faim, ou que venait frapper, tandis qu'il était étendu comme un mort sur les dalles du Chapitre, les sévères admonestations de son Abbé, l'Esprit tentateur dut suggérer des pensées de découragement et de doute sur l'utilité de ces amères souffrances et de ces volontaires humiliations. S'il fut permis aux Anges gardiens de ces pauvres moines de leur découvrir les mystérieuses opérations de la grâce et les fruits de cette longue et héroïque immolation, quel spectacle dut charmer leurs yeux et ranimer dans leurs âmes le courage et l'espérance ! A l'exemple de Moïse, ils priaient sur la montagne, et les armées chrétiennes combattaient dans la plaine en refoulant à jamais l'islamisme ; deux ordres de missionnaires jaillissaient du sol de l'Eglise et livraient au monde, sur son propre terrain, sous la bannière de saint François et de saint Dominique, par la parole et par les œuvres, de victorieux combats.

En même temps, la grâce suréminente de la dévotion à la Sainte Vierge donnée à l'Ordre cistercien comme une récompense de ses œuvres, de là descendait sur le monde et spécialement sur ces deux Ordres nouveaux, semblable à ce parfum, qui, après s'être répandu sur la tête d'Aaron, allait embaumer jusqu'à l'extrémité de ses vêtements ; enfin une ardeur toute divine portait la société vers les œuvres surnaturelles, et cette société, touchée comme d'un rayon de la beauté suprême, enfantait ces cathédrales merveilleuses dont aucun autre siècle n'a pu retrouver le secret. Le sacrifice, telle a été la source mystérieuse d'où ont jailli tous ces biens ! Ils pouvaient donc s'endormir en paix, ces humbles moines dont un coin de cimetière allait cacher à jamais la dépouille mortelle : leur vie avait été ignorée et silencieuse comme devait l'être leur mort, mais Dieu avait vu leurs prières, mesuré et compté leurs douleurs, et chacune de ces vies immolées avait été comme une des gouttes du calice de sang humain destiné à compléter la Passion de Jésus-Christ pour la grande œuvre du salut du monde.

Et dès lors, si, grâce à la réforme de Benoît XII, une ère nouvelle de ferveur s'était levée pour notre Ordre, qui peut dire les incalculables bienfaits qui en eussent résulté pour la société chrétienne et pour le monde ? Mais Dieu en avait décidé autrement ; c'était au contraire la décadence qui allait commencer.

Chacun connaît l'horrible guerre anglo-française qui éclata à cette époque.

La défaite navale de l'Ecluse en 1340, la funeste bataille de Crécy en 1346 sont présentes à tous les esprits

Tous les historiens s'accordent à reconnaître que cette guerre fut une cause de relâchement pour la société chrétienne entière, et spécialement pour les monastères. Tant d'hommes arrachés aux habitudes de la vie chrétienne pour vivre dans les camps d'une vie de licence et de violence dont ils rapportaient les habitudes dans leurs foyers, devaient faire fléchir l'esprit chrétien dans la société. Et dans cette société moins chrétienne, nécessairement aussi devaient être moins nombreuses, moins pures et moins ferventes les vocations monastiques.

Après ce premier coup, il plut à Dieu d'en frapper un second. Dès 1344, se déchaîne sur l'Europe le double fléau de la famine et de la peste qui cause la mort des deux tiers de la population française. Il vide en particulier les monastères. Sans doute, les moines moururent noblement. Bien que voués à la vie contemplative, ils s'estimèrent les serviteurs nés des faméliques et des pestiférés. Est-ce dans l'exercice de son zèle que fut frappé l'Abbé d'Acey, Dom Humbert de Sermange ? nous l'ignorons, mais sa mort, survenue en 1346, ne permet guère de douter qu'il n'ait été moissonné, lui aussi, par le redoutable fléau. « Ces morts glorieuses n'empêchèrent point qu'on ne vît dès lors, dans les monastères, dit l'abbé Rorbacher, un grand vide du côté des observances régulières et de l'édification. Tout ce qu'il y avait de plus considérable par l'âge, le mérite et les exemples, avait péri en assistant les malades ou par le malheur commun de la contagion. Un certain relâchement s'introduisit dans les Ordres jusque-là les plus exemplaires. Tant il est vrai que l'esprit de l'homme va, vient, et ne demeure jamais dans le même état (1). »

Enfin il plut à Dieu de frapper d'un troisième coup, directement et spécialement notre abbaye.

Jean, roi de France est encore vaincu à Poitiers en 1356 et fait prisonnier. Par les soins du Pape, la paix est conclue à Brétigny, et les soldats licenciés. Ceux-ci étaient peu disposés à passer de l'oisiveté et de la violence des camps aux paisibles travaux des champs. Ils se forment donc en bandes nombreuses et se mettent à ravager les campagnes, là spécialement où ne s'étaient pas portés jusque-là les efforts des belligérants. De 1360 à 1374, ils s'attaquent aux Bourgognes. Dom Nicolas de Sermange, successeur sur le siège abbatial de Dom Humbert, prévoyait leur arrivée et savait aussi, hélas! que dans chaque village, des auxiliaires viendraient se joindre à eux pour courir sus à l'abbaye et prendre part à la curée. Aussi, en 1359, avait-il fait publier dans les paroisses voisines et par les soins de l'Official de Besançon, les décrets pontificaux qui protégeaient son abbaye. De telles armes n'arrêtent pas les Routiers qui, sous le nom d'Anglais, parce qu'ils avaient fait au

(1) *Histoire de l'Eglise*, quatorzième siècle.

compte de l'Angleterre la campagne précédente, se répandent dans la vallée de l'Ognon en 1364 (1). Choye est pris et pillé ; Etrabonne est forcé, et enfin, une fois encore depuis sa fondation, Acey est envahi par une soldatesque effrénée qui transforme en lieu de blasphème et de débauche ces cloîtres silencieux, jusque-là asile de la prière et de la pénitence. Nos chartes nous donnent la preuve de l'inexprimable désordre qui suit cette invasion. En temps ordinaire on voit chaque année de nombreux acensements accompagnés souvent d'autres actes ; dans les quatre années qui suivent le passage des Routiers, tous ces actes font absolument défaut. Quel désastre n'a-t-il pas fallu pour amener cet arrêt complet de la vie sociale et que nous pouvons appeler une mort momentanée de l'abbaye ? Les Routiers disparus, la discipline régulière ne put être aussitôt rétablie, on le pense bien. Quelle observance était possible à ces quelques moines appauvris, errants dans leur immense monastère dévasté et dépouillé ? Ainsi, en quelques années, une florissante maison avait été réduite presque à néant, et un ardent foyer de lumière et d'amour presque éteint !

(1) *Gollut*, page 776. Edition 1846.

CHAPITRE VI

Dom Aimé II de Rochefort, vingtième abbé (1364-1405). — Donations de Philippe de Rouvres et de la maison d'Arguel. — Décadence de la discipline. — Petit nombre des moines. — Etat nouveau de l'Ordre. — Dom Etienne de Salins, vingt et unième abbé (1405-1412). — Dom Jean de Rouvres, vingt-deuxième abbé (1412-1423). — Misère publique et troubles. — Dom Jean Machefoin, vingt-troisième abbé (1423-1429). — Donation de l'Eglise de Peintre. — Dom Pierre de Salins, vingt-quatrième abbé (1429-1462). — Paix et prospérité. — Dom Jacques Albert, vingt-cinquième abbé (1462-1477). — Acensements désastreux. — Dom Jacques de Balerne, vingt-sixième abbé (1477-1478). — Sac de l'abbaye par le sire de Craon. — Emprisonnement, rançon et mort de de l'Abbé. — Dom Vincent de Vair, vingt-septième abbé (1478-1495). — Pauvreté de l'abbaye et des campagnes. — Décision de Rome au sujet de l'abstinence. — Dom Jacques de Dijon, vingt-huitième abbé (1495-1509). — Etat de l'Ordre. — Dom Pierre de Louhans, vingt-neuvième abbé (1509-1517). — Règlement avec Balançon pour la chasse et les fondations. — Dom Laurent de Rancey, trentième et dernier abbé régulier d'Acey (1517-1545).

Après une telle épreuve, bien rude était la tâche qui s'imposait au nouvel Abbé. Ramener à Acey le flot des vocations pour combler les vides faits par la peste dans les rangs des religieux, et, en même temps, restaurer la discipline, mettre de l'ordre dans l'administration temporelle et l'exploitation des terres, ce n'était pas œuvre facile, au milieu de l'anarchie dans laquelle se débattait la société. Dom Aimé de Rochefort l'entreprit cependant. Reconnaissons tout d'abord qu'il fut favorisé par les circonstances. Duguesclin avait emmené en

Espagne les bandes de Routiers qui avaient désolé la France et les Bourgognes. Une paix relative régnait autour d'Acey. Sous l'influence de la paix, et probablement aussi sous l'influence du crédit de l'Abbé, les donations bientôt reprennent leur cours, depuis si longtemps interrompu. A côté de quelques-unes de peu d'importance qu'il est inutile de rappeler, citons celle de Philippe de Rouvres, duc et comte de Bourgogne : « *Item*, laissons à toutes les autres abbaies blanches et noires et de Saint-Augustin estant en notre dit duché et en nos autres terres et pais sous notre garde, cent sous de terre à chascune pour y faire notre anniversaire perpétuellement. » Jehan de Ray, gardien du Comté, rendit une ordonnance spéciale pour faire appliquer cette libéralité à Acey. — Elle fut suivie d'une autre plus considérable.

En 1370, les religieux avaient spontanément et gratuitement donné les honneurs de la sépulture dans leur église à Jean d'Arguel, de cette maison de Chalon, si célèbre dans nos Annales, et dont les aînés, depuis le testament de Gérard d'Arguel en 1303, portaient le nom et les armes de la famille d'Arguel, famille éteinte dès lors. En 1382, Jacques d'Arguel, fils du défunt, Jeanne de Darbonnay sa veuve, et Jeanne de Baisans « se souviennent des bons et agréables services, courtoisies et bienfaits, par espécial des divins offices, qui leur ont été rendus par les abbés et religieux, et se souviennent surtout que lorsque feu messire Jehan d'Argueil a été enseveli et enterré, les religieux ont fait tout leur devoir tant de l'obsèque que de l'anniversaire, le jour de son obit comme de toutes autres choses. » Alors pour ne point paraître ingrats, les dites dame et damoiseau leur donnent « la terre de Morogne avec toutes ses appartenances et appendices, justice et seigneurie, tant en hommes et femmes, taillables et non taillables, terres, prés, meix, maisons, vignes, curtils, censes, corvées, coutumes, argent, gelines, rentes, issues, provents, esmoluments, revenus, bois, rivières, aigues, descours d'aigues, molins, chauffaiges, vezain, pâture et pâturaiges. » Cette donation si large était précieuse, surtout après les récents désastres.

Malgré leur désir bien probable d'une entrée en possession immédiate, les religieux durent auparavant patiemment dénouer les entraves dont chaque terre était enlacée par la hiérarchie féodale. Jean de Venère tenait en fief cette terre sur laquelle il possédait cent livres estevenantes. Sommation lui fut faite d'avoir à en rendre foi et hommage à l'abbaye. D'un autre côté la maison d'Arguel la possédait elle-même en fief de Hugues de Vienne, seigneur de Seurre, Pagny, Sainte-Croix, et en arrière-fief des ducs et comtes de Bourgogne. Philippe de France, si connu sous le nom de Philippe-le-Hardi, duc et comte de Bourgogne, donna, sans condition, son consentement : « Considérant en ce, dit-il, la dévotion de Jacques d'Argueil, fils du défunt, et veuillans aussi de nous mettre notre dévotion à la dite église et aux dis religieux, afin que nous et nos hoirs soins de tant plus participans aux oraisons, prières, et bienfais qui de cy en avant se diront et se feront en la dite église et à ce que les dis religieux soient plus astrains et tenus de prier Notre-Seigneur pour nous et les nôtres... avons amorti et amortissons ces terres par les présentes et nous plaist que les dis religieux les aient et tiegnent à toujours comme chose amortie, sans ce qu'ils soient contraints de les mettre hors de leurs mains, ni de nous pour ce paier aucune finance ; laquelle cele qu'ils nous en porroient devoir, nous leur donnons pour Dieu et en aumosne, nonobstant que la somme n'en soit spécifiée ou déclarée en ces présentes. »

Hugues de Vienne donna son consentement, mais en exigeant pour lui et les siens une messe chaque samedi au grand autel de la Sainte-Vierge.

Alors seulement l'abbaye jouit définitivement de la terre dont le revenu était estimé à six ou sept livres. En 1384, l'abbaye s'enrichissait encore en achetant, pour vingt-six francs payés en or, tout ce que Philibert de Portier, chevalier, possédait en terres, prés, vignes et biens quelconques au territoire de Brans. En 1387, Richard dit de Montagney lui léguait « une maison de pierre entourée de vignes qu'il possédait à Besançon, rue Saint-Vincent (1). On devait en retour dire chaque jour une messe pour lui à Acey, et tous les religieux devaient, après la messe, réciter un *De Profundis* sur son tombeau dans l'église abbatiale. Plus tard il assigna, sur différents héritages, une rente de cent sols, sous la condition d'une messe le lendemain de la fête de saint Michel, et le lendemain de l'Annonciation.

Ces dons, avec le produit régulier des terres déjà acensées, auxquelles des temps plus calmes rendaient leur prospérité, durent cicatriser en partie les plaies faites

---

(1) Cette maison, habitée aujourd'hui par les Petites-Sœurs des Pauvres, fut, jusqu'à la Révolution, le pied-à-terre des abbés commendataires dans leurs nombreux séjours à Besançon.

à la fortune temporelle de l'abbaye. Le souvenir des épreuves subies ne disparut point cependant de sitôt de la mémoire des moines. En 1372, Dom Aimé acensait une maison à Auxonne. Il stipulait d'abord dans le contrat que le censitaire serait obligé de fournir à l'Abbé et à ses religieux, autant de fois que ceux-ci passeraient à Auxonne et deux jours durant « une chambre, un lit garni, une écurie pour les chevaux, des nappes longues et du feu. » Il ajoutait de plus, qu'en temps de guerre, l'Abbé et ses religieux auraient le droit de s'y retirer. Bien terribles devaient lui être les souvenirs de 1364 pour lui faire admettre, comme une chose préférable ou simplement possible, l'abandon de sa chère abbaye, de son église et de tant d'antiques souvenirs.

Relevons encore les hommages féodaux rendus pour la terre de Morogne, en 1399, par Huguenin de Venère et pour la terre de Bard, par Humbert de Bard. Celui-ci, depuis vingt-huit ans, s'était rendu indépendant et refusait de revenir à son ancien état de vassalité. Un arrêt du Parlement de Dole le contraignit pour l'avenir, à reprendre de fief envers l'abbaye ses biens et droits à Bard et à payer un cens annuel de quatre florins ; de plus il fut condamné, pour les vingt-huit années écoulées, à payer un arriéré de cent douze livres de cire et une amende de sept livres dix sols.

La cire était précieuse, et pour les moines et pour les seigneurs, car elle éclairait les fêtes des uns, les veilles des autres ; aussi était-elle d'un prix généralement élevé et entrait-elle fréquemment dans les transactions commerciales. Notons aussi qu'elle était l'impôt noble, tandis qu'une poule à la carmentrand, c'est-à-dire au commencement du Carême, était l'impôt servile. Nous retrouverons encore dans l'avenir ce double impôt.

Pour faire rendre justice à son abbaye, Dom Aimé ne craignit pas de porter ses plaintes jusqu'à Philippe-le-Hardi, cité plus haut. La commune de Montagney était frappée d'un cens dit des quatre seigneurs, consistant en dix livres d'argent, quatre muids de vin et huit bichets par moitié froment et avoine. La moitié de ce cens appartenait à l'abbaye et lui était refusée par les habitants. Philippe condamna ceux-ci par lettres patentes données le 16 mai 1403. Plus tard, en 1406, des Réformateurs généraux commis par le duc, rendirent de nouveaux arrêts pour régler le paiement de cette dette.

Dom Aimé ne vit pas ce résultat définitif de son appel au souverain, car il s'éteignit en 1405, suivant de près ce quatorzième siècle qui vit si peu de grandes choses.

Lorsqu'après trente ans de prélature, passés au milieu des plus difficiles circonstances, il fut comme ses frères, déposé sur la cendre pour y rendre le dernier soupir, il put jeter un regard satisfait sur l'œuvre qu'il avait accomplie. Le patrimoine de l'abbaye dispersé, compromis, avait été affermi et augmenté; comme aux beaux jours de sa jeunesse, elle était protégée par les rois et les princes, et les grands du siècle ambitionnaient l'honneur de reposer à l'ombre de ses murs.

Put-il se rendre le témoignage d'avoir accompli la seconde partie de sa tâche, la restauration de la discipline? Et dès lors, comme le travailleur fatigué qui s'endort avec joie au soir d'une journée laborieuse, s'endormit-il aussi sans regret sous la froide pierre de son sépulcre ? Disons en toute simplicité que nos chartes, l'histoire générale de l'Ordre, tout nous autorise à le penser. Sans doute devant les difficultés que le petit nombre des religieux apportait à l'administration des biens, le Chapitre général en vient, à cette époque, à des concessions qui eussent surpris dans des temps meilleurs. Ainsi en 1398, il donne commission à l'abbé de Fontenai de se transporter à Chéseray pour ratifier une transaction, passée entre l'abbé et la communauté, assignant à chacun des religieux une somme pour leur vestiaire. En 1399, il permet à un religieux du Miroir de jouir, jusqu'à sa mort, de dix arpents de terre acquis de ses parents. En 1400, il ratifie le bail d'une ferme à un religieux. Mais si nous laissons de côté ces questions administratives dont la solution, telle que nous venons de la rapporter, pouvait paraître téméraire, et n'excédait cependant pas les droits du Chapitre général, si, dis-je, nous passons aux seuls reproches qu'il trouve à faire relativement à la vertu maîtresse de l'Ordre, la pénitence, quel consolant spectacle n'avons-nous pas sous les yeux ?

« Des religieux ont modifié légèrement la forme de leur robe et lui ont donné un air trop séculier. En voyage, quelques-uns prennent un bâton sur lequel ils s'appuient; d'autres, craignant sans doute quelque mauvaise rencontre, ont une épée au côté; il en est même qui portent sur leur poing un oiseau de chasse comme ils le faisaient dans le monde. D'autres enfin invitent des amis à dîner, et leur rendent par là, dans

le cloître, l'hospitalité qu'ils en ont reçue dans le monde. »
Quoiqu'on en dise, ce sont là de minces délits. Voici qui est plus grave : « Dans quelques abbayes, les religieux se trouvant très peu nombreux et obligés de satisfaire au chant de l'office, comme lorsqu'ils étaient des centaines, ont imaginé la combinaison suivante : La moitié de la communauté observe la règle dans toute sa rigueur, pendant que l'autre moitié se dispense du lever de la nuit et des austérités trop grandes. Puis, les vacances de celle-ci étant terminées, la première se repose à son tour et lui laisse l'observance. »

C'était là sans doute une prudence trop humaine, mais cette prudence sera comprise par toute personne ayant vu de près le surcroît de fatigue que cause à des religieux trop peu nombreux l'obligation de faire face néanmoins à la psalmodie du grand office et aux emplois multiples du monastère. Par ce moyen, en effet, la règle se conservait dans toute sa rigueur, et on pourvoyait aux santés et à la bonne administration de la maison. Le Chapitre le défendit cependant, et soit par cette prohibition sévère, soit par l'absence de tous autres reproches dans ses actes, nous montre avec quelle fidélité la règle était encore observée dans chaque maison et comment la pénitence en était encore l'âme.

Dom Aimé, en mourant, laissait donc une communauté fervente. Laissait-il une communauté considérable? Non, sans doute, si on la compare à la communauté du premier siècle, mais si on la compare à ce qu'elle devait être un siècle après, ou simplement, si on l'examine en soi, c'était une communauté belle encore.

Les convers y étaient relativement nombreux. C'est plus de dix ans après que nous verrons l'abbaye amodier une de ses granges ; les convers, aidés sans doute des mercenaires, les administraient donc toutes encore dans ce moment. A la même époque, nous la verrons abandonner à la commune d'Ougney le droit de pâturage dans la forêt de Vaudenay, et réclamer à ses hommes de Bresilley deux corvées, l'une pour la moisson de blé, l'autre pour la moisson d'avoine. Puisqu'actuellement elle pouvait se passer de ce concours, et suffire à cette vaste exploitation agricole dont le poids retombait surtout aussi sur les convers, elle avait donc encore beaucoup de ceux-ci à la maison même, et, pour la communauté entière, est-ce exagéré d'en supposer encore plusieurs dizaines ?

Pour les moines, nous avons des indications précises. En 1423, la communauté en compte six présents et quelques absents ; quelques années après, elle en compte onze et depuis ce chiffre n'est plus dépassé. Tout porte à croire qu'à la mort de Dom Aimé, il devait être encore plus élevé. Sans doute, c'était trop peu, et Dom Aimé dut souvent gémir de voir autour de lui si peu d'amour de Dieu, si peu d'estime de la pénitence et de la vie contemplative. Mais tout d'abord ces quelques hommes qui, dans un siècle de relâchement, avaient eu assez de foi pour embrasser la vie de pénitence extrême, qui, dans un siècle troublé, avaient su mépriser toutes les agitations mondaines pour s'enfermer dans la solitude seuls avec Dieu, n'en étaient que plus admirables. Et du reste, en joignant ces dix ou quinze religieux de chœur aux trente ou quarante convers, n'était-ce pas, redisons-le, une communauté belle encore, sur laquelle les regards de Dom Aimé mourant pouvaient s'arrêter avec joie et complaisance ?

Il fut remplacé par Dom Etienne de Salins.

Deux maisons de Salins sont connues dans l'histoire : l'une, nommée Salins la Bande à cause de la bande d'or qui traversait le champ de gueules de son blason ; l'autre, Salins la Tour à cause de la tour d'or maçonnée de sable qui se dressait dans son champ d'azur. Nous ignorons à laquelle de ces maisons appartenait Dom Etienne. Il vit se terminer une difficulté avec Jean-sans-Peur, duc et comte de Bourgogne. Thiébaud de Rye, mort en 1399 et sa femme Etiennette de Ruffey, morte et enterrée, en 1403, devant le grand autel de l'abbaye, avaient donné à celle-ci pour leur anniversaire, trente livres de rente sur la saunerie de Salins. Le prince qui avait d'abord mis un empêchement général sur toutes les rentes de cette saline, voulut bien, en 1409, lever cet empêchement pour nos moines. Alors par reconnaissance, Dom Etienne lui promit qu'une grand'messe serait dite le 27 avril « à perpétuité pour l'âme du très chier et redouté maître le duc de Bourgogne, et celle de redoubtée maîtresse madame de Bourgogne, ses père et mère que Dieu absoille et pour la sienne et pour celle de très redoubtée dame madame sa femme après leur décès. »

En 1412, Dom Etienne fut remplacé par Dom Jean de Rouvres qui vécut jusqu'en 1423. Il était Abbé depuis un an, lorsqu'un prêtre, Henri de Choye, habitant Gendrey, donna à l'abbaye un manse avec une maison de bois et de pierre et ses dépendances : il y ajoutait son lit garni de trois draps, deux toiles de coussins, six écuelles, quatre plats et deux simars en étain. Ces détails nous font voir le modeste mobilier d'un prêtre au quinzième siècle, et même d'un prêtre jouissant d'une certaine fortune, car tous les prêtres n'avaient pas, il s'en fallait beaucoup, un manse et une maison en toute propriété. En retour, chaque quinzaine à perpétuité dans l'église de Gendrey, une messe avec une collecte, devait être dite pour le repos de son âme et, remarquons le bien, par un moine.

En 1415, Messire Ugon de Barrey témoigne de sa dévotion envers les moines en choisissant sa sépulture dans l'église abbatiale. Il donne en compensation sa terre de Gendrey et une pension de 100 sols jusqu'à la fin de sa vie. De plus, il assigne à son fils, Othon de Barrey, moine à Acey, une pension de 100 sols.

Nous voyons, sous cette prélature, les acensements et les échutes se multiplier, à Montagney, à Avrigney, à la grange du Colombier, à Sermange, à Pesmes, à Bard, à Chancey, partout en un mot. La vaste grange de Neuvelle est amodiée au prix de 24 bichets par moitié froment et avoine, 24 aunes de toile, et quelques autres denrées. Les droits seigneuriaux de l'abbaye sur le four de Taxenne, sur les tailles de Bresilley, sont attaqués et ont besoin d'être défendus par le Parlement. Les officiers du Comté eux-mêmes veulent lui enlever toute justice sur ses hommes du baillage d'Amont, et Marguerite de Bavière, veuve de Jean-sans-Peur, doit arrêter ces subordonnés trop zélés. Ajoutons enfin que six moines seulement sans parler des convers habitent alors Acey.

De tels faits suffiraient à indiquer une époque troublée et désastreuse. L'histoire vient confirmer cette induction. Le schisme d'occident s'est terminé, il est vrai, en 1417, par l'élection de Martin V, mais l'horrible guerre anglo-française est entrée dans une période plus aiguë. L'élite de la noblesse française est tombée sur le champ de bataille d'Azincourt, grâce à la complicité du duc de Bourgogne. Celui-ci à son tour est tué traîtreusement à Montereau en présence du Dauphin (1419). Philippe-le-Bon son fils, pour venger sa mémoire, se jette dans les bras des Anglais, auxquels la reine de France, Isabeau de Bavière, vend le royaume par le traité de Troyes (1420) et Charles VII n'est plus que le roi de Bourges. Que l'on ajoute à celà une inouïe dissolution de mœurs, qui, des classes élevées de la société descendait partout; et l'on comprendra le désordre social et l'affaissement moral dont on trouve l'écho dans nos chartes.

Dom Jean de Rouvre mourut au moment le plus critique de cette effroyable lutte. En 1423, il était déjà remplacé par Dom Jean Machefoin (1423-1429), qui signe en 1423, un traité avec Girard de Blairey, prêtre, chanoine de la chapelle du duc de Bourgogne à Dijon et curé de Peintre; le droit de patronage de l'Abbé sur l'église de Peintre y est fixé à 105 sols tournois.

Il resta six ans sur le siège abbatial, et eut pour successeur Dom Pierre de Salins, probablement neveu de Dom Etienne, et qui y passa trente-trois ans. Cette longue prélature s'écoula dans la paix. Jeanne d'Arc avait délivré Orléans, fait couronner le roi et était morte martyre sur son bûcher le 30 mai 1431. La paix avait enfin été conclue. Un projet de croisade en Turquie, pour lequel notre abbaye vint en aide au souverain, n'eut pas de suite (1455). Le seigneur de Balançon, ayant voulu imposer les hommes des moines à Thervay, spécialement pour aider au souverain, ceux-ci rappelèrent leur don pour le voyage de Turquie, et se défendirent par un mandement de garde contre ses entreprises. Parmi les acensements faits sous cet Abbé et autres transactions, on trouve quelques détails intéressants. Par une sentence arbitrale entre Dom Pierre de Salins et Etienne Ponsot, curé de Chaumercenne, celui-ci se reconnaît obligé pour lui et ses successeurs de fournir à l'abbaye comme droits de dîme deux éminottes de pois, mesure de Pesmes. L'abbaye de son côté doit fournir au curé le pain nécessaire pour la célébration de sa messe et la communion de ses paroissiens. (1)

En 1437, l'abbaye vend une terre à un boucher de Besançon, dont le nom était destiné à une célébrité considérable dans notre province, Pierre Chifflet. Ailleurs l'abbaye acquiert 5 francs de rente pour 50 francs de capital, ce qui prouve la rareté du métal à cette époque. Ailleurs encore elle réclame pour ses sujets mainmortables un prêtre et un docteur en médecine. Enfin elle loue les dîmes d'Amange au curé de la paroisse, de sorte que, sauf la redevance fixée dans le bail, toutes les offrandes des fidèles dans cette paroisse allaient contribuer, dans l'avenir, à l'entretien du culte.

L'épitaphe de Pierre de Salins se voyait encore dans l'église au siècle dernier avec ces deux dates marquant l'une sa promotion, l'autre sa mort (1er août 1429 —

(1) Arch. de la Haute-Saône, H. 37.

4 mars 1462). Il fut remplacé par Dom Jacques Albert (1462-1478).

Avec le règne pacifique de Philippe-le-Bon, se termine, pour les campagnes, la période de prospérité relative, qui les avaient dédommagées et consolées de leurs malheurs précédents.

Charles-le-Téméraire monte sur le trône ducal en 1467, et avec lui reviennent les fléaux de la guerre et de la misère. Dans la majeure partie des acensements de cette époque, on trouve cette mention : terre en friches et en désert, vigne en désert. Est-il besoin d'ajouter que l'acensement dans des conditions semblables était doublement désastreux ? Non seulement la terre était aliénée à jamais, mais aliénée à des conditions dérisoires de bas prix. Le journal de terre est en effet ordinairement acensé pour une redevance d'un sou par journal, les vignes pour trois sous par journal, ou encore pour le tiers des fruits. Le droit de pâturage est de plus en plus abandonné aux communes voisines, auxquelles l'abbaye défend toujours cependant d'introduire des porcs dans ses forêts, sans doute à cause du tort fait par ces animaux aux plantations nouvelles.

C'est cet usage des forêts, qui lentement s'est transformé en droit de propriété. La commune de Gendrey voulut tirer trop tôt cette conclusion, relativement au mont de Vauchange. En 1445, une sentence arbitrale avait déclaré que le mont de Vauchange appartenait en toute propriété, seigneurie et basse justice, aux Abbé et religieux. En 1464, le procureur du duc de Bourgogne leur refusa cependant le droit d'essarter et faire essarter cette forêt; c'était un acheminement vers la dépossession complète en faveur de la commune de Gendrey. Mais les moines réclamèrent au lieutenant gruyer du comté de Bourgogne qui débouta le procureur de ses prétentions.

Un reçu donné au trésorier de la ville de Dole en 1477 est signé de Dom Jacques de Balerne. Cet Abbé, est-il le même que Dom Jacques Albert? Je ne l'ai pas pensé. Cependant la chose est possible. Quoiqu'il en soit, c'est dans ce moment que nous allons voir fondre sur l'abbaye un nouvel orage et dont les conséquences devaient être trop longues et surtout trop funestes.

Charles-le-Téméraire avait trouvé la mort devant Nancy en 1474. Louis XI, roi de France, rompt aussitôt la trêve qu'il avait conclue avec lui. Georges de la Trémoille, seigneur de Craon, envahit la Bourgogne avec une armée puissante. Dijon, Dole, Auxonne, reçoivent des garnisons françaises. Besançon, ville impériale et libre, conserve ses franchises, et n'est obligée qu'aux hommages rendus par elle aux comtes souverains de Bourgogne. Cependant les Etats, convoqués à Dole, repoussent les prétentions françaises; et Dole se débarrasse de sa garnison en 1477. C'est alors que, par représailles, les soldats français de la garnison de Gray, chargent à l'improviste, le 13 avril 1477, les soldats de la prévôté de Gendrey et en tuent trois cents devant Marnay qu'ils emportent le lendemain. De là, ils descendent l'Ognon, prennent Corcondray et Balançon, et enfin entrent à Pesmes, au moyen d'un stratagème qui rappelle celui dont se servit autrefois Ulysse au siège de Troie. Des soldats furent cachés dans des voitures de foin et de paille, que des paysans contraints par la peur, introduisirent ensuite dans la place.

Acey fut pris probablement le même jour et mis à sac. Les quatre cloches elles-mêmes furent descendues de la flèche et emmenées à Gray.

Ainsi partout procédait Craon. La destruction des châteaux-forts, qui couronnaient nos montagnes et nos collines et qui donneraient aujourd'hui tant de charme et de pittoresque à notre pays, est en grande partie son œuvre. Moins vivaces que les institutions religieuses, les châteaux de la féodalité ne se sont point relevés de ce coup terrible.

Pour que le brigandage fût complet, l'abbé fut emmené prisonnier au château de Gray. Sa rançon ne se fit pas attendre. Le 26 juillet de la même année, l'abbaye vend à Pierre des Potôts, de Besançon, pour 174 francs une fois donnés, son beau domaine de la Motte de Morogne, depuis trop peu de temps en son pouvoir pour être aliéné ou acensé. Cette vente est consentie par les abbés de la Charité, de Cherlieu et de Citeaux, et le prix en est intégralement versé aux Français pour obtenir la liberté de l'Abbé.

Celui-ci en jouit peu longtemps et dut sans doute sa mort aux émotions et aux douleurs de la captivité. En 1478, il était déjà remplacé par Dom Vincent de Vair. La maison de Vair paraît avoir joui au quatorzième et au quinzième siècle d'une certaine considération en Bourgogne. Richard de Vair possédait, en 1367, la forteresse d'Artaufontaine, construite sur une de ces grandes voies de communication du Moyen-Age, qui, du pays de Langres et à travers le baillage d'Amont, conduisaient à la Saône. Le choix d'un fils de cette maison, pour gouverner et protéger Acey, dans des circonstances aussi douloureuses, est une preuve de plus de son crédit.

D'après l'épitaphe de Dom Vincent, pendant les dix-sept années de sa prélature, l'abbaye fut dans une pauvreté extrême : *In paupertate maxima* (1). Non seulement en effet, elle était dévastée, mais la source de ses revenus était tarie. Craon, qui démolissait les châteaux, ne dédaignait pas de brûler les villages et d'en rançonner les habitants. Les quelques actes de cette époque nous donnent tous, sous différentes formes, la preuve de la misère de ceux-ci. Girard, maire de Vitreux, devait trente-six sols de cens annuel. Il demande, et obtient de Dom Vincent, de ne plus payer que douze sols : « ses héritages étant en friches et en désert à cause des guerres et mortalités » (1482). Les échutes se multiplient, la terre est abandonnée : ainsi Huguenin et Catherine Guochot, même au prix de l'abandon des deux tiers de leurs meubles, regardent comme une faveur de pouvoir quitter à jamais Bresilley, leur village natal.

C'est surtout au point de vue spirituel que les conséquences de l'invasion furent terribles. Saint Bernard l'a dit, et nous allons voir se vérifier de nouveau cette parole : L'extrême pauvreté est aussi nuisible à la discipline religieuse que l'extrême richesse. L'abbaye est ruinée, dévastée, ouverte à tous vents ; ses terres sont ravagées, désertes, sans bras pour les cultiver. Que vont faire, au point de vue de la nourriture, ces quelques moines qui errent sous les cloîtres profanés? Evidem-

---

(1) Les tombes et les inscriptions de l'église abbatiale de Theuley (Haute-Saône), par Jules Gauthier, Archiviste du Doubs, page 20.

ment, le droit naturel primant toute loi positive, ils mangeront ce qu'ils trouveront, et, au point de vue de l'abstinence et du jeûne, s'en tiendront à ce qui est prescrit aux simples fidèles. Certes, si jamais le précepte évangélique : mangez ce qui vous sera offert, eut sa raison d'être, ce fut bien dans cette circonstance.

Cette infraction à la règle se produisit à Acey, d'autant plus facilement que sous l'influence des troubles et de la rareté des vocations, elle tendait à se généraliser dans toutes les maisons de l'Ordre. D'innombrables transgressions des lois du jeûne et de l'abstinence y avaient lieu chaque jour, et constituaient, lorsqu'elles n'étaient pas assez justifiées, d'innombrables fautes. Les conséquences les plus graves en pouvaient résulter, non seulement cette fois pour la perfection, mais simplement pour le salut des moines. Aussi le Chapitre général députa à Rome les Abbés de Citeaux et de Clairvaux pour exposer cette situation au Souverain Pontife, Sixte IV. Le salut des âmes est une chose plus importante qu'une loi positive, et qu'une règle de perfection, quelque sage qu'elle paraisse. Le pape rendit en effet un décret, où « désirant pourvoir autant que possible, avec le secours de Dieu, au salut des personnes et à leurs nécessités exprimées ou non exprimées, et venir en aide à la fragilité humaine, après avoir pesé les raisons alléguées », il donnait au Chapitre général, et en sa vacance, à l'Abbé de Citeaux, « la liberté de dispenser de l'abstinence dans la mesure que leur dicteraient leur conscience et la discrétion. »

Le pape évitait ainsi de transformer en péché formel et réel, un péché qui pouvait n'être que matériel chez beaucoup, et il remettait à des jours meilleurs le retour aux observances primitives. Voilà la première dispense accordée à l'Ordre et il faut avouer que l'histoire en est pleine d'enseignements. Ainsi l'Ordre entier s'est ému, et a envoyé à Rome une ambassade solennelle ; une décision du pape est intervenue et l'on hésite six ans à la promulguer. De quoi s'agit-il donc ? Simplement de faire donner aux religieux, pendant sept mois de l'année, et trois fois par semaine, un morceau de viande. Un aussi mince résultat de discussions si longues, et tranchées par des autorités si hautes, n'est-il pas la preuve tout à la fois, et du prix que l'Eglise attache à la pénitence et de l'intime liaison qui existe entre la pénitence et l'Ordre ?

Cette liaison intime semble néanmoins, avouons-le, s'amoindrir notablement à cette époque. Le travail des mains tout d'abord disparaît de la vie des religieux de chœur. Nous avons vu l'Ordre à son origine se signaler par sa tendresse pour les classes populaires et par l'union intime où il veut vivre avec elles. Il embrasse en effet le rude travail du peuple, il adopte, pour se les incorporer ou se les unir, sous le nom de convers ou de familiers, les plus déshérités de ses fils, il nourrit, par d'immenses aumônes, ceux de ces déshérités qui n'ont pas pu ou qui n'ont pas voulu être associés à sa vie propre. Il est en un mot le grand bienfaiteur de la classe ouvrière et indigente, et dès lors le grand bienfaiteur de la société entière sur laquelle rejaillissaient les progrès moraux et matériels du peuple. C'est en reconnaissance de ces inappréciables services, que la société s'est montrée si prodigue envers l'Ordre. « Ne croyons pas », dit

Taine, au sujet des biens légués au clergé, « que l'homme soit reconnaissant à faux et donne sans motif valable : il est trop égoïste et trop envieux pour cela ». Cette seule réflexion, si juste et si profonde, suffirait à témoigner du bien fait par les moines. Un changement se produit en ce moment.

Désormais l'aumône continuera à être donnée généreusement et l'abbaye restera une maison de charité, mais ce lien seul la rattachera au peuple. Les quelques moines qui formeront la communauté, trouveront dans les observances monastiques, dans l'administration des biens, de quoi remplir, et au delà, leurs journées. Ils n'auront plus ce travail manuel, semblable à celui du peuple, accompli sous les yeux du peuple, avec les fils du peuple, qui symbolisait si bien l'égalité de tous les hommes devant Dieu. Tout en faisant l'aumône, ils resteront dans la classe riche à laquelle ils appartiennent, des seigneurs, comme le peuple les a si bien nommés, et non plus des pauvres moines comme ils s'étaient montrés au commencement. S'il faut déplorer ce changement au point de vue social, comment ne pas le déplorer davantage au point de vue de la pénitence, et l'Ordre pouvait-il rester dans son ensemble un Ordre pénitent en perdant ainsi l'esprit qui avait présidé à son institution ?

A partir de ce moment tous les religieux sans exception ont-ils donc abandonné la pénitence ? A Dieu ne plaise. Le Chapitre général, par ses hésitations à modifier la règle, si légère que soit cette modification, nous montre combien cette vertu, à laquelle du reste le travail des mains n'est pas indispensable, était encore chère à l'Ordre. Que de religieux appliqués chaque jour à l'office divin, à la contemplation, occupant leur temps libre à l'étude, à l'administration des biens de la maison, au soulagement des pauvres ou à la réception des hôtes que la Providence leur envoyait, fidèles aux abstinences qui leur étaient laissées et au jeûne de tous les jours, eurent une vie encore profondément austère, singulièrement édifiante, éminemment utile à l'Eglise.

Cependant, d'un autre côté, les transgressions nombreuses qui obligent le Chapitre à cette concession ne nous indiquent-elles pas qu'un esprit nouveau, esprit de tiédeur et de sensualité, passe sur l'Ordre et a déjà séduit bien des cœurs ? On ne peut pas en douter. Et bientôt, sous cette influence amollissante, plusieurs, un grand nombre peut-être, ne vont-ils point outrepasser la dispense accordée, et se laisser aller à une vie immortifiée, contradiction permanente avec le saint habit dont ils sont revêtus ? L'histoire générale de l'Eglise nous apprend en effet que ce pas fut, hélas ! bientôt franchi. Le fut-il à Acey ? Oui, et le fait suivant va nous le prouver.

En 1491, les religieux avaient intenté un procès au sire de Balançon pour maintenir leur droit de chasse. Quinze ans plus tard, les parties s'entendirent pour déclarer « que lesdits Abbé et religieux n'auront aucun droit, et ne pourront chasser ni bayer en quelque bois que ce soit de la terre de Balançon, esquels ledit seigneur a la justice, et aussi qu'il ne pourra chasser ès bois de la dite abbaye, soit aux bêtes rousses, soit aux bêtes noires. » La chasse fait partie du droit de propriétaire. Que les religieux l'aient défendu, et n'aient point permis aux meutes insolentes des sires de Balançon de violer leur domaine et troubler leurs tenanciers, c'était leur devoir et leur droit. Mais les termes de cette convention n'indiquent-ils pas que les religieux chassaient eux-mêmes ! Au dix-huitième siècle, nous les entendrons du reste déclarer, s'appuyant sur cette convention, qu'ils ont toujours chassé par eux ou par d'autres. Nous pouvons donc conclure que, sinon à ce moment de l'histoire où nous sommes arrivés, au moins, plus tard, ils se sont laissé entraîner à cet amusement si dissipant, si opposé à leur vie de silence, de travail et de pénitence, si dangereux par les relations qu'il crée et les émotions violentes qu'il procure. C'était là un symptôme d'une décadence monastique évidente. Lorsque sous ces cloîtres, où les fils immédiats de saint Bernard s'étaient promenés modestes et silencieux, lorsqu'à travers ces campagnes qu'ils avaient arrosées de leurs sueurs et de leurs larmes de pénitence, on vit leurs successeurs y circuler bruyamment avec des faucons et des épieux, des armes à feu et des chiens, il fut bien avéré par ce contraste que l'Ordre déclinait. Quelles larmes devaient répandre à ce spectacle les religieux fervents que l'Ordre possédait encore ! Saint Basile écrivait à un moine qui avait commis une faute grave : « Quel prêtre pourra entendre parler de vous sans en verser des larmes ? Quel clerc n'en aura point les entrailles déchirées ? Quel laïque n'en sera attristé ? Quel ascète n'en jettera des cris de douleur ? A votre chute, le soleil s'est presque couvert de ténèbres et les vertus du ciel ont été ébranlées à votre perte. Les pierres elles-mêmes, toutes dépourvues de sentiment qu'elles soient, ont versé des larmes devant votre folie. » (1) Il y eut, hélas ! plus que des larmes.

(1) Saint Basile, édit. Asces. fol. CLVII.

L'hérésie protestante a été le fruit direct du relâchement du clergé et des Ordres religieux. Le sel de la terre s'était affadi : comment la terre ne se serait-elle pas corrompue? L'esprit de prière et de pénitence avait diminué dans d'incroyables proportions. Comment la miséricorde divine eût-elle pu descendre en assez grande abondance sur le monde? Pour ne parler que de l'Ordre de Citeaux, en abandonnant les traditions de pénitence héroïque que lui avaient transmises les pénitents de l'âge apostolique, les laures égyptiennes et les communautés occidentales de la première partie du Moyen-Age, traditions auxquelles pendant trois siècles il avait été si fidèle, il a certainement privé l'Eglise d'un secours dont elle avait besoin. Sans doute d'autres communautés, telles que les Hiéronymites et les Minimes, se forment à cette époque dans ce même but. Des âmes ardentes, telles que le franciscain saint Bernardin de Sienne, le dominicain saint Vincent, la clarisse sainte Colette, réforment aussi leurs ordres dans ce même sens. Cependant, ni ces communautés nouvelles, ni les communautés anciennes animées de cet esprit nouveau, ne furent assez nombreuses pour remplir, dans la grande armée de la pénitence, la place qu'avait laissée vide l'effacement, même partiel, de l'Ordre de Citeaux. Il y eut toujours moins de vies innocentes offertes à Dieu pour payer les crimes du monde; moins de larmes et de gouttes de sang coulèrent pour racheter les âmes. Pourquoi s'étonner de ces blessures qu'a reçues alors l'Eglise et dont elle porte, après quatre siècles, l'empreinte encore béante? Grâce à Dieu, cet effacement n'est pas arrivé à toute sa profondeur à cette époque de l'histoire où nous sommes, et il avait déjà commencé auparavant. C'est maintenant cependant, alors qu'une décision officielle de l'Eglise en constatait l'existence, qu'il fallait le signaler comme c'est maintenant qu'il faut rappeler ce que nous disions plus haut sur ce même sujet : en voyant inutiles et sans effet tant de règles, fruit d'une expérience plusieurs fois séculaire, tant de précautions prises contre le relâchement par les saints fondateurs, qui ne reconnaîtrait que la sagesse humaine est toujours courte par quelque côté et que les institutions comme les hommes doivent vivre dans la défiance d'elles-mêmes, et dans une crainte salutaire !

Un calme relatif se fait alors autour d'Acey.

Dom Vincent, devenu aveugle, démissionne librement entre les mains de Simon, Abbé de Balerne et vicaire général de l'Ordre, pour mourir à Theuley en 1504. Jacques de Dijon, celerier de Citeaux, est élu à sa place et reçoit en 1495 ses bulles d'Alexandre VI. En même temps, la Franche-Comté, rentrée sous la domination de l'héritière de Bourgogne, et dès lors des archiducs d'Autriche, respire sous leur sceptre pacifique. Une longue paix va lui rendre la prospérité. Enfin le protestantisme n'exercera, dans le premier siècle de son existence, aucune influence délétère sur les campagnes situées dans le périmètre de l'abbaye.

Sous Dom Jacques (1495-1509), la lutte avec le château de Balançon s'accentue. Un fermier de l'abbaye, enfermé dans les prisons du château pour avoir refusé d'y faire guet et garde, est mis en liberté par ordre du Parlement, qui défend en outre d'exiger un tel service pour l'avenir, « Balançon n'étant ni une place frontière, ni une place forte, et la ville de Pesmes étant du reste suffisamment fortifiée pour résister à l'ennemi » (1496).

Un acte bien opposé, semble-t-il, à nos usages actuels, fut accompli sur l'initiative de Dom Jacques. La terre de Morogne avait été vendue, on s'en souvient, à vil prix, pour payer aux Français la rançon de l'Abbé en 1477. D'après la législation de l'époque, cette vente pouvait être annulée. « C'est une règle certaine, dit d'Héricourt, qu'une communauté peut toujours rentrer dans le bien qu'elle a aliéné, soit à perpétuité, soit par un bail emphytéotique, quand elle a été lésée considérablement par cette aliénation, quand même on aurait observé dans l'aliénation toutes les formalités requises par les Canons et par les Ordonnances du Royaume, car ces formalités n'ont été introduites que pour faire connaître, dans tous les temps, que l'aliénation a été utile à l'Eglise ou nécessaire. » (1) Pierre des Potots, en achetant la terre de Morogne, connaissait, bien évidemment, cette règle de droit de l'époque, et dès lors, on ne peut dire que l'arrêt autorisant l'abbaye, sauf indemnité, à rentrer dans sa terre, ait été une injustice : il demeure cependant une chose étonnante. Nous ne trouvons plus sous la prélature de Dom Jacques que des transactions peu intéressantes pour l'histoire, ou des tenues de justice moins intéressantes encore. Que nous importe le droit accordé aux habitants de Montagney de faire naiser leur chanvre dans l'Ognon ? Que nous importent surtout tant de jugements que nous possédons encore, rendus par la justice de l'abbaye, à propos de bétail mal

(1) Œuvres posthumes, T. I, p. 95.

gardé, de bois vert coupé, de lièvres ou de poissons indûment capturés. Ces détails sont communs à toutes les époques, et les jugements que prononçait à cette occasion le juge de l'abbaye, siégeant sous le grand portail, ne sont pas plus intéressants, pour l'histoire, que ne le seront, pour les âges futurs, les arrêts du même genre portés par les tribunaux de nos jours.

Sous Dom Pierre de la Michodière de Louhans (1509-1517), successeur de Dom Jacques, la fortune temporelle de l'abbaye s'accroît. C'est qu'au dehors, sous le sceptre de Philippe d'Autriche et de Charles-Quint, la Franche-Comté est florissante elle-même. Celui-ci a eu pour précepteur Antoine de Vergy, devenu plus tard achevêque de Besançon : des relations intimes persistent entre le prélat et son illustre élève, et attirent la protection de celui-ci sur la province et spécialement sur les maisons religieuses. Aussi voyons-nous Dom Pierre de Louhans, et son successeur Dom Laurent de Rancey, profiter de cette protection pour faire opérer de nombreuses reconnaissances sur leurs terres. J'en ai compté onze sur le territoire de Thervay et une opération semblable se fit partout. Nombre de sujets mainmortables étaient morts sans héritiers, soit directs, soit vivant dans leur communauté. Leur héritage, qui revenait de droit à l'Abbaye et n'avait pu être réclamé par elle dans les temps de trouble, lui fut restitué à la faveur de la paix.

Alors aussi se termina définitivement la contestation pour la chasse avec les seigneurs de Balançon par ce traité dont nous avons parlé. Après avoir réglé le temporel, on y passait au spirituel, pour rappeler que l'abbaye devait, pour les fondations de la maison de Rye : « Huit messes par semaine, savoir une messe quotidienne appelée la messe de Rye, fondée de trente livres estevenants de rente en la grande saunerie de Salins, et une autre messe, le vendredi de chaque semaine, fondée de douze francs et demi de rente, et quatre anniversaires solennels, le lendemain des quatre fêtes Notre-Dame, savoir la Chandeleur, l'Annonciation, l'Assomption et la Nativité. Le seigneur Abbé et ses successeurs étaient tenus de donner à chacun des dits jours une pinte de vin à celui qui célébrerait ladite messe de Rye. »

Le seigneur de Balançon eut une autre querelle avec l'abbaye. Il fit redresser, en 1518, le signe patibulaire, symbole de son antique justice suprême, et voulut obliger les sujets d'Acey, à assister à cette érection. Dom Richard de Rans, procureur, s'y opposa avec énergie. D'après lui, Colombier, Val Saint-Jean, et autres terres enclavées dans le territoire de Thervay, et données par les seigneurs du pays, avaient échappé complètement, dès le moment de la donation, à leur justice. La cause fut portée au Conseil de Marguerite d'Autriche, comtesse douairière de Bourgogne, dont les lettres patentes datées de Bruxelles, 12 mai 1520, confirmèrent les assertions du procureur. Dom Pierre de Louhans vit la fin de ce procès, mais il ne la vit pas comme Abbé d'Acey. Différents auteurs l'ont fait Abbé du Miroir, où il serait mort en 1522. C'est, à mon avis, une erreur. Deux fois après la nomination de son successeur, on trouve des transactions signées de son nom que suit la qualification d'ancien Abbé, mais nulle autre : c'est qu'aucune autre ne lui était due.

Sous lui, neuf religieux habitaient l'abbaye (1519). Il fut remplacé par Dom Laurent Puget de Rancey. Ce dernier Abbé régulier d'Acey fut nommé en 1517, intronisé en 1518, après la fulmination de ses Bulles et mourut en 1545. Des statues et des bas-reliefs, commencés à l'église sous son prédécesseur et terminés sous lui, quelques fondations sont le seul souvenir qu'il ait laissé. L'une de celles-ci, au petit autel dédié à la Visitation Sainte-Marie, était faite par Etienne de Lantenne, écuyer, seigneur de Peintre, « en souvenir de la singulière dévotion et affection que ledit seigneur porte à la très glorieuse Vierge Marie mère de Dieu, et par dévocion à la commémoraison de la très glorieuse Visitation. » L'esprit d'hérésie qui soufflait un peu partout, n'avait point, on le voit, fait disparaître tout le prestige des monastères et n'empêchait point qu'ils ne fussent considérés comme des foyers de religion, et surtout de piété envers la Sainte-Vierge.

Les jours d'épreuve cependant approchaient pour ceux-ci comme pour toute l'Eglise. En 1517, Luther affichait, sur un des piliers de la cathédrale de Vittemberg, ses thèses hérétiques et levait l'étendard de la révolte contre l'Eglise. Chacun sait la lutte effrayante qui s'engagea aussitôt en Allemagne et les torrents de sang qu'elle fit couler (1). Dans notre province, huit ans seulement après, les luthériens sous le nom de mutins, bonshommes, pillaient les prieurés de Saint-Valbert,

(1) En 1524, Antoine de Vergy, archevêque de Besançon, demanda au Chapitre général des secours pécuniaires pour frais de prédication et autres destinés à la lutte contre l'hérésie. Il lui fut accordé soixante-huit livres qui furent réparties entre les différentes abbayes. — Acey fut taxé à cinq livres.

Lanthenans et Béchamp (1). En 1534, le haut Jura est attaqué à son tour. Les protestants de Berne passent par Jougne et essaient de surprendre Saint-Claude, dont ils sont repoussés par les habitants que dirige un capitaine d'occasion, Claude Blanchot. Toutes les communautés religieuses étaient dans l'effroi. Notre abbaye sollicita et obtint un mandement de garde où ses biens et privilèges étaient confirmés et défendus par « Charles, empereur des Romains, toujours auguste, roi de Germanie, de Castille, de Léon, de Grenade, d'Aragon, de Navarre, de Naples, de Maiorque, des Iles des Indes, archiduc d'Autriche, duc de Bourgogne, etc... » Cette même année, et pour compléter l'effet d'un décret rendu par lui, en 1538, contre ceux qui conservaient des livres protestants, Charles-Quint défendait d'assister aux prédications luthériennes. C'est sans doute en application de ces décrets que la justice d'Acey condamne à cent sols d'amende, en 1544, un blasphémateur, quelque luthérien, probablement faisant par trop ostentation de ses croyances nouvelles, et brûlant avec trop de bruit ce qu'il avait précédemment adoré. Une difficulté avec l'Abbé du Mont Sainte-Marie, tranchée en faveur de celui-ci par le Chapitre général, des acensements, des traités avec les communes voisines au sujet des pâturages, un procès avec M. d'Aumont, seigneur de Bresilley et les habitants et échevins de ce village, tels sont les principaux actes administratifs qui ont signalé la longue prélature de Dom Laurent. Notons en passant qu'il perdit en partie ce procès : le droit qu'il prétendait avoir de réunir les habitants au son de la cloche lui fut

(1) *Le Protestantisme à Montbéliard*, page 63, par M. l'abbé Tournier.

CHAPITRE SIXIÈME 159

enlevé, et attribué à la seule seigneurie d'Etrabonne. Un testament de Bénigne Martin qui lègue cent francs à l'Abbaye où il a passé quatre ans et où il est mort en 1535, « en dédommagement des bons soins qu'il a reçus et pour sa sépulture », nous prouve que Dom Laurent fut bon et d'un commerce facile.

Avec lui finissent les Abbés réguliers. Neveu de Dom Pierre de Louhans, il avait sans doute été aidé par cette influence de famille dans son ascension vers le siège abbatial, sur lequel une autre influence de famille va amener un Abbé commendataire (1).

(1) Les deux derniers Abbés réguliers d'Acey eurent surtout un mérite qu'il serait plus injuste encore de ne pas relever, le mérite d'aimer les arts et d'orner leur église de nombreux bas-reliefs, de statues et d'autels. Toutes ces sculptures ont disparu d'Acey, les unes, détruites par les Suédois en 1636 et par la Révolution, les autres achetées à cette dernière époque par les curés du voisinage. Entre ces dernières, signalons : dans l'église de Sornay, la statue de saint Jacques-le-Majeur avec sa besace et son bourdon ; un débris de crédence surmonté d'une accolade et de deux Anges portant une banderole avec ces mots : *Lavabo manus meas* ; un *Ecce homo*, portant sur son soubassement cette devise : *Deum time cogita mori*, et une *Pieta*, ayant l'un et l'autre les initiales F. L. M. (Frère Louhans de la Michodière) ; une Annonciation, où la Vierge agenouillée, les mains jointes, en costume contemporain de Marguerite d'Autriche, écoute la salutation qu'un Ange, vêtu d'une robe blanche et d'une chape, lui adresse, et dont le texte : *Ave gratia plena, Dominus tecum* est gravé en minuscules gothiques sur une banderole qu'il tient à la main ; signalons surtout l'arbre de Jessé ; du patriarche endormi s'élève un arbre sur les branches duquel s'étagent douze rois assis trois par trois. Le premier, David, tient une harpe ; les autres, un sceptre et une banderole où est gravé leur nom, précédé d'un R (rex). Au sommet de la pyramide, la Vierge, debout sur un croissant de lune, tient son fils, tandis que sur sa tête, deux anges sortant des nuages portent étendu le texte de la prophétie et qu'au dessus, le Père et le Fils, avec l'Esprit-Saint qui plane sous la forme d'une colombe, soutiennent une couronne.

Cette œuvre, nous dit M. Jules Gauthier, qui a minutieusement décrit ces débris du mobilier d'Acey et auquel nous empruntons ces détails, est « d'un caractère naïf mais d'un grand intérêt. » Il faut en dire autant d'un retable en pierre peinte, œuvre de l'abbé Laurent de Rancey, représen-

Reconnaissons cependant qu'il eut d'autres mérites que d'être le neveu de son oncle et que la Bulle de sa nomination fait un grand éloge de ses vertus

tant la Vierge couronnée par deux Anges, ayant sur le bras droit l'Enfant Jésus et entourée de sainte Catherine et saint Nicolas, sainte Barbe et saint Laurent, et d'une Vierge debout tenant la boule du monde que l'Enfant assis sur son bras droit essaie de lui dérober tandis que, sous son manteau relevé par deux abbés crossés,(saint Benoît et saint Bernard), elle abrite les hautes classes de la société Celles-ci sont figurées, d'un côté par un pape, un cardinal, un évêque et un abbé agenouillés, de l'autre côté par l'empereur, un chevalier, un grand seigneur et un magistrat, en costumes contemporains de Charles-Quint dont on reconnaît le portrait. Une inscription gravée sur le socle nous apprend le nom du cellerier d'Acey qui donna ce bas-relief à son monastère : *Hanc tabulam construxit frater Bernardus, b, (er) der cell erarius hui (us) domus.*

Signalons encore : dans l'Eglise de Vitreux une statue de la Vierge à l'Enfant, longtemps vénérée dans la chapelle de Vaudenay, aujourd'hui détruite ; dans l'église de Pagney, une cloche à l'effigie de Notre-Dame et des saints Georges, Michel et Sébastien, protecteurs contre la foudre, à l'inscription gothique : *Jesus autem transiens per medium illorum ibat.* Enfin les églises de Thervay et de Gendrey se partagent un bas relief où le Christ est représenté entre ses douze apôtres. — Toutes ces statuettes sont en pierre coloriée et, sans être des travaux de premier ordre, font honneur aux abbés qui les commandèrent. (Voir l'*Eglise et les monuments de l'Abbaye cistercienne d'Acey*, par M. Jules Gauthier. Bulletin de l'Académie, 1895).

CHAPITRE VII

Les abbés commendataires — De la commende : son origine et ses causes ; ses progrès et ses conséquences. — Louis de Rye, évêque de Genève, trente et unième abbé et premier commendataire (1545-1550). — Philibert de Rye, trente-deuxième abbé et second commendataire (1550-1559). — Claude de Bauffremont, évêque de Troyes, trente troisième abbé et troisième commendataire (1560-1593). — Institution d'un fermier général. — Philippe-François de Rye, trente-quatrième abbé et quatrième commendataire (1593-1637). — Invasion de l'abbaye par les soldats de Henri IV et réconciliation de l'Eglise en 1604. — Sac de l'abbaye par les Suédois en 1636. — Misère inexprimable du pays. — Peste. — Pierre-François-Ernest de Mercy, trente-cinquième abbé et cinquième commendataire (1637-1653). — Il réside à Acey. — Laurent Outhenin, trente sixième abbé et sixième commendataire (1653-1672). — Ses procès, ses luttes contre les religieux. — Décadence spirituelle.

Qu'est-ce qu'un abbé commendataire ?

C'est un légitime successeur de tous ces abbés qui, des profondeurs du Moyen-Age jusqu'à ce moment ont présidé aux destinées de la maison. C'est de plus un abbé qui n'est pas moine, qui ne porte pas le froc des moines, qui n'est pas astreint à leur vie pénitente. Etranger à la communauté, on ne le verra point, aux jours de grandes solennités, s'avancer dans la vaste église à la suite des moines, la mitre en tête, appuyé sur la crosse de bois, emblème de son autorité pastorale. L'image d'une crosse et d'une mitre dans son blason, seule, rappellera sa dignité abbatiale, vain signe d'une autorité plus vaine encore : un prieur claustral dirige en effet la communauté, dans la vie intime de laquelle l'abbé n'a pas le droit de s'immiscer. Evidemment c'est là une chose étrange. Puisque ce changement s'est fait dans notre abbaye à ce moment de son histoire, il est logique que nous nous arrêtions ici à le considérer. Essayons de rechercher ce qu'était la commende, quels en furent les causes et les progrès ; disons aussi quelles en furent les conséquences.

Donner une abbaye en commende était en confier l'administration temporelle à un ecclésiastique séculier. Le verbe latin *commendare*, origine du mot, en est la traduction exacte quant à la lettre et quant au sens. Ni le mot ni la chose ne sont du reste nouveaux dans l'Eglise. Déjà au sixième siècle, le pape Grégoire-le-Grand avait donné en commende une abbaye à un évêque. Et maintes fois, dans les siècles suivants, on renouvela ce qu'avait fait saint Grégoire, lorsque quelque abbaye se trouva exposée à de graves dangers, et, en même temps, dépourvue d'hommes éminents dont elle eût eu besoin pour défendre ses droits menacés ou réparer des brèches faites à son patrimoine. Rien n'était plus naturel. Un auteur du dix-septième siècle, dont l'antipathie pour les abbés commendataires est bien connue, Horstius, ne peut cependant s'empêcher de dire : « On ne voit pas sur quelles raisons on pourrait légitimement s'appuyer pour refuser de donner les abbayes aux évêques et de placer les religieux sous leur conduite. L'épiscopat est un état parfait, beaucoup plus excellent que l'état religieux. » (1) Souvenons-nous du

---

(1) Préface de l'édition de saint Bernard, faite par lui, T. I. p. 489. Horstius mourut en 1644.

reste que les premiers monastères furent placés sous la dépendance immédiate, au temporel et au spirituel, des évêques. Donner à ceux-ci les abbayes en commende, c'était donc revenir en quelque sorte aux traditions antiques et rendre à l'épiscopat une de ses plus anciennes prérogatives.

Y avait-il aux quinzième, seizième, dix-septième siècles quelque raison spéciale de faire revivre ces traditions et ces prérogatives? Personne ne saurait en douter. Ces abbayes célèbres qui ont compté autrefois des centaines de moines en comptent aujourd'hui dix ou douze et quelquefois moins. Et cependant elles possèdent toujours les mêmes et immenses domaines : les granges, les vastes bâtiments, les longs cloîtres, les hautes églises sont toujours là, ébréchés par l'injure du temps, souvent à moitié ruinés par les guerres ou par les attaques directes et à main armée des hérétiques. Pour administrer ces domaines et en percevoir les fruits, pour réparer ces ruines, il faut, chez ces quelques moines et surtout chez celui qui est à leur tête, une activité très grande, une intelligence et une habitude des affaires non communes. Que de fois on dut manquer de tels hommes et songer à des administrateurs pris en dehors de la communauté. En supposant même que les moines eussent toujours pu suffire à l'administration de leurs biens et à la conservation de leurs antiques monastères, il y avait là pour eux une source continuelle de soucis et de préoccupations d'ordre purement matériel, des occasions sans cesse renouvelées de voyages et de relations avec les séculiers. Que devenaient au milieu de ces relations, de ces voyages et de ces soucis, l'esprit de recueillement, de prière et de pénitence, qui est l'âme d'une communauté religieuse? Pour cette raison encore, combien il devait paraître naturel de choisir dans le siècle des hommes aptes à ces différentes œuvres, et de rendre les moines à leur vie silencieuse et à leur mission spéciale d'intercesseurs entre Dieu et les peuples!

Enfin il arriva souvent à cette époque que les moines — ce sont les expressions mêmes d'Horstius — se courbèrent vers la terre sous le poids de leurs biens, et perdirent le goût des choses de Dieu dans les excès de la table et de la fainéantise. L'autorité épiscopale ne devait-elle point paraître le moyen tout naturel de les ramener au genre de vie céleste qu'ils avaient mené jadis?

Telle était bien la multiple mission confiée aux abbés commendataires. La formule employée par la chancellerie romaine pour leurs bulles d'institution le prouve surabondamment. Tout en leur donnant les pouvoirs les plus larges sur le temporel des abbayes, le pape leur rappelle dans chaque bulle qu'ils ne sont que des administrateurs, et qu'ils doivent être des administrateurs intègres et consciencieux : « En vertu de notre autorité apostolique, disait-il, nous vous établissons commendataire de telle abbaye avec tous les droits et accessoires qui s'y rattachent, pour que vous disposiez des fruits, revenus et produits de la dite abbaye et les administriez votre vie durant comme purent et surent le faire les vrais abbés, etc. »

Les prévisions de l'Eglise, on le sait, furent trompées, et le remède fut pire que le mal.

L'expérience fait voir, disait déjà Innocent V, en 1393,

que dans les bénéfices en commende, le service divin et le soin des âmes sont négligés, l'hospitalité n'y est pas observée ; on laisse les bâtiments tomber en ruine et s'éteindre les droits temporels et spirituels des fondateurs. C'est pourquoi nous révoquons absolument toutes les commendes, etc.

En 1464, Paul II déplorait que, depuis le pontificat de Calixte III jusqu'à lui, plus de cinq cents monastères de France fussent tombés en commende, et il y avait lieu de craindre, d'après lui, que tous ces changements ne causassent un grand scandale dans l'Eglise. Et le cardinal de Pavie ajoutait que les commendes n'avaient pas été établies pour engraisser les ecclésiastiques, mais pour réformer les monastères, et faire en sorte que le service divin s'y célébrât plus exactement et avec plus de décence.

En 1473, plusieurs abbés cisterciens, entre autres, celui de Theuley pour la Bourgogne, furent députés à Rome par le Chapitre Général pour protester contre les commendes. Sixte III, justement ému du tableau qui lui fut dressé, lança l'excommunication contre les abbés commendataires coupables, et déclara de plus que tous les monastères cisterciens reviendraient à la disposition de l'Ordre à la mort de leurs abbés.

Horstius, avec la liberté accoutumée de son langage, donne des détails plus précis et plus navrants : « Les choses ont tourné autrement qu'on ne l'avait espéré, car les commendataires ne semblent avoir qu'une pensée en vue, éteindre la piété, qu'un but, charger les moines de tous les crimes imaginables, afin d'avoir l'ombre d'un droit, après les avoir expulsés de leurs biens, de s'approprier leurs revenus. D'ailleurs on trouvera bien peu de commendataires en comparaison desquels le pire des religieux ne soit un homme sans défaut, un saint. » — « Les abbayes une fois harponnées et prises, continue-t-il, ils les volent, les pillent, les dépouillent, les épuisent et les réduisent presque à rien, s'ils sont libres de suivre leurs penchants. Ils se mettent d'ailleurs fort peu en peine de ce que les malheureux moines font ou deviennent, s'ils s'acquittent bien ou mal de leurs obligations, s'ils sont fidèles à leurs vœux ou s'ils meurent de faim. Bien plus, ils chassent ou éloignent le plus de religieux qu'ils peuvent, afin qu'il leur reste davantage pour leurs criminels et honteux excès. »

L'exagération de ces paroles sera évidente, si l'on songe que tous les grands hommes du dix-septième siècle et beaucoup d'autres évêques et ecclésiastiques d'une vertu notoire, ont été abbés commendataires. Ceux-là au moins sont à l'abri du reproche de calomnies envers les moines ou d'attentat contre la piété, de même que les commendataires de nos jours. On ne peut le nier cependant; la plupart des abbés avaient sur leur mission des idées singulières que nous trouvons exposées dans un procès de commende plaidé en 1742 au Grand Conseil. L'avocat général avait dit : « le pape seul peut conférer les bénéfices réguliers en commende, et même en ce cas, il doit se conformer aux règles canoniques. Les principales sont que les bâtiments soient en ruine, du moins qu'il y ait des réparations considérables à faire ou qu'il y ait des biens aliénés dont il faille faire le recouvrement. Ce n'est que dans ces circonstances qu'il est permis de déroger à la règle *Regu-*

laria regularibus : les bénéfices réguliers aux réguliers. Aussi le pape n'accorde-t-il jamais d'indult pour conférer en commende que ces conditions n'y soient exprimées. »

Ces paroles sont un noble hommage rendu aux papes et à la fidélité qu'ils apportèrent à ne pas dévier du principe qui leur avait fait permettre les commendes.

Voici maintenant la pensée intime du monde, et hélas! trop souvent des abbés eux-mêmes. « Il n'y a aucune ordonnance, répondit crûment l'avocat de la partie adverse, qui oblige le pape à ne mettre en commende que les bénéfices où il est prouvé qu'il y a des réparations à faire ou des biens à recouvrer. Pour le penser, il faut ignorer le principe et l'objet de la commende qui sont la pauvreté du clergé et la richesse des moines; enfin le prétexte des réparations est de pur style et il est de l'intérêt de la nation que les commendes se multiplient (1). »

Cette pensée intime du monde fut devinée bien vite par le Saint-Siège qui, nous l'avons vu, essaya d'arrêter ce torrent dans lequel allait être submergé l'ordre monastique.

Rien n'y fit, et la grande arme de l'excommunication, si redoutée au Moyen-Age, demeura elle-même impuissante. Trop de gens profitaient de ces vols sacrilèges, et aussi, la tiédeur dans laquelle étaient tombés les moines, avait trop éloigné d'eux les sympathies populaires. Lorsque le protestantisme éclata, les monastères furent définitivement sacrifiés. Les rois, les princes, les nobles avaient été entraînés dans l'hérésie et la révolte

(1) Héricourt. Œuvres posthumes. Commende.

par l'appât des richesses de l'Eglise. Il fallait de toute nécessité leur enlever ce motif de défection. Les papes cessèrent donc leurs protestations et firent ainsi la part du feu : pour conserver la foi, ils abandonnèrent les biens.

La décadence de l'Ordre monastique fut donc une des causes de la commende, et la commende à son tour, comme un abîme qui appelle un autre abîme, accéléra et rendit plus profonde cette décadence. Quant aux abbés commendataires, les uns, nous l'avons dit, et plusieurs à Acey furent de ce nombre, usèrent pieusement et suivant les intentions de l'Eglise, des revenus monastiques. Un grand nombre au contraire ne virent dans une abbaye qu'une ferme à revenus et firent de ces revenus un usage profane, sinon criminel, qu'avaient été bien loin de prévoir les Bulles apostoliques. En somme, c'est pour notre abbaye une longue agonie qui commence.

Louis de Rye, évêque de Genève, fut le premier. Sa maison était bien connue à Acey. Nous l'avons vue arriver à Balançon vers 1300 et multiplier ses procès avec notre abbaye dans laquelle tous ses membres choisissaient cependant leur sépulture. Au commencement du seizième siècle, Simon, chevalier d'honneur au Parlement de Dole, épousa Antoinette de la Baume qui lui donna douze enfants. Joachim, l'aîné des fils, avait été élevé en qualité de ménin auprès de Charles-Quint, qui l'honora d'une amitié particulière, et combla de faveurs toute sa famille à cause de lui. Cette protection impériale put aider Louis et Philibert de Rye à obtenir successivement la triple dignité d'évêque de Genève, d'Abbé de Saint-Claude, et enfin d'Abbé d'Acey. Le désir de voir l'abbaye devenir un fief pour sa famille put aussi engager Joachim à demander, et Charles-Quint à accorder sa mise en commende.

Nous ferons remarquer que nos chartes ne contenant que les actes d'administration extérieure et temporelle, cet évènement si grave n'y semble apporter aucun changement. Une âpreté plus grande au gain sera, surtout à la fin, le caractère spécial de l'administration, et ne contribuera pas peu à faire monter contre l'Abbé et contre les moines les flots de la colère populaire.

Citons, sous Louis de Rye, une reprise de fief pour Bard, de Marguerite de Cluny, veuve d'Etienne de Fallerans, et, en 1547, un mandement de nouvelleté obtenu du Parlement de Dole contre les entreprises du sieur d'Aumont à Bresilley, avec quelques reconnaissances et amodiations signées d'un nom bien connu dans la province, Jacques de Cul, maître d'hôtel de l'archevêque. Louis de Rye mourut en 1550 : par son ordre, son cœur fut déposé à Acey dans le tombeau de ses ancêtres, tandis que son corps était inhumé dans l'église de Thervay.

Philibert, son frère, lui succéda dans toutes ses dignités. Nous avons encore trois comptes que lui présenta son receveur, le prêtre Tresse. Les revenus sont énumérés sous le nom de cens, rentes, tailles et prés appartenant à l'église d'Acey dans les villes et villages — nous copions textuellement — de Montagney, Pagney, Besançon, Pintre, Vitrey, Gendrey, Taxenne, Malans, Cour-Chapont, Champagney, Thervay, Bar, Romanges, Chancey, Ougney, Fontenelay, Athée, l'Abergement, Bresilley, Chaumercenne, Sermanges, Pesmes, Auxange, Vuriange, Dampierre-sur-le-Doubs, Frasne-les-Montmircy, Flammerans, Auxonne, Malanges, Offlanges, Saligney, Morogne, les granges du Colombier et de Montmorey, la Grange Ronde, Neuvelle, Vauchanges, Carrière, Brans, Rouflanges, Noiron, Dole, Salins et Gray. L'ensemble s'élevait à la somme relativement peu importante de trois mille francs. Lorsque la paix aura permis à l'agriculture de faire jaillir du sol les inépuisables richesses qu'il renferme, ces terres et cens constitueront au contraire une fortune considérable.

Philibert mourut en 1559. Charles-Quint était descendu dans la tombe avant lui. Ce double deuil fut un immense malheur pour la maison de Rye. A ce moment même, la ligue antireligieuse et antipatriotique des Gueux de Hollande étendait ses ramifications dans le Comté de Bourgogne, et en 1565, Marc de Rye, frère des évêques, et son fils, François, étaient comptés parmi ses rares adhérents (1). Du vivant de l'empereur protecteur et du frère évêque, probablement Marc et François eussent reculé devant cet acte d'apostasie.

Philibert fut remplacé par Claude de Bauffremont en 1560. La maison du nouvel Abbé était originaire de Lorraine et se perdait dans la nuit du Moyen-Age. Depuis le douzième siècle elle était établie à Scey-sur-Saône, où elle est encore, et jamais, depuis cette époque jusqu'à nos jours, il ne s'est écoulé un siècle où quelqu'un de ses membres n'ait occupé, au service de

(1) *Le Protestantisme dans le pays de Montbéliard*, par l'Abbé Tournier, page 271.

la patrie, les fonctions militaires les plus hautes, et n'ait fait preuve des talents les plus distingués.

Le grand-père de notre Abbé, Charles de Bauffremont, n'avait qu'un fils. Il le fit naturaliser Français pour le rendre apte à posséder des terres dans le royaume. Aussi, Claude, à l'âge de vingt-neuf ans, était déjà prieur de Fouvent et de Saint-Jaume, Abbé d'Acey, de Balerne et de Longuay, enfin trésorier de Saint-Martin de Tours. La même année, il fut pourvu de l'évêché de Troyes dont il ne prit possession qu'après deux ans. « Les auteurs de son temps, dit le *Supplément* de Moreri, parlent de lui avec éloge. » Cependant, quel qu'ait été son mérite, comment ne pas déplorer que tant de richesses ecclésiastiques aient été accumulées sur un seul homme encore au début de la vie. C'est Claude de Bauffremont qui construisit, à Scey-sur-Saône, le formidable château-fort dont le souvenir vit encore, et où il fut inhumé en 1593.

Signalons, sous sa prélature, le défrichement et la vente de cinquante journaux de forêts appartenant à l'Abbaye. C'est là une preuve de la prospérité que quatre-vingts années de paix avaient rendue au pays. La population était donc devenue bien dense et prospère, puisqu'elle pouvait non seulement cultiver les terres délaissées pendant les siècles précédents, mais encore défricher et mettre en culture les forêts? De même en 1592, à Vauchange, deux journaux de bois et de broussailles sont acensés sous la condition qu'ils seront mis en nature de vigne et rendront le quart des fruits. Ainsi tandis que l'Europe était en feu, la Franche-Comté vivait en paix, fidèle à Dieu et à ses maîtres, récompensée déjà de cette fidélité par cette graisse de la terre promise par Dieu et qu'il est toujours permis de demander.

Plusieurs procès s'élevèrent alors au sujet de la dîme du vin. Ils furent soutenus de part et d'autre avec un acharnement que nous expliquent, et la vieille réputation des vins du Jura, et surtout l'impopularité croissante de ces impôts si facilement acceptés autrefois. Ce furent sans doute ces procès qui déterminèrent l'Abbaye à prendre des fermiers généraux. Le premier fut Claude de Santans, dont l'acte le plus important est l'acensement, en 1593, pour son compte personnel et à raison de quinze francs par an, du domaine de Fontenelay, au milieu des forêts de Gésier et Montboillon. A cette même époque, Philibert de Portier, de Salins, léguait à à Acey cent francs pour des prières, et Vincent de Morlet, Abbé de Billon, y fondait une messe basse, sans nous dire les motifs qui lui firent préférer, pour cette fondation, une autre abbaye à la sienne.

Citons enfin les remontrances faites au sieur de Couillon, écuyer et juge châtelain en la justice d'Acey, par Jacques Mouret, notaire, contre les particuliers qui ne payaient pas leurs redevances à l'Abbaye (1593). Ce notaire était sans doute le mandataire des héritiers de Claude de Bauffremont, mort au commencement de cette même année. Au mois de septembre, le Parlement de Dôle délégua un commissaire pour faire d'autorité la visite de l'abbaye et de ses dépendances. Dans le procès-verbal que nous possédons encore, nous voyons que la communauté comptait onze religieux, soit six prêtres, trois profès et deux novices.

Philippe-François de Rye fut son successeur (1593-1637).

Le nouvel Abbé, arrière neveu de Louis de Philibert de Rye, était de plus le neveu de Ferdinand de Rye, archevêque de Besançon. La haute protection de l'oncle venant seconder les qualités rares et les aptitudes naturelles très grandes du neveu, sa carrière ecclésiastique fut brillante et rapide.

Dans sa jeunesse, il était appelé le prieur de Dampierre, parce que le prieuré de Dampierre-sur-Salon avait été son premier bénéfice. En 1599, déjà Abbé d'Acey, il était élu haut-doyen par le Chapitre de Besançon, et reçut, bientôt après, l'abbaye de Persine, au diocèse du Mans. Enfin il fut nommé coadjuteur de son oncle pour l'abbaye de Cherlieu, et, en 1626, fut sacré archevêque de Césarée et nommé coadjuteur pour l'archevêché de Besançon. Dans une de nos chartes de 1627, il est qualifié d'archevêque de Césarée, et de plus, de grand aumônier de la sérénissime infante. Le clergé du Comté l'avait en effet député à la Cour des archiducs, et ces princes l'avaient retenu auprès d'eux pour le faire d'abord chef de leur chapelle et ensuite leur grand-aumônier.

Ces fonctions si hautes ne l'empêchèrent cependant point de veiller sur son abbaye. Sur sa demande, en 1604, le 22 et le 23 mai, c'est-à-dire le samedi et le dimanche avant les Rogations, Guillaume Simonin, archevêque de Corinthe et suffragant de Besançon, « réconcilie avec le cimetière et les cloîtres, l'église polluée par les outrages des hérétiques et des hommes impies. De plus, à tous les fidèles qui aux jours susdits visiteront ou les neuf autels, ou l'un des neuf autels consacrés par lui en ces mêmes jours, il accorde pour chaque année, et suivant la forme de l'Eglise, quarante jours de véritable indulgence. » (1)

Quels étaient ces hérétiques et ces hommes impies dont nul souvenir n'est resté dans nos chartes? Ce furent sans aucun doute les soldats de Henri IV. Chacun sait qu'à plusieurs reprises des coureurs de ce prince vinrent ravager la Franche-Comté. Le nord de la province se souviendra longtemps de Tremblecourt qui, en quinze jours, y fit pour 400,000 écus de butin et y accumula des ruines pour une somme trois fois plus considérable ! Après la bataille de Fontaine-Française, en 1595, le roi vint en personne investir Pesmes. Le bourg et son château furent pris d'assaut, et les habitants, dit l'historien Mathieu, éprouvèrent tout ce que peut faire le vainqueur et tout ce que peut craindre le vaincu. C'est alors sans doute que l'abbaye fut saccagée une fois encore. Puisqu'elle ne fut réconciliée qu'en 1604, c'est que pendant neuf ans, elle demeura probablement privée de toute vie monastique et régulière.

Le fermier général et le procureur de l'Abbé veillaient heureusement avec plus de soin sur les intérêts matériels. Procès pour les dîmes de vin, de Pagney, de Vitreux, de Taxenne, pour le four banal de Courcuire, arpentement général du territoire de Labergement, tous les actes, en un mot, que nous avons trouvés à chaque page de cette histoire, se retrouvent encore. Nous allons les voir cependant cesser complètement dans la

(1) M. Dunand, XXX, 567. Bibl. Besançon.

désolation, sans exemple depuis les invasions barbares, qui va atteindre la vallée. D'après un règlement donné par François de Rye à son fermier Claude-Jean Guyot, Acey comptait huit profès, deux convers, un sacristain pour les aumônes, qui tous recevaient une pension de l'Abbé (1). A ce moment, meurt l'infante Isabelle, veuve d'Albert d'Autriche, et la Franche-Comté rentre sous la domination pure et simple de l'Espagne. Le roi Philippe IV lui donne pour gouverneur le Cardinal infant, son frère, chargé en même temps des Pays-Bas. La guerre éclate aussitôt, sans autre raison que le désir de Richelieu d'abattre la maison d'Autriche, et de réunir à la France la Franche-Comté, cette partie de la Gaule non encore rentrée dans l'unité nationale. Engagée avec succès en Flandre, elle est portée par le prince de Condé en Franche-Comté. Le 28 mai 1636, il prend Pesmes; le 29 mai, il investit Dôle, et ne pouvant l'emporter de vive force, il divise son armée en deux parties : à l'une, le soin des tranchées et des mines autour de la place; à l'autre, sous le commandement des marquis de la Meilleraye et de Villeroi, la dévastation du pays. Les châteaux de Ougney, Saint-Loup, Autrey, Chantonnay, Marnay, sont pris. Le château de Balançon lui-même, bien que récemment mis en état de défense par M. de Crécy, qui avait recueilli à cet effet des matériaux où il avait pu, notamment dans la tuilerie de l'Abbaye, l'est à son tour par La Meilleraye. Acey en même temps est envahi et un poste est laissé à demeure dans les cloîtres.

L'armée française, on le sait, était composée en

(1) Bibliothèque de Besançon, manuscrit 2093, page 166.

partie de protestants suédois à la solde du duc Bernard de Saxe-Veimar. Eux surtout furent chargés ou se chargèrent du pillage des églises et des monastères. Soldats de profession, c'est-à-dire à cette époque voleurs et pillards, et de plus étrangers et protestants, avec quel entrain ne devaient-ils pas accomplir cette œuvre antipatriotique et antifrançaise! On pouvait suivre en effet leurs traces à la lueur des incendies. A Acey, ils ne laissèrent debout que les murailles. Comme en 1478, les cloches furent détachées par eux et vinrent se briser sur le pavé de l'église. Le clocher, dont il n'est plus question depuis cette époque, fut sans doute abattu dans cette circonstance. On ne signale pourtant aucun meurtre. C'est une preuve indubitable que les religieux s'étaient enfuis à l'approche des bandits. Ceux-ci du reste ne furent pas seuls à prendre part à la curée. De tous les villages du voisinage accoururent ces hommes sinistres que l'on voit émerger aux seules époques troublées et révolutionnaires. Ces paysans aussi se jetèrent sur les granges et volèrent tout ce qu'ils y trouvèrent.

Dans la nuit du 14 au 15 août, Condé levait le siège de Dôle pour ne pas être forcé dans son camp. On crut voir dans cet évènement l'aurore de la délivrance : ce ne fut au contraire que le commencement des angoisses suprêmes. Condé resta en effet dans le pays, et comme l'armée franc-comtoise était soutenue par un corps de Lorrains et par vingt mille Allemands, il en résulta que quatre armées, toutes vivant de rapine et de pillage, campèrent simultanément parmi nous.

Il y eut alors quelque chose d'horrible !

Toute culture des terres et toute vie sociale disparurent, et l'on vit surgir la famine et la peste. Tellement intenses furent leurs ravages que, dans l'espace de quatre ou cinq années, la province perdit les deux tiers de ses habitants.

Nos chartes ont conservé le souvenir de cet inexprimable désordre.

A Bresilley, tant de mainmortables de l'abbaye sont morts sans héritiers que leurs héritages sont vendus en bloc en 1642. De plus, pendant douze ans, il ne se fait aucune transaction ou vente entre les mainmortables survivants : c'est l'arrêt complet de la vie sociale. On ne voit de même aucune transaction entre mainmortables à Bard jusqu'en 1651, à Neuvelle jusqu'en 1666, à Montagney jusqu'en 1659. A Chaumercenne, la liste des propriétés des mainmortables décédés remplit dix feuillets en 1655.

Le droit de four, si jalousement défendu par les Abbés suzerains, reste pendant plus de trente ans sans être réclamé.

Çà et là des étrangers viendront remplacer les morts, mais à une époque beaucoup plus tardive. C'est seulement en 1676 que la grange de Montmorey est amodiée pour vingt-neuf ans à Pierre Delphy, de Remilly en Savoie, et à Pierre Chourlin, de Montmirey. Il est expressément indiqué, dans le contrat, que cette grange est demeurée en friche depuis les guerres de 1636. Aussi, non seulement les censitaires y sont chargés de remettre lesdits fonds en état de culture, mais les bâtiments ayant été détruits, ils devront en reconstruire d'autres sur le même emplacement, et prendront à cet effet du bois dans les forêts de l'abbaye. Ils paieront, pour le fermage, cinquante mesures de froment et autant d'avoine avec trois chapons. Remarquons que, moins de cinquante ans après, la même grange était amodiée pour cent cinquante mesures de froment, cent vingt d'avoine, six chapons et douze poulets.

Quelques granges, comme celles de Montmorey, de Colombier et la Grange-Ronde, furent relevées. D'autres au contraire, trop éprouvées, comme celles de Neuvelle, disparurent de la surface du sol.

C'est au milieu de cette anarchie, en 1637, et à Bruxelles, que mourut François de Rye, huit mois après son oncle l'archevêque de Besançon. Il fut remplacé comme abbé commendataire par Pierre-François-Ernest de Mercy, déjà prévôt commendataire de Saint-Pierre de Lille.

Le nouvel Abbé était lorrain et d'une famille distinguée, qui avait fourni un lieutenant au duc de Lorraine guerroyant pour la Franche-Comté et l'Espagne. L'Abbaye d'Acey fut probablement la récompense de ces services militaires. Peut-être fallut-il cette circonstance exceptionnelle pour faire déroger à l'usage, suivi jusqu'alors pour notre abbaye, de ne la donner en commende qu'à un évêque. En tout cas, l'innovation ne fut pas heureuse. Le nouvel Abbé vint résider avec sa sœur à Acey, dans le quartier abbatial, en 1639, c'est-à-dire dès que les troupes étrangères eurent été en partie licenciées, et que la peste eut diminué ses ravages.

Pour des causes qui sont inconnues, il résigna son bénéfice en 1653, et tomba depuis, s'il faut en croire les Mémoires et Documents inédits pour servir à l'histoire de la Franche-Comté « en des causes fiscales pour des raisons honteuses à sa personne et à sa Maison illustre dans les Etats de Lorraine ». (1)

Les principaux actes administratifs passés sous sa prélature sont la vente des échutes ou biens des mainmortables décédés sans héritiers. Il y a lieu de signaler, en 1651, c'est-à-dire l'année même où il se retirait à Bruxelles pour ne plus revenir à Acey, le décret qui fit vendre les biens mainmortables de Messire Chevanney de Daniel, docteur en droit, citoyen de Besançon. Ces biens furent achetés par les Ursulines de Besançon, et furent la cause de contestations nombreuses entre ces Dames et notre abbaye.

Mentionnons aussi le traité fait en 1652 avec les habitants de Labergement. Tandis qu'en 1611 le cens dû par la communauté pour les cent soixante-quatorze journaux de terre qui appartenaient à l'Abbaye était fixé à cinq bichets de froment et autant d'avoine, dans le nouveau traité le cens fut porté à dix bichets par moitié froment et avoine, et d'autre part à cinq francs d'argent, quatre livres de cire et une poule par ménage. Le cens était ainsi augmenté de ces trois derniers impôts. Est-ce un signe qu'une prospérité relative était déjà rendue au pays, ou ne faut-il voir dans cette augmentation qu'une preuve de l'avidité de l'Abbé commendataire? Je ne saurais le dire.

Ernest de Mercy fut remplacé par Laurent Outhenin en 1653.

Le nouvel Abbé avait été curé de Bourbévelle et s'était fait attacher à la cour des archiducs à Bruxelles. Il y avait reçu successivement les titres de Chapelain de

(1) *Mémoires et documents inédits*, T. V. p. 406.

la Chapelle royale, chanoine de Besançon, et enfin d'Abbé d'Acey, titres qu'il conserva jusqu'à sa mort, survenue en 1672.

« Sa langue médisante était sans pareille, disent les Mémoires, et au temps que le Parlement était séant, sa seule petite abbaye qu'il laissait tomber en ruines, et les procès qu'il supporta à son occasion, occupaient extraordinairement les fiscaux, voire tout le corps et toujours à sa confusion. » (1)

D'après ce témoignage et d'autres encore, Laurent Outhenin s'efforçait de dépenser le moins possible pour réparer les bâtiments claustraux et nourrir les religieux. La chose alla si loin que le Parlement intervint et décréta l'application à Acey d'une mesure qui tendait à se généraliser : tous les revenus de l'Abbaye furent divisés en trois parts : deux parts furent attribuées à l'Abbé et la troisième aux religieux.

Pressurer les censitaires et mainmortables faisait également partie de son programme. Comme on peut le voir par les dates citées plus haut, ce fut lui qui fit recouvrer la plupart des échutes et renouveler presque tous les baux pour les terres laissées sans culture. Il eut là une occasion heureuse de témoigner sa prédilection pour les procureurs et il n'y manqua point.

Même de son vivant il fut puni par où il avait péché. Comme il refusait de satisfaire à ses obligations envers l'Abbaye, Dom Pierre de Cléron, Abbé de Cherlieu et vicaire général de l'Ordre, fit saisir les revenus de la barque de Bresilley qui dépendaient de la manse abbatiale.

(1) *Mémoires et Documents inédits*, T. V. p. 405.

Il est temps que nous revenions à la vie monastique pour laquelle ce premier siècle et demi du règne de la commende a été l'époque de la décadence la plus accentuée. Et n'est-ce déjà pas une chose lamentable que l'on puisse faire l'histoire d'une maison religieuse pendant plus de cent vingt ans sans parler des religieux? Amodiations de terres, perception des revenus, services religieux pour les bienfaiteurs, voilà toute la vie du monastère. Quant à la prière des moines, à leur pénitence, les deux seules choses qu'avaient exigées les laïques bienfaiteurs, qu'avaient promises les moines fondateurs, et qui formaient la base et le lien du contrat, souvent tacite, toujours absolu, survenu entre les uns et les autres, il n'en est plus question. Le monastère n'est plus qu'un cadavre que ne vivifie plus l'esprit. Il y avait cependant encore des religieux, au moins le plus ordinairement.

En 1656, Claude Vaussin, Abbé de Citeaux, sollicitait du Parlement de Dole l'autorisation de réunir à Besançon les abbés réguliers et prieurs claustraux du Comté, pour essayer le rétablissement des observances régulières et pour empêcher la dernière désolation dont la plupart de ses monastères étaient menacés. Sa requête fut exaucée. Cette assemblée commença par fixer le minimum des religieux que devait avoir chaque monastère : huit à Cherlieu, deux à Bithaine, trois à Acey, douze à Balerne.

Trois religieux sous ces cloîtres qui en avaient vu des centaines, dans cette basilique qui en contiendrait des milliers! L'assemblée les exigea : rien ne nous prouve qu'elle les obtint. Et encore sommes-nous tentés de dire qu'elle en obtint trop, quel qu'ait été d'ailleurs leur nombre, en entendant les reproches, les conseils, les injonctions qu'ils reçoivent.

En 1622, Dom Denys l'Argentier, Abbé de Clairvaux, signale à Acey le damnable vice de propriété et donne tout pouvoir au Prieur Dom Pierre Billet « pour déraciner ce vice, pour châtier et contraindre toute rébellion. » Celui-ci n'y réussit guère, car l'assemblée de 1656 adjure les religieux « de renoncer effectivement au vice de propriété et à cette communauté colorée où chacun a son pécule et vit de ses propres ressources. » Cette même assemblée nous signale d'autres désordres. Elle invite les abbés et prieurs « à vivre en communauté, somme les moines sortis des monastères d'y rentrer avant le mois écoulé, et décrète le rétablissement de l'office divin et du noviciat qu'elle fixe à Rosières. »

Un Abbé commendataire, que ses propres misères eussent dû rendre plus indulgent pour les misères des autres, Laurent Outhenin, vient apporter contre les religieux un témoignage semblable. Nous lisons, dans un mémoire adressé par lui au Parlement, qu'à son arrivée, « l'Abbaye était dans une désolation extrême et grande ruine tant des bâtiments que de l'église, que si, à présent il s'y trouvait quelque dégât, ou détérioration, elle ne lui pouvait pas être imputée par faute aucune ou négligence, et ainsi la conviendrait-il attribuer à la conduite trop connue des religieux qui ne se contentent pas de consumer un tiers des revenus sans faire service, mais vendent encore des bois, comme a fait nouvellement le Prieur Dom Jobert, des chênes du bois de Vaudenay. » A ces insinuations, on reconnaît cette langue médisante dont nous ont parlé les Mémoires.

Comme conclusion de ces attaques, Laurent Outhenin chercha à introduire à Acey des Cisterciens de la réforme des Feuillants. Dom Pierre de Cléron, Abbé de Cherlieu et Père immédiat, y mit opposition. Le Parlement fit alors visiter d'office le monastère. Dans le rapport, nous voyons « l'église inondée par la pluie qui tombait jusque sur le maître-autel, les vitres brisées, le cloître en ruines et quelques-uns de ses piliers renversés, les réfectoires sans plafonds, une partie des murs de clôture détruite, l'infirmerie rasée par ordre de l'Abbé Outhenin, les granges en ruines. » Cet universel désordre était la condamnation de l'Abbé. N'était-il pas aussi la condamnation des religieux, de leur indolence, de leur manque de zèle pour la maison de Dieu et pour leur propre sainteté? Eût-il fallu, pour employer une expression vulgaire, gratter la terre avec leurs ongles, ils n'auraient jamais dû laisser dans ce misérable état et leur église et leur cloître, ces deux sanctuaires de la vie monastique. En ne le faisant pas, ils ont prouvé que leur saint état leur était devenu une chose indifférente. Et si l'on réunit tous ces différents traits que nous venons de citer, n'est-on pas autorisé à dire que de tels moines il y en a toujours trop?

Terminons ici ce chapitre. Nous sommes arrivés en effet au dernier degré de la décadence et nous allons voir la réforme essayer de s'introduire à Acey en même temps qu'elle s'établit dans un grand nombre de monastères de France.

CHAPITRE VIII

Réforme d'Alexandre VII (1666). — La règle nouvelle de Citeaux. — François de Croy, trente-septième abbé d'Acey et septième commendataire (1672-1725). — Un compétiteur, Etienne Patouillet. — Conquête de la Franche-Comté et les Français à Acey (1674). — Incendie de l'abbaye (1683). — Philippe de Saint-André, trente-huitième abbé et huitième commendataire (1725-1765). — Reconstruction de l'abbaye. — Luxe de l'abbé. — Claude du Chaylard, trente-neuvième abbé et neuvième commendataire (1765-1779). — Reconstruction des cloîtres. — M. de Lezay-Marnesia, quarantième abbé et dixième commendataire. — Vie des religieux. — Mesures préparatoires à la suppression des Ordres religieux. — Décret de suppression (13 février 1790). — Vente de l'abbaye d'Acey et de ses biens (19 décembre 1790). — Démolition de l'autel (1792).

L'Ordre de Citeaux ne pouvait rester dans cet état de décadence. Il avait donné trop de saints à l'Eglise, s'était montré trop pieux envers la sainte Vierge, et s'était dès lors assuré trop de protecteurs dans le ciel, les leçons les plus hautes de sainteté resplendissaient trop vivement à chaque page de son histoire pour qu'une réaction ne se produisît pas et ne vînt pas lui rendre la vie.

Dès le seizième siècle, on vit en effet surgir différentes réformes partielles. La plus importante prit naissance à l'abbaye des Feuillants dans le Languedoc. Elle se détacha bientôt de l'Ordre pour former, en vertu d'une Bulle de Sixte V, de 1586, un ordre particulier.

C'est là, nous l'avons vu, que Laurent Outhenin, voulant expulser les moines avec qui il était en querelle, leur cherchait des remplaçants.

A la fin du seizième siècle, quelques religieux de la Charmoye et de Chatillon commencèrent une autre réforme, qui, sous le nom de Stricte Observance, s'étendit à un certain nombre d'abbayes, et notamment à celle de Clairvaux, sous l'impulsion de ce Denys l'Argentier dont nous avons signalé plus haut les austères instructions au prieur d'Acey. Les abbayes non réformées, et Acey, hélas! était du nombre, demeurèrent les plus nombreuses et formèrent ce qu'on appela dès lors la Commune Observance. Enfin, en 1663, l'Abbé de Rancé s'enfermait dans son abbaye de la Trappe avec le projet avoué de ramener la vie cistercienne à son austérité primitive au delà même de la Stricte Observance. Nous n'avons à exposer ici, ni la lutte entre les deux observances, ni le projet de réforme du cardinal de la Rochefoucauld, ni le long procès devant le Conseil du Roi, auquel tout finit par aboutir. Ces choses sont exposées au long dans l'Histoire de l'Abbé de Rancé et dans les Annales d'Aiguebelle.

Qu'il nous suffise de dire que le Pape Alexandre VII évoqua enfin à son tribunal cette grande affaire. D'après le Bref qu'il rendit le 19 avril 1666, les religieux de la Stricte Observance pouvaient en toute liberté suivre leurs règles; l'Abbé de Rancé était également laissé libre de suivre avec sa communauté l'attrait qui le poussait vers des austérités plus grandes et des sphères plus élevées. Tous les autres devaient au moins observer les règles suivantes, que nous donnons intégralement en les résumant, parce qu'elles ont été la règle d'Acey jusqu'à la Révolution. (1)

1° *Du silence.* — « Dans tous les lieux du monastère, on observera la louable coutume de garder le silence depuis Complies jusqu'au Chapitre du jour suivant ; et dans les lieux réguliers, savoir au cloître, à l'église, au dortoir et au chauffoir, on le gardera en tout temps, avec la faculté néanmoins de demander à voix basse les choses nécessaires, sans scrupule de conscience. »

2° *De l'office divin et des exercices spirituels.* — « Aux jours de fêtes solennelles, on se lèvera à deux heures après minuit, et les autres jours un peu plus tard, à l'heure que le Chapitre Général aura déterminée. Après les Matines de l'office de la Sainte-Vierge, et le soir, après Complies, ou à d'autres heures convenables, on fera une méditation, d'une demi-heure chaque fois. Tous les ans, les religieux vaqueront pendant dix jours aux exercices spirituels. »

3° *Du dortoir commun.* — « Les Abbés comme les moines coucheront au dortoir commun. Toutefois pour garder mieux les règles de la modestie et de la bienséance, et aussi, afin de pourvoir aux infirmités de chacun, on peut tolérer l'usage des cellules, pourvu que, conformément au décret de Clément VIII, le supérieur ait une clef qui puisse les ouvrir toutes, même la nuit. Les religieux dormiront vêtus et couverts d'un capuce blanc. La garniture des lits sera conforme à la règle, et l'ameublement, tel qu'il convient à l'état de pauvreté que les religieux ont embrassé ; il n'y aura rien de superflu, comme il n'y manquera rien du nécessaire. »

(1) *Annales d'Aiguebelle*, T. II, page 67.

4° *De la propriété*. — « Nul religieux ne peut retenir ou posséder quelque bien propre, soit en son nom, soit au nom de la Communauté, et défense est faite aux supérieurs de concéder à un religieux des biens immeubles ou de lui accorder une pension fixe de blé, de pain, de vin ou d'argent. Que toutes choses soient communes à tous. »

5° *De l'abstinence*. — « Les religieux de la Commune Observance pourront user de la permission de manger de la chair trois jours de la semaine, hors le temps de l'Avent, de la Septuagésime jusqu'à Pâques et les autres temps prohibés par l'Eglise. »

6° *Du jeûne*. — « Non seulement les jeûnes ecclésiastiques s'observeront, mais aussi les jeûnes prescrits par la Règle et les Constitutions, toutefois avec les tempéraments apportés par l'Eglise. Pour l'heure de la réfection, il faut avoir égard aux jeunes gens, aux vieillards et aux infirmes ; en outre, les supérieurs pourront dispenser quelquefois des jeûnes réguliers, en considération des personnes, des lieux, du climat, des saisons, et, à la collation, on pourra ajouter quelques fruits ou autres aliments de cette nature pour ceux qui jeûnent. »

7° *Du vêtement et de la chaussure des frères*. — « Les habits seront conformes à l'humilité religieuse, propres et décents, sans offrir rien qui rappelle les modes capricieuses des séculiers ni rien qui puisse offenser les regards. Le linge est formellement interdit ; les vêtements de dessous, comme les autres, doivent être de laine. »

Plusieurs ont blâmé Alexandre VII d'avoir trop adouci l'antique sévérité de l'Ordre. Qui pourra nier la profonde sagesse avec laquelle, tout en transigeant sur les points de pure perfection, tel que l'abstinence perpétuelle, il s'attachait inébranlablement à ce qui fait la base de tout ordre monastique, la vie commune et l'exclusion de toute propriété. Reconnaissons aussi que dans cette règle ainsi modifiée par lui, il y a encore tous les éléments d'une piété non commune et d'une haute perfection.

Posséder ces trois ou quatre choses qui font le bonheur humain, la jeunesse, la fortune, souvent la beauté ou la noblesse, et tout sacrifier pour s'enfermer derrière les hautes murailles d'un cloître, et derrière ces murailles, bien avant l'aube du jour, saluer Dieu par une prière qui, se prolongeant dans la journée, occupera cinq ou six heures entières ; pendant sept mois de l'année, manger trois fois de la viande par semaine ; pendant les cinq autres mois, se livrer au jeûne et à l'abstinence complète ; demander à voix basse les choses nécessaires au travail ou pour le commerce de la vie, et n'avoir de conversation véritable qu'avec Dieu et ses Anges, et enfin persévérer dans cette vie jusqu'à son dernier soupir, tout cela demandait une trempe d'âme peu commune, et composait une vie encore profondément édifiante et utile à l'Eglise.

C'est cette vie que l'Abbé de Citeaux mit un louable empressement à établir dans toutes les maisons de son Ordre ; dès lors c'est à elle que sont dus, et le bien qui s'est fait dans nos maisons jusqu'à la Révolution, et la considération dont elles ont été entourées. Les vocations néanmoins n'y affluèrent guère plus, malgré la magnifique efflorAison de vocations religieuses qui se produisit alors partout et spécialement dans notre diocèse. Sous le seul épiscopat de Ferdinand de Rye, on y fonda en effet quatre collèges et deux missions de Jésuites, trois collèges et une Maison de Prêtres de l'Oratoire, six couvents de Minimes, quatorze couvents et une maison de Capucins, deux de Carmes déchaussés, trois de Tiercelines, six d'Annonciades, deux de Visitandines et cinq d'Ursulines. Pendant ce temps, les abbayes restaient désertes. C'est que le peuple chrétien ne pouvait oublier sitôt les fautes qui s'y étaient commises ni croire à une transformation si rapide. La somme de deux mille quatre cents livres exigée à l'entrée pour les frais d'étude et de noviciat put également arrêter quelques vocations. Disons enfin que ce souvenir des fautes commises et surtout l'abominable campagne du Protestantisme contre les cloîtres avaient inspiré même aux esprits les plus élevés une aversion, disons plus, un mépris pour l'état monastique, dont nous nous rendons difficilement compte aujourd'hui. Ainsi lorsque l'évêque de Comminges, Mgr de Choiseul du Plessis Pralin donna à l'Abbé de Rancé le conseil d'entrer dans l'Ordre de Citeaux, celui-ci lui répondit textuellement : « Moi, me faire frocard ! » Il ajouta qu'il se sentait à la vérité un grand attrait pour la solitude, mais qu'il avait eu toute sa vie une aversion pour le froc et ne pourrait jamais se résoudre à se faire moine. (1)

Qui ne sait encore, que, dans le même temps, du haut de la chaire, Bossuet félicitait les Oratoriens de ne s'être pas enchaînés par des vœux monastiques ? (2)

Ces deux faits peignent une époque et nous nous

(1) *Vie de l'Abbé de Rancé*, par l'Abbé Dubois, T. I. p. 207.
(2) Oraison funèbre du P. Bourgoing, édition Vivès, T. I. p. 902.

demandons après cela, non pas pourquoi il y eut si peu de moines, mais au contraire comment il y en eut encore.

Il y en eut cependant. Malgré cette aversion du monde pour les cloîtres et les désordres vrais ou faux qu'il leur prêtait, des hommes entendant la voix de Dieu qui les appelait à son service, crurent et avec raison, que Dieu pouvait les appeler là. Tandis que tant d'autres se jetaient dans la vie active, ils comprirent qu'ils pouvaient également procurer sa gloire en embrassant une vie de recueillement et de prière, qu'ils pouvaient aussi fructueusement, par ces mêmes moyens, travailler au salut de leurs frères, qu'ils pouvaient enfin dans cette vie tout intérieure s'appliquer avec plus de soin à la mortification de leurs passions et à leur sanctification. La pénitence n'était pas extrême, mais elle leur paraissait suffisante pour leurs forces, elle surpassait d'autre part tout ce qui se faisait autour d'eux. En embrassant cette vie, ils obéissaient donc néanmoins à une haute pensée, et ils acquéraient tout droit à notre estime, comme ils ont eu, nous le verrons, celle de leurs contemporains.

Laurent Outhenin mourut au moment où se produisait cette réforme, et Charles II, roi d'Espagne lui donna pour successeur François de Croy, chanoine de Strasbourg, dont la nomination fut enregistrée et le serment prêté la même année (1672). Ses bulles n'étant point encore arrivées, les prieur et religieux s'opposèrent à sa prise de possession sans être touchés par le décret de nomination royale, attestant « le bon rapport fait de la personne, des sens, expérience, bonne vie et conversation du nouvel Abbé. »

L'histoire signale un Croy, seigneur de Chièvres et d'Arschot, qui avait été chargé de l'éducation de Charles-Quint et plus tard du gouvernement des Pays-Bas. Si l'Abbé d'Acey appartint à cette famille, la haute protection dont le couvrit Charles II et qui lui fit obtenir la commende de notre abbaye, n'a plus rien qui étonne.

C'est sous sa prélature que la seconde conquête de Louis XIV vint, en 1674, consommer la réunion définitive de la Franche-Comté à la France. La première conquête, opérée en quinze jours, n'a laissé aucune trace dans nos chartes. La seconde fut plus douloureuse.

Le 21 février 1674, Pesmes et Marnay étaient déjà pris par l'armée française (1), et Taruelle écrivait à Louvois en ces termes pour lui annoncer la prise des châteaux de Balançon et d'Ougney : « On a pris ceux qui étaient dedans à discrétion et envoyé le commandant et son lieutenant prisonniers et liés au château de Dijon. Le reste a été dépouillé et pillé nud par les soldats. » Si un tel traitement était infligé aux soldats, que ne durent point souffrir, je ne dirai pas les partisans des campagnes traités « en croquants et en bandits », mais simplement les habitants et les grands établissements religieux ? Et de fait, l'intendant à la direction des confiscations du comté vendit à Jean-Baptiste Varin de Besançon, pour une somme de six cents francs comtois, « tous les revenus d'Acey, échus ou à échoir, pour l'année 1674, sauf le tiers appartenant aux religieux. »

L'Abbé surtout était frappé par là ; on voulut le frap-

(1) *Deux époques militaires à Besançon et en Franche-Comté*, par Léon Ordinaire, T. I., p. 321.

per plus vivement encore. « Le coadjuteur du doyen de Saint-Michel de Salins, Etienne Patouillet, frère du jésuite de ce nom, avait été envoyé après la prise de Salins par le clergé de cette ville pour complimenter Louis XIV. Les courtisans applaudirent à sa harangue, et les princes de Condé et de Guise l'engagèrent à suivre la cour, comme il fit. Mais ayant expérimenté la faim devant Gray, il retourna à Salins, et fut depuis à Paris pour cueillir le fruit de ses flatteries de cour. » (1) Ce fut probablement alors qu'il fut nommé Abbé d'Acey dans le but d'évincer l'Abbé de Croy dont le serment récent à l'Espagne déplaisait à Paris. Cette nomination n'eut aucun effet. Peut-être les Bulles de celui-ci étaient arrivées et possession avait été prise par lui de son abbaye. Peut-être aussi l'Abbé de Croy rappela-t-il qu'un de ses ancêtres avait brillamment servi la France sous Charles VIII et Louis XII, et put-il, grâce à ce souvenir, conserver son bénéfice. Quoiqu'il en soit, Etienne Patouillet ne fut Abbé que de nom et ce titre ne servit qu'à orner sa tombe que l'on voit encore au Musée de Salins.

Des troupes furent laissées dans le pays pour assurer la domination française. Nous avons encore l'ordre de l'intendant Chauvelin, prescrivant à la Grange du Colombier de payer une livre de quinze jours en quinze jours pendant les cent cinquante jours de quartier d'hiver, et cet ordre se renouvela chaque année. Enfin, en 1687, une ordonnance de M. de la Fond, intendant de la province, fixa pour chaque grange et communauté la quotité du nouvel impôt qui devint permanent.

(1) *Mémoires et Documents inédits*, T. V. p. 228 et 477.

CHAPITRE HUITIÈME

La domination française, rendue définitive, ramena avec elle la prospérité matérielle dans le pays, mais lentement. (1) L'Abbaye ne se remit également pas vite des désastres que lui avait fait subir la dernière guerre, car dans un rapport fait au Parlement en 1689, on y signale « trois religieux, un maître-autel sans retable et sans tabernacle, celui-ci remplacé par une armoire de bois peu décente. » C'est alors qu'elle fut frappée d'un malheur épouvantable dont elle porte encore la trace vivante de nos jours.

Dans la nuit du 24 avril 1683, un incendie réduisit en cendres la plus grande partie des bâtiments, notamment les cloîtres, le chapitre, les dortoirs, et fit tomber, avec le clocher, six pans de la voûte principale de l'église.

C'est un véritable problème que M. de Croy ait pu, à partir de ce moment, percevoir les revenus de l'Abbaye et les employer à d'autres usages qu'à la restauration de cette immense ruine. En 1699, il fit reconstruire un dortoir divisé en sept chambres, et dans son testament, il légua encore dix mille francs pour réparer la maison de Besançon. Mais il n'eut pas, même au moment suprême de la mort, une pensée pour la vénérable église, dont les voûtes écroulées laissèrent, pendant plus de soixante-dix ans, la pluie et le soleil, le vent et la neige, désoler librement le lieu

---

(1) Etat des granges en 1688 :

Maisons	Feux	Hommes	Femmes	Enfants	Valets	Servantes
16	18	23	22	35	6	4
Chevaux	Bœufs	Vaches	Moutons	Porcs	Chèvres	
9	34	25	0	0	6	

(Dénombrement trouvé par M. Gauthier, aux Archives du Doubs.)

saint. C'était bien cependant le cas de faire le sacrifice, et du tiers lot des revenus dont la jouissance était laissée à l'Abbé sous la condition expresse de pourvoir aux réparations, et des forêts demeurées indivises avec les religieux. Ce sacrifice, hélas, ne fut pas fait.

Bien peu importants sont, auprès de ce grand désastre, les quelques actes purement administratifs qui ont lieu sous cette prélature.

Citons cependant le démembrement de l'église de Champvans-les-Gray et de celle d'Apremont.

Nous avons vu au treizième siècle les seigneurs d'Apremont donner à notre Abbaye l'église de leur village avec l'église de Champvans qui en dépendait. A la même époque, nous avons vu également les prêtres de cette dernière église abandonner à Acey tous leurs droits sur Champvans et ses dépendances. Dès lors, l'Abbé d'Acey eut le droit de présenter à l'archevêque de Besançon les prêtres qui devaient desservir ces églises et de réserver pour lui-même une partie de leurs revenus. Ces revenus furent souvent amodiés pour une somme fixe, notamment en 1285, 1355, 1432. En 1699, sur la demande des habitants de Champvans et des villages co-paroissiaux d'Esmoulins et le Tremblois, leur église fut déclarée indépendante de celle d'Apremont, et au vicaire perpétuel qui l'avait administrée succéda un curé. L'archevêque Antoine-Pierre de Grammont, par un seul et même acte que nous avons encore, prononça le démembrement, attesta que le prêtre présenté par l'Abbé d'Acey avait subi avec succès, au synode diocésain, les examens prescrits par le Concile de Trente, et

enfin nomma ce prêtre, Pierre Favrot, curé de Champvans. (1)

Quelques années plus tard, en 1734, l'église d'Apremont perdit encore, avec le hameau de la Loge, le village de Germigney qui voulut aussi avoir son curé.

L'église de Pointre perdit également l'église et le village de Montmirey-la-Ville, dont le curé fut astreint à donner, à chaque synode de Mai, à l'Abbé, trois francs pour droit de patronage.

Nous en sommes aux curés. Citons un traité passé entre le curé de Bresilley et Bard, Méran, et l'Abbé de Croy.

Louis XIV avait fixé le minimum de la vie d'un prêtre à trois cents livres par an : c'est ce qu'on appela la portion congrue.

Le curé soutint que tous ses revenus réunis, intentions de messe, oblations, fruits de ses terres, n'atteignaient pas cette somme. Il offrit de céder ces revenus à l'Abbé, à la condition que celui-ci lui paierait sa portion congrue de trois cents livres, ainsi que l'y obligeait son titre de décimateur de Bard. L'Abbé refusa et lui abandonna les dîmes pour parfaire ce qui manquait à cette portion.

A la même époque, 1699, les Carmes de Marnay se soumettent à payer à l'Abbaye la dîme de leur vigne de Mortelieu, sur la paroisse de Pagney : neuf pintes par queue.

---

(1) Archives de la Haute-Saône, H. 36.
Qu'il me soit permis de saluer, dans ce premier curé de Champvans, mon grand-oncle maternel. En écrivant cette histoire, j'ai été heureux d'acquitter une dette de reconnaissance de ma famille envers l'Abbaye.

Un autre traité avec les habitants de Labergement laisse subsister les anciens cens seigneuriaux, mais fixe la dîme de froment, seigle, orge et avoine, à deux gerbes par journal, et la dîme de vin ainsi que la dîme des menues graines telles que pois, fèves, millet, chanvre et généralement toutes les autres graines, à une mesure sur seize.

Citons enfin, comme souvenir du temps, une demande de Monitoire adressée en 1723, par l'Abbé, au Chapitre métropolitain, dans le but d'obtenir des renseignements sur l'échute de Pierre Menestrier, de Courcuire. Tous ceux qui, ayant vu ou entendu quelque chose, ne viendraient pas à révélation après le Monitoire, « devaient être tenus et déclarés pour maudits et excommuniés par l'Eglise. » Le vicaire général fit publier le Monitoire par les curés du voisinage, auxquels, ajouta-t-il, « un salaire suffisant serait versé pour cette publication ».

Sous l'influence de la paix, la terre devient féconde et prospère. Ainsi, un pré de la grange de Neuvelle, de vingt-neuf faux, s'amodie cent vingt-cinq francs en 1676, cent quatre-vingts en 1710, deux cents en 1717.

Malgré cette prospérité qui, il est vrai, s'étendait à tout le Comté, Acey était presque au dernier rang des abbayes pour la richesse.

En 1683, le Chapitre Général fit dresser un tableau des contributions que devait chaque maison pour les besoins de l'Ordre. Tandis que La Charité était taxée à onze livres, Theuley à dix, Bellevaux à cinq, Acey le fut seulement à quatre et la Grâce-Dieu à trois. Cependant en 1708 la contribution d'Acey était augmentée déjà d'une livre : cette contribution était à la charge de l'Abbé.

M. de Croy mourut en 1725. Son bénéfice fut donné à Philippe de Saint-André, probablement bien jeune encore, car nous voyons les revenus de la manse abbatiale amodiés, sauf ceux de la maison de Besançon, pour une somme de six mille cent livres par son père, maréchal des camps des armées du roi. Cet Abbé mourut à Besançon en 1765, dans le Petit-Acey de la rue Saint-Vincent. (1) Nous parlons immédiatement de sa mort pour en prendre occasion de citer son inventaire qui fut fait alors, et qui nous peint ce que fut sa vie : La vie d'un grand seigneur. (2)

La maison est richement meublée. Ce sont partout « des rideaux de serge de Caen bleue aux lits, de serge de Caen grise aux fenêtres, de laine, blanc et jonquille dans l'intérieur des portes d'entrée, des tapisseries, des fauteuils de bois sculpté, garnis d'étoffe de moire citron et violet ; ici un trumeau en deux glaces de trois pieds de largeur sur cinq pieds de hauteur avec un cadre doré et son tableau ; un lit à quatre colonnes assorti de quatre pentes de rideaux laine et fil, blanc et vert ; là, deux bergères de canne assorties de leurs carreaux, dossiers et coussins de plume, recouverts d'indienne fine ; plus loin, une petite table de bois de noyer à pieds de biche servant de cabaret et sur laquelle il y a treize tasses à café avec leurs soucoupes et un sucrier, le tout de porce-

---

(1) L'Almanach Royal évalue ainsi les revenus de l'Abbaye sous l'Abbé de Vercel : En 1754, quatre-vingts florins, six mille sept livres. Cette somme n'a point varié jusqu'à la Révolution.

D'après un manuscrit communiqué par M. le chanoine Suchet, les revenus de la manse, en 1759, furent amodiés pour la même somme de six mille cent livres.

(2) Inventaire à la bibliothèque de l'Abbaye d'Acey.

laine du Japon ; un tric-trac assorti de ses dames et cornets; un jeu de dames sur cuir de Russie. La bibliothèque renferme quatorze volumes in-folio, vingt-huit in-quarto, deux cents in-douze, soixante dix-huit brochures, (1) plus une lunette d'approche, des gravures, et un jeu d'échecs. Dans les chambres à coucher, et qui sont tapissées d'étoffes, on voit des pendules à répétition avec des consoles de cuivre doré, des tables de jeu garnies de drap vert, des tableaux à portraits, des miroirs à cadre sculpté et doré, des secrétaires en marqueterie.

Tous les lits que renferme la maison indiquent que ce grand seigneur reçoit de nombreux amis. La formidable batterie de cuisine et la vaisselle si fine de la salle à manger, le bon vin qui se trouve dans les caves, prouvent que cette hospitalité est confortable et généreuse. Trois muids de 1761, un de 1762 et deux de 1764 pouvaient rassurer et l'hôte et les convives contre les craintes excessives d'une mauvaise année. D'un autre côté, dans cette grande et superbe maison, il n'y a pas un seul crucifix : une petite estampe de la Vierge est l'unique signe de religion que l'on y découvre. Enfin, le mobilier de l'église est misérable. Un petit ciboire d'argent avec une petite pixide d'argent pour les onctions, trois calices d'argent dont l'un doré (le pied d'un calice se dévisse et sert de pied pour l'ostensoir), un encensoir d'argent avec sa navette, deux burettes d'argent avec leur plateau aux armes de M. de Croy, voilà tous les vases sacrés de la sacristie! Si saint Bernard fût

---

(1) Tous ces livres, propriété de l'acheteur de l'Abbaye en 1792, ont disparu.

revenu visiter son abbaye, il eût reconnu, au moins ici, la pauvreté des premiers cisterciens.

Les ornements sacerdotaux de la sacristie sont nombreux mais en pitoyable état : ici le saint Docteur n'eût point reconnu ses enfants.

Les bâtiments de l'Abbaye dont l'entretien était à la charge de l'Abbé tombent de délabrement. On n'y voit que des portes brisées, des planchers pourris, des toitures qui s'effondrent, des murailles qui s'écroulent ou qu'il faut recrépir et blanchir. Les murs de clôture en particulier sont presque partout en ruine. Les réparations sont évaluées à mille six cents francs, sans compter celles qui, plus urgentes, ont déjà été faites par les religieux. Les fermes elles-mêmes, cette source de revenus si considérables, ne sont guère en meilleur état. On en évalue les réparations à cent cinquante-cinq francs pour la ferme de la Tuilerie, à deux mille deux cent cinquante pour la ferme du Colombier, à quatre cent cinquante pour la ferme du Val Saint-Jean, à trois cent cinquante pour la ferme de Montmorey, et mille vingt-cinq pour le moulin, à mille deux cents francs pour les deux fermes de Vauchange. L'église de Vitreux, à la charge de l'Abbé, demande elle-même pour trois cent cinquante francs de réparations. On le sait, de nos jours, à cause de l'élévation du prix des matériaux et de la main d'œuvre, les mêmes réparations exigeraient des sommes trois ou quatre fois plus considérables. Aussi ces chiffres, cette pauvreté de l'église comme ce luxe de maison, sont-ils un réquisitoire écrasant contre l'Abbé.

Il n'est que juste de noter les observations du procureur chargé de soutenir les intérêts de la succession.

D'après lui, M. de Vercel, bien loin d'avoir négligé les fonds dépendant de son bénéfice, s'était employé avec zèle à les augmenter ainsi que leurs revenus, par le moyen des constructions et réparations qu'il avait fait exécuter. La maison de Besançon notamment rapportait mille cinq cents livres au lieu de neuf cents, mentionnées dans le bail précédent. Ce que nous venons de citer de l'inventaire fait justice de ce prétendu zèle. Quant à la maison de Besançon, si elle rapportait davantage, c'est que la province jouissait d'une paix profonde, et que Besançon notamment, devenu siège de l'Université et du Parlement, avait vu accroître sa population. Plus recherchés et d'un prix plus élevé étaient dès lors les hôtels.

Les religieux demandaient à la succession un pied d'argent pour le soleil du Saint-Sacrement, un saint ciboire en argent, celui dont ils se servent étant de mauvais argent, sans dorure et indécent ; une croix processionnelle d'argent, « M. de Vercel ayant vendu l'ancienne sans la remplacer autrement que par un ornement pour la messe », une lampe de cuivre pour le maître-autel, des chasubles, des nappes, du linge pour la sacristie, et notamment deux surplis pour le religieux curé qui administre les sacrements et fait les autres fonctions curiales. Ces demandes, quelque modestes qu'elles fussent, ne furent pas toutes agréées, le comte de Vercel, frère du défunt, estimant « qu'une grande partie de ces ornements était superflue, pris égard au petit nombre des religieux qui composaient la communauté. » Et cependant six religieux, probablement tous prêtres, habitaient encore à cette époque l'Abbaye. (1)

Tel était l'Abbé qui fixa sa résidence à Acey, tout en conservant un appartement dans le petit Acey en Besançon. Quelques actes d'administration que nous noterons plus tard, pour mémoire, signalèrent seuls les trente premières années de sa prélature. Arrivons immédiatement à l'évènement le plus important, la réparation de l'église à laquelle il a contribué, et qui doit compenser, en partie au moins, à nos yeux, le luxe de sa maison et son peu de zèle pour les choses de Dieu.

Le 16 octobre 1757, une transaction passée entre l'Abbé d'une part, le Prieur et les religieux d'autre part, porte, entre autres clauses, que ceux-ci se chargent des réparations de l'église, du clocher, de la sacristie, de la construction d'un chœur nouveau et de tout ce qui sera nécessaire pour mettre cette partie en état. Le moulin et l'écluse seront également réparés à leurs frais. Cet acte, avec les signatures de l'Abbé de Vercel, des religieux Courbe, Billardet, Dunod, Nelaton, Borlet, porte de plus les signatures de Maillard, Abbé de Vaux-la-Douce, Béjus, vicaire général, Mayeur, Abbé de Clairvaux, et François, Abbé de Citeaux.

Les religieux se mettent aussitôt à l'œuvre. Un arrêt

---

(1) Le mobilier de l'Abbé de Vercel, vendu par autorité du bailliage de Dole, rapporta dix-huit mille livres. Les détériorations du monastère et des granges furent estimées à dix mille livres ; les besoins de la sacristie, quatre mille livres. Notons cependant que pour ce dernier point, les prétentions des religieux furent jugées « exorbitantes ». Le successeur de l'Abbé de Vercel par un traité passé à Besançon avec les héritiers de celui-ci, se chargea de satisfaire tout le monde moyennant une somme de douze mille livres qui lui fut versée sur le prix de la vente du mobilier.

(Manuscrit communiqué par M. le chanoine Suchet.)

du Conseil, sollicité par eux et expédié sur parchemin le 28 février 1758, permet de procéder à la vente de cent soixante dix-huit arpents de bois ci-devant mis en réserve dans la forêt de Vaudenay, sous la condition expresse que le prix sera affecté aux réparations projetées. Il sera réservé trente arbres par arpent dans la partie des bois où il se rencontrera des arbres de 60 ans et au-dessous, et dix arbres seulement, là où il y a des arbres de 60 ans et au-dessus. Déjà en 1756 un architecte avait été invité à faire la visite des bâtiments encore debout. Son devis estimatif des réparations et reconstructions, signé Columbot, est un modèle de la barbarie et de l'ignorance de son siècle pour tout ce qui touchait à l'art gothique. Que l'on en juge par les extraits suivants :

« ARTICLE PREMIER. — L'on fera la démolition des couverts, charpentes de toute l'église et clocher. Les voûtes en pierre et en bois de la grande nef, ainsi que la croisée, seront mises bas avec toutes précautions nécessaires.

ART. 2. — Ladite église sera raccourcie de soixante et un pieds de longueur par son entrée et de douze pieds par le fond du chœur; les chapelles en dehors de la croisée seront détruites, les murs d'iceux seront démolis jusqu'au rez-de-chaussée, sauf les parties qui devront subsister pour l'appui des bâtiments claustraux.

ART. 3. — Les murs de chiffres de la grande nef et de la croisée seront abaissés d'environ dix pieds six pouces de hauteur pour que les naissances des grandes voûtes se commencent au niveau du cordon reignant sur les arcs doubleaux des bas-côtés, et pour cet effet, tous les anciens chapiteaux des piliers et pilastres seront reposés à l'endroit du dit cordon pour les dites naissances et le surplus du dit cordon ainsi que ceux au-dessous hors des dits piliers et pilastres.

Art. 4. — Tous les dits murs abaissés comme il est dit seront parfaitement rasés de niveau, les tailles des vitraux de la grande nef et de la croisée qui devront être en partie recouverts par les nouvelles voûtes seront démontées, leurs places ainsi que le vide desdits jours seront fermés de « maçonnerie par assise courante aux anciennes avec bonne liaison ».

Ainsi, emmuraillement de la fenêtre terminale de l'église, ce bijou de l'architecture du treizième siècle; destruction des voûtes et des arceaux qui s'épanouissent dans ces voûtes, puis reconstruction d'une voûte, bien moderne, et jurant le plus possible avec les chapiteaux gothiques descendus de leur trône et fixés au hasard contre la muraille; enfin destruction de ces chapelles qui, se prolongeant de chaque côté du sanctuaire donnent à l'église l'aspect d'une église à cinq nefs et attirent les regards par leur mystérieuse obscurité, aucune faute n'est oubliée dans ce devis qu'un Vandale du quatrième siècle n'eût pas désavoué.

Disons à l'honneur des religieux qu'il ne leur plut pas; en 1758 un nouveau fut donc présenté par l'architecte Albert, et adopté. La moitié de la voûte seulement y devait être abattue et tout le reste de l'église conservé. Un grand mur avec rosace devait être élevé pour servir de porche. Un autel de bois de chêne, doré par endroits, verni en marbre de la Chine en d'autres endroits, des stalles en bois de chêne, des vitraux neufs complétaient l'ensemble des travaux qui furent estimés dix-huit mille livres. On y ajouta six mille livres pour réparations à la maison abbatiale. Un arrêt du 14 novembre 1758 permit aux religieux de suivre définitivement ce devis. En 1759, les travaux furent adjugés au rabais pour quarante-cinq mille livres à Nicolas Broch de Dole. Pourquoi ne furent-ils pas commencés immédiatement? Nous l'ignorons, mais le traité entre Dom Moussard, procureur et cellerier, et l'entrepreneur, ne fut signé qu'en 1761. Bien plus, les prieur et religieux adressaient en 1763 une nouvelle supplique au Père immédiat de leur abbaye, l'Abbé de Clairvaux, où tout était remis en question. Après avoir exposé leur impossibilité absolue de pouvoir suffire aux travaux de réparation et de décoration de leur église, s'ils la conservaient en entier, ils demandaient à être autorisés de nouveau à en supprimer quatre-vingts pieds et à transformer les collatéraux en greniers et appartements de basse-cour « qu'ils ne pouvaient sans dépense considérable bâtir ailleurs ». L'Abbé de Clairvaux commit pour examiner ce projet Dom Pyot, prieur de Cherlieu. Celui-ci vint à Acey, constata entre autres choses que la désaffectation demandée n'atteindrait aucune chapelle des bienfaiteurs, et accorda toute autorisation.

Les travaux devaient être achevés en six ans. En effet nous avons encore le procès-verbal de réception dressé en 1769 par la Maîtrise des eaux et forêts de Dole. Il y est constaté, entre autres choses, que la partie des voûtes qui reste est très solide, qu'un grand mur avec ornement a été élevé suivant le devis ; au lieu de la grande fenêtre ou rosace, on a fait un simple œilde-bœuf à cause des pluies et neiges. En compensation, l'entrepreneur a construit « un cavot souterrain pour sépulture dans la croisée de la collatérale à droite en entrant ». L'autel, au lieu d'être en bois est en pierres polies de différentes couleurs; le tabernacle, en pierres polies, est enrichi de marbre. Dans le chœur, il y a quatorze stalles au lieu de douze et dans l'église vingt-huit vitraux en verre blanc au lieu de vingt qui avaient été convenus. L'ensemble des bâtiments reproduit exactement les dimensions de ceux qui y étaient auparavant. Comme il arrive ordinairement, les dépenses avaient dépassé le devis de huit mille trois cent quatre-vingt-cinq livres dix sols dont l'entrepreneur ne parvint pas sans peine à se faire payer.

C'est là tout ce qui fut fait pour l'église. Qui ne regretterait que les moines n'aient pas entrepris une reconstruction complète? Ils ont en effet par leur travail incomplet consacré la destruction définitive du porche et de six travées entières de la grande nef. Les murs et les piliers de ces six travées, exposés à la pluie et aux frimas, privés d'autre part du contrepoids salutaire des voûtes, se sont, par un phénomène bizarre, courbés, tordus du côté de cette nef même, et ont rendu chimérique tout espoir de revoir jamais l'église dans son intégrité, telle qu'elle était au douzième siècle.

Au point de vue du goût, qui ne regretterait aussi de voir remplacer le porche ancien avec sa statue de Renaud III, ses portes ogivales, ses austères ornements, par un simple mur orné d'un péristyle grec qui est une contradiction flagrante avec le style du monument tout entier.

Cependant, de bonne foi, personne ne saurait en vouloir aux moines de n'avoir point eu sur les églises gothiques des idées plus saines que celles de leur siècle. Et aussi, alors qu'ils voyaient depuis plusieurs siècles leur communauté si peu nombreuse, qui pourrait les blâmer d'avoir jugée suffisante pour les quelques moines qu'ils étaient une église qui pouvait encore en contenir des centaines?

Au nom de la religion et de l'archéologie, remercions-les plutôt d'avoir préservé cet antique monument, soit de la ruine complète que la seule action du temps eût rapidement achevée, soit de la mutilation barbare dont l'architecte Colombot avait déjà, nous l'avons vu, formé le projet.

M. de Vercel, en dehors de cette restauration, ne vit rien d'important dans son abbaye. Signalons cependant quelques faits intéressants à des titres divers.

François Oudillet prêtre, et Nicolas Jacquet, de Bresilley, étaient décédés mainmortables et sans parents communiers. L'Abbaye réclama leurs biens et intenta des procès à leurs familles. Pour l'échute de ce dernier il n'y eut pas moins de soixante-dix-huit pièces de procédure.

En 1762, tous les habitants de Labergement se reconnaissaient encore, eux et leurs héritages, mainmortables et justiciables de l'Abbaye. Ainsi vivaient toujours, défendus par la tradition et l'intérêt, ces droits surannés que condamnaient également à cette époque la raison et l'opinion publique.

Le droit antique de « fourg » n'était pas plus abandonné. En 1739, les revenus du four banal de Coucuire sont amodiés à raison de quarante-cinq mesures de blé.

Dans les amodiations de fonds de terres, qui sont innombrables, on retrouve la preuve de la prospérité du pays. Tandis qu'aux époques précédentes l'Abbaye se réservait le septième, le cinquième ou au plus le tiers des fruits, elle se réserve maintenant la moitié. En 1730, les trente journaux de terre, dix faux de pré avec maison, grange, jardin, qui composent la grange de Montmorey, sont amodiés cent cinquante mesures de froment, cent vingt mesures d'avoine, six chapons et douze poulets, ou quatre cents livres d'argent. En 1678, ces mêmes terres avaient été amodiées pour vingt-cinq mesures de froment et autant d'avoine, à condition, il est vrai, de remettre les terres en culture et de relever les maisons pour lesquelles on offrait le bois nécessaire.

Comme le curé de Bard cité plus haut, le curé de Sermange avait obtenu, en 1658, que l'Abbé lui abandonnât les dîmes du village pour parfaire sa portion congrue. Sous l'influence de la paix, ces dîmes prirent une telle importance que l'Abbé de Vercel voulut revenir sur ce marché. Un arrêt du bailliage de Dole le débouta de ses prétentions (1725).

Arrêtons-nous ici pour présenter son successeur Claude du Chaylard, aumônier de la Dauphine et vicaire général de Dijon.

Sous lui se continuèrent les travaux de reconstruction.

En 1777, des experts attestent devant le juge châtelain, Pierre-Louis-Thiébaud de Jallerange, que « la partie du cloître joignant l'église est en tout conforme à la partie opposée ». Cette fois les lieux réguliers étaient terminés, et terminés, hélas ! dans le style du dix-huitième siècle tels que nous les voyons aujourd'hui. Sérieux, imposants même, ils diffèrent trop des cloîtres du douzième siècle. Que sont ces grandes arcades, aux baies larges, aux piliers carrés, aux chapiteaux dépourvus de tout ornement, à côté des ogives, des baies étroites et élancées, des colonnes sveltes aux chapiteaux ornés de feuilles et de fleurs, à côté en un mot de tout ce qui composait les beaux cloîtres brûlés ou détruits ? Soyons certains cependant — le mépris du dix-huitième siècle pour l'art gothique est trop connu — que les moines n'eurent pas même une pensée de regret pour cette transformation. Et encore une fois qui pourrait leur en vouloir de ne pas s'être élevés au-dessus de leur siècle ?

M. du Chaylard fit inventorier toutes les chartes de l'Abbaye. Il en est résulté un recueil précieux et qui nous a été d'un grand secours pour la composition de cette histoire.

Disons aussi à sa louange que l'on ne voit point sous son administration de ces procès interminables pour des échutes ou des cens, procès dont les volumineux dossiers compilés par des moines ou pour des moines sont à eux seuls un scandale. La paix enrichissait assez, il est vrai, l'Abbé, pour le dispenser de chercher dans les procès une augmentation de richesses. En 1779, la manse conventuelle s'élevait à dix mille livres. Ce n'est pas à moins de vingt mille dès lors qu'il faut estimer la manse abbatiale. (1)

(1) D'après un état dressé par la maîtrise des Eaux et Forêts l'Abbaye possédait sept cent quinze arpents, cinquante-quatre perches et demie

M. du Chaylard n'en jouit que douze ans et fut remplacé par le dernier Abbé commendataire d'Acey, M. de Lezay-Marnézia, d'une famille noble du Jura (1779). (1)

Un traité passé en 1756 entre les religieux et l'Abbé avait modifié les obligations de celui-ci relativement aux réparations des bâtiments. M. de Lezay, appuyé sur ce traité, refusait toute réparation. Les religieux lui intentèrent un procès qu'ils gagnèrent et firent saisir son temporel. La bonne harmonie était bien loin, on le voit, de régner entre eux, et leurs relations n'étaient rien moins qu'amicales.

Aucun fait important n'ayant signalé sa prélature, revenons aux religieux.

Nous avons cité plus haut la règle de vie qui leur fut imposée par Alexandre VII. Ce que cette règle de vie produisit, un auteur du dix-septième siècle nous l'apprend dans un récit charmant qui nous rappelle les plus beaux temps de l'Ordre. (2)

de forêts. — En estimant vingt-deux pieds par perche, cela donnerait trois cent soixante-cinq hectares.

(1) D'après l'Abbé de Billy, cet Abbé se nommait Claude Gaspard de Lezay-Marnézia, comte de Lyon, Abbé de Justimont, et vicaire général d'Evreux. Il était fils de François Gabriel, marquis de Lezay, seigneur et baron de Marnézia, prévôt de Grandvaux, chevalier de Saint-Louis et de Saint-Georges. — T. 2. p. 367.

M. du Chaylard donna sa démission, sans doute en échange d'une autre abbaye dont on le trouve plus tard titulaire, de Beuchewille. M. de Marnézia lui intenta un procès au sujet d'une prétendue anticipation dans la coupe des forêts. — Notons qu'en cette même année 1779, les religieux demandèrent et obtinrent de la Maîtrise des Eaux et Forêts l'autorisation de couper le quart en réserve, soit cent trente-huit arpents quatre-vingt-huit perches de leurs forêts (cinquante-et-un hectares). La Maîtrise y mit cette condition : que le dixième du prix serait employé « au soulagement des pauvres communautés de filles religieuses ». Manuscrit de M le Chanoine Suchet.

(2) Cité dans les *Annales d'Aiguebelle*, T. II, p. 60.

Après un voyage à Clairvaux, cet auteur écrivait :
« Le jour n'avait pas encore envahi ma fenêtre que, secouant ma torpeur, je me rendis en hâte à l'église où je vis, non sans admiration, le chœur garni de religieux appliqués de toute leur âme à chanter Matines. L'office était commencé depuis deux heures après minuit, et à quatre heures, c'est-à-dire au moment où j'entrais à l'église, ils en avaient à peine achevé la moitié, tant ils s'efforcent par la gravité du chant, de mettre leurs pensées et leurs sentiments d'accord avec les divins cantiques, tant ils éprouvent de peine à s'arracher à ce saint exercice qu'ils commencent dès cette vie mortelle pour le continuer éternellement en la compagnie des pures intelligences occupées sans cesse à célébrer les louanges du Seigneur. » Puis l'auteur suit les religieux au cloître, à table et partout il trouve les mêmes sujets d'édification.

Il n'est pas téméraire de penser que telle fut la vie à Acey pendant une partie du dix-huitième siècle. La communauté était composée toujours de sept ou huit religieux, et dès lors était assez nombreuse pour suivre exactement la règle. Pour la faire pratiquer plus sûrement, l'Abbé de Citeaux avait fait de son abbaye comme le séminaire de l'Ordre, où les jeunes aspirants allaient se former à son esprit et à sa règle. Ainsi, pour Acey, s'y rendirent David Brunet, de Vauconcourt, en 1743, Joseph Martin, de Dampierre-sur-Salon, et deux autres novices en 1772, et, à la veille de la Révolution, en 1789, Joseph Faivre de Longrey, de Bourg.

Un acte passé en 1753 nous montre l'esprit qui régnait dans la maison.

Jean-Baptiste Maire, de Fuans, jardinier de profession, témoigne dans un acte notarié « qu'il aurait représenté aux sieurs prieur et religieux que, depuis dix ans qu'il demeure dans leur maison, il y a été occupé à travailler dudit métier de jardinier et à d'autres exercices auxquels on a jugé à propos de l'employer; pendant lequel temps il a reconnu et entretenu un vif désir de se retirer dans la religion pour se perfectionner dans la vertu et y vivre saintement en continuant ses occupations ordinaires. Se sentant donc une inclination particulière de passer le reste de ses jours dans la dite Abbaye en qualité de frère oblat ou donné, il s'oblige, non toutefois par vœux, de garder pauvreté, chasteté et obéissance. Non seulement il ne pourra rien avoir en propre, ni faire profit particulier d'aucune chose, mais il sera obligé de suivre les mêmes abstinences que les religieux et ne pourra sortir de l'enclos du monastère sans permission expresse. Ce qu'ayant été ouï, ajoute l'acte, par révérend François Brunet, prieur, Adrien Loye, procureur, Louis Billardet et Jean-François Foyot, religieux, ils le reçoivent, sans qu'il puisse être renvoyé et mis hors du monastère, pour aucune cause et sous aucun prétexte, sinon pour cause d'incontinence ou péché contre la chasteté, larcin ou vol, et désobéissance opiniâtre ». Cet acte fait l'éloge des moines. On ne peut en effet supposer qu'ils n'aient point pratiqué ce qu'ils exigeaient des autres.

Citons avec la même sincérité les taches que nous avons relevées en eux.

En 1756, procès-verbal est dressé contre Dom Loye prieur et Dom Foyot pour avoir chassé à Ougney, l'un dans les vignes, l'autre dans les blés en herbe. Le duc de Randon, seigneur de Balançon, somme à ce sujet « le prieur de demander sa translation dans une autre maison, en jurant qu'il le fera toujours partir ». Notons que les religieux furent profondément humiliés de ce procès et se plaignirent de ce que leur Abbé « ne leur avait pas épargné cet affront ». Cette honte prouve évidemment que ce fait était absolument insolite parmi eux.

En tout cas cette honte ne les corrigea point. En 1768, Jacques Guignard, cuisinier des religieux, et Jean-Baptiste Maire, jardinier, sont pris, le 16 février, faisant acte de chasse. Il ne s'agit que d'un cuisinier et d'un jardinier ; le scandale est mince. En 1767, c'est au contraire M. de Mairan, religieux, et M. Martin, procureur et cellérier, qui sont encore surpris par les gardes avec des fusils et des chiens. Il est juste de faire remarquer qu'entre les deux procès-verbaux faits aux religieux, onze ans se sont écoulés. Ajoutons d'un autre côté pour être sincère, que ces cas de chasse nous sont signalés à cause du temps et du lieu prohibés. Que de fois, on peut le dire sans jugement téméraire, les religieux chassèrent sur leurs terres sans que l'histoire en ait fait mention.

Ne blâmera-t-on pas encore la vie trop confortable et trop douce ? En 1780, en exécution de l'ordonnance de la chambre ecclésiastique du comté de Bourgogne, le prieur Dom Grillot déclare que la manse conventuelle s'élève à huit mille trois cent cinquante-trois francs dix sols de revenus. La communauté ne se compose que de six religieux, mais elle a à sa charge huit domestiques dont un cuisinier, un domestique du prieur, un valet d'écurie, un charretier, un choriste, un aide de cuisine, un infirmier, un jardinier et une servante de basse-cour. Les gages réunis se montent à huit cent cinquante francs. La manse conventuelle doit de plus entretenir six maisons de ferme ou granges, ce qui forme au total deux mille deux cent cinquante-deux francs par an. Par ce moyen, il reste à la manse conventuelle pour la nourriture de huit domestiques, l'hospitalité, les aumônes journalières, les frais de l'infirmerie et l'entretien de la maison, six mille cent cinq livres dix sols. Cette somme n'était sans doute que strictement suffisante, mais ces nombreux domestiques rappellent trop la vie bourgeoise.

Cette vie est également rappelée par l'ameublement. En 1767, Dom Corps, prieur, achète « une commode et un secrétaire, l'un et l'autre plaqués, des rideaux pour fenêtres en siamoise flambée en bleu ». L'envoi était accompagné d'une lettre adressée à « Dom Corps, prieur très méritant d'Acey ». Cette suscription peut prouver l'estime dont ce religieux était entouré et à laquelle je me ferais un reproche de vouloir rien enlever en signalant ce léger luxe qu'il regardait comme passé dans les mœurs. Ajoutons enfin que les religieux en 1778, déclarent avoir reçu du prieur deux cents livres pour quatre cents messes à célébrer pour le repos de l'âme de ce frère donné dont nous avons parlé plus haut, François Maire. Ceci peut indiquer que les religieux conservaient leurs honoraires de messe, contrairement à l'esprit de la règle, et que la propriété privée était rétablie parmi eux. A ces faits puisés dans les chartes de l'Abbaye, ajoutons-en un autre tiré du Chapitre de 1771. Dès ce moment, les communautés composées de moins de douze moines — et c'était le cas d'Acey — n'étaient plus astreintes qu'au chant de Tierce, de la messe et des vêpres. C'était là une diminution énorme de l'esprit de prière, qui emportait avec elle un autre mal; un lever bien moins matinal et une vie bien moins austère. D'après ces faits qui sont, je l'affirme, tout ce que j'ai trouvé sur cette époque, il est facile de se rendre compte de la vie intérieure de notre Abbaye.

Trois fois par jour, la prière publique réunissait les religieux à l'église. Les autres prières, prescrites à tout prêtre et à plus forte raison à tout religieux, se faisaient individuellement. Leurs abstinences de viande étaient nombreuses encore, mais tempérées, de même que les jeûnes, par la qualité des mets. On ne peut supposer en effet qu'avec un tel luxe de domestiques, ils pratiquassent des mortifications extrêmes. Tous avaient fait de sérieuses études théologiques à Citeaux : l'étude dut remplir encore une partie de leurs journées. L'aumône enfin était faite journellement à la porte et l'Abbaye était toujours une maison de charité. Des fautes individuelles graves ont-elles été commises quelquefois? Personne n'en saurait douter, car le collège apostolique a compté un traître. A plus forte raison de graves défaillances purent-elles se produire sous l'influence de cette vie trop confortable et trop douce. Néanmoins, à en croire, non ces légendes qui se sont formées à la veille de la Révolution et sous des inspirations que nous allons dire, mais les auteurs du temps, les monastères édifiaient plutôt qu'ils ne scandalisaient. D'Avrigny, qui est dur pour eux, jusqu'à les accuser dans leur vie intime au dix-septième siècle, leur rend ce témoignage en 1781 :

« On y mène aujourd'hui, généralement partout, une vie sinon parfaite, du moins chrétienne. » (1)

Voici un témoignage plus précieux et, à coup sûr, plus inattendu.

Frédéric II, roi de Prusse, écrivait à Voltaire le 24 mars 1767 : « J'ai remarqué, et d'autres comme moi, que les endroits où il y a le plus de couvents de moines sont ceux où le peuple est le plus aveuglément attaché à la superstition. Il n'est pas douteux que si l'on parvient à détruire ces asiles du fanatisme, le peuple ne devienne indifférent et tiède sur ces objets qui sont actuellement ceux de sa vénération. »

Voltaire lui répondait le 5 avril suivant :

« Votre idée d'attaquer par les moines la superstition christicole est d'un grand capitaine. Les moines une fois abolis, l'erreur est exposée au mépris universel. » (2)

Ainsi au témoignage des deux coryphées de l'impiété, les monastères, qu'on nous représente comme si dégénérés, étaient encore des foyers de piété et le rempart de la religion. Chacun sait quel écho fut donné aux paroles de Voltaire. En 1768, un arrêt du conseil du Roi reculait jusqu'à vingt-et-un ans la profession religieuse. On éloignait par là du cloître une foule de jeunes gens qui ne voulaient point attendre à cet âge pour choisir une carrière et on en introduisait dans le cloître d'autres, déjà enclins à des habitudes vicieuses, ou incapables de se plier aux exigences de la règle. Puis, sous le prétexte de réformer les abus qui s'étaient glissés dans les mo-

(1) Mémoires chronologiques. T. I. p. 155.
(2) Mémoires du Jacobinisme, par l'Abbé Barruel, T. I. p. 80.

nastères, il fut créé une Commission, dite des Réguliers, dont un apostat secret, Loménie de Brienne, archevêque de Toulouse, fut bientôt le maître absolu. On la vit, sous le prétexte d'assurer l'observation plus exacte de la règle, poursuivre la suppression de tous les couvents d'hommes ayant moins de vingt religieux dans les villes, de dix dans les campagnes. Il y en eut ainsi mille cinq cents de supprimés même avant la Révolution. Cela ne suffisait pas. Pour préparer l'opinion publique à la suppresion de l'Ordre monastique entier, on inondait le public de libelles diffamatoires où les mensonges les plus effrontés s'étalaient avec impudence, et de là, peu à peu, finissaient par déteindre sur tous les esprits. Que de légendes, nous venons d'y faire allusion, ont pris naissance à cette occasion, et aussi, sous ces inculpations dont ils se sentaient innocents, que de moines, honteux, ce sont les paroles mêmes de Voltaire, de porter une robe couverte d'opprobre, ont demandé leur sécularisation et sont rentrés dans le monde ! En même temps, on introduisait dans les cloîtres les nouveaux principes de liberté ; on excitait les jeunes religieux contre les anciens, et les fautes qui en résultaient étaient aussitôt retournées contre l'Ordre et savamment exploitées. N'est-ce pas suffisant pour nous expliquer comment la chute de l'Ordre monastique fut accueillie en France presque sans regret, et comment tant d'immondes légendes se sont attachées à la mémoire des anciens moines ?

Enfin arriva ce jour tant désiré par l'impiété.

Le 13 février 1790, un décret de l'Assemblée Constituante supprimait les Ordres monastiques et mettait leurs biens à la disposition de la nation.

Sous ce coup, tous s'affaissèrent et disparurent sans résistance.

On s'est plu à signaler les violences dont çà et là les moines ont été l'objet avant leur dispersion. Parmi nous, à Luxeuil, la populace courut aux chartes et fit un feu de joie des titres de propriété. A Cherlieu, elle fut cruelle. Les moines furent amenés sur la place de Montigny, les mains liées et la corde au cou. Ils s'y agenouillèrent sous les glaives suspendus, signèrent, dans cette terrible position, une renonciation générale à leurs droits, et virent également une partie de leurs archives devenir la proie des flammes.

A Acey, il n'y eut rien de semblable. Bien plus, le le 28 juin 1790, le procureur de l'Abbaye, Dom Pelhieux, osait se plaindre que les habitants de Bresilley eussent amodié à leur bénéfice exclusif un pré où l'Abbaye avait toujours eu la moitié des fruits. Le 5 novembre 1790, les moines étaient encore à Acey et refusaient, leurs biens étant à la disposition de la nation, de payer une note de vingt-deux livres quinze sols à Sébastien Tribouillet, secrétaire de la municipalité de Pesmes. (1)

Enfin, la révolution arriva jusqu'à eux (2). Le signal en fut donné par le conseil municipal de Pagney. « Plus l'Assemblée nationale, décidait-il gravement, a resserré par ses décrets les nœuds qui nous attachent à la religion, plus elle a cherché à lui maintenir dans le royaume sa majesté et le respect qui lui est dû, plus en même

(1) Archives de la Haute-Saône, H. 40.
(2) Que devinrent les religieux? Les chartes ne nous le disent point et cependant elles nous donnent les serments des prêtres jureurs du voisinage.

temps l'intention des législateurs qui la composent a été de rendre au culte son énergie et de donner aux temples où il se fait, la dignité imposante qu'ils doivent avoir, comme la maison de l'Etre tout puissant que nous y adorons. » Et quelle était la conclusion de ces phrases ampoulées et naïves, pour ne rien dire de plus ? C'était, personne ne l'eût deviné, une proposition de saisie-arrêt sur les biens de l'Abbaye, parce que les Abbés, décimateurs de Vitreux, avaient négligé, disaient les municipaux, les réparations de l'église. Malheureusement pour ceux-ci, leur zèle demeura sans effet. Si l'Etat volait, il voulait voler à son profit, et dès le 19 décembre 1790, les biens de l'Abbaye furent successivement mis en vente à Dole. Les bâtiments furent divisés en deux lots, on y joignit deux cent vingt-sept journaux de terres labourables, soixante dix-neuf soitures de pré à Acey et à Vitreux, et trois journaux de vignes aux mêmes lieux ; le tout fut vendu pour cent dix-neuf mille huit cents francs à M. Deslandes, de Dole, le 17 février et le 7 mars 1791. Puis furent vendus successivement : le 25 mars 1791, cinquante-quatre journaux de terre, quarante-trois journaux de vigne, vingt-et-un arpents de bois, avec maison pour vigneron, grange et écurie, le tout à Gendrey, pour vingt deux mille neuf cents francs, et le même jour un autre lot, à Gendrey et Taxenne, comprenant une maison et ses dépendances, quatre-vingt-douze journaux trois quarts de terre et douze soitures et demie de pré pour quatre mille six cents francs ; le vingt-cinq avril, soixante-deux journaux de terre et huit soitures de pré à Vitreux pour dix-huit mille francs et le même jour, un autre lot de cent soixante journaux de

CHAPITRE HUITIÈME 219

terres labourables, vingt-cinq soitures de pré et soixante-quinze arpents de bois avec maison de fermier, hébergeages, granges, dépendances et moulin à Labergement, Malange, pour trente-huit mille cent francs; le treize mai, trois lots, l'un de vingt-huit soitures de pré à Pagney pour vingt-huit mille francs, l'autre de neuf soitures de pré à Ougney pour cinq mille quatre cents francs, le troisième de dix-neuf soitures de pré à Ougney pour sept mille six cents francs.

Il n'est personne qui ne remarque le prix plus élevé de ces derniers lots. La cupidité s'éveillait et faisait disparaître la crainte que l'on avait eue jusqu'alors d'acheter du bien volé. Dans les ventes suivantes, ce sont de véritables enchères où tout est chaudement disputé.

Le 19 mai, on vend trois lots, tous à Thervay; l'un, de deux cent deux journaux et demi de terre, vingt-sept soitures deux tiers de pré et d'un bâtiment pour fermier, comprenant grange, écurie, jardin et verger, pour quatre-vingt-deux mille cinq cents francs; le second, de vingt-cinq journaux de vigne, pour quinze mille six cents francs; le troisième, de vingt-quatre journaux de terre, six soitures de pré, quatre journaux de vigne avec maison de fermier, verger et dépendances, pour quinze mille trois cents francs. Le 24 mai, on ne vend que quatre soitures de pré à Pagney pour trois mille vingt-cinq francs, mais le 17 juin, on se débarrasse de tout le reste du domaine de l'Abbaye : une maison conventuelle avec logement de pêcheur à Vitreux, la tuilerie, le moulin de Vitreux, le quartier abbatial, vingt-quatre journaux de terre, soixante-dix-huit soitures de pré, quatre-vingt-douze arpents de bois, sont adjugés, pour une somme totale de cent six mille sept cents francs, à M. Deslandes qui devient ainsi à lui seul possesseur de la moitié du domaine.

L'église avait été vendue avec l'Abbaye sans avoir été nommée, comme si l'on eût rougi de parler, dans une vente aux enchères, d'une église consacrée à Dieu. Tout porte à croire que, pendant longtemps encore, elle fut entourée d'un universel respect. Le 29 août 1792, un commissaire du département du Jura vint inventorier les titres et chartes. Ni l'Abbaye, ni dès lors l'église n'avaient donc été envahies jusque là par cette populace grouillante et hurlante, que l'on vit en maint endroit. Bien plus, en 1793, tout y était encore intact, puisque le département fit cadeau à cette époque du grand autel et des stalles à la paroisse de Vitreux. Le conseil municipal avait accepté l'autel, et avait chargé un certain Paris de sa démolition et du transport des matériaux. Tel était le prestige de l'Abbaye, et si peu vive était la foi à la Révolution que ce Paris mit des conditions à son concours, et voulut qu'un délégué du conseil visitât préalablement l'église et présidât aux opérations demandées. Sa requête fut octroyée, et lorsque tout fut terminé, le conseil lui alloua dix-sept livres. Jean-Claude Migard qui avait transporté les matériaux en reçut cent sept, et François Brun, le commissaire délégué du conseil, douze. Ces sommes furent prises sur un don fait à l'Eglise de Vitreux, mis en dépôt chez le curé. Elles furent versées par celui-ci en personne, de sorte que c'est un curé qui paya la démolition d'un autel et la dévastation d'une église. Ces choses ne se voient qu'en Révolution.

L'autel fut replacé dans l'église de Vitreux, après la Révolution, où on le voit encore. Les stalles, achetées pour l'église Saint-Maurice de Besançon, par M. Clerc, qui en était le curé, y sont toujours. Le curé de Sornay pour trente francs acheta toute une voiture de ces statues et bas-reliefs, que nous avons signalés dans cette église. A Pagney, Vitreux, et ailleurs, on fit des marchés du même genre, et aussi peu onéreux. Enfin l'église se trouva vide. Après cinq cent soixante-douze ans d'existence, l'Abbaye d'Acey avait vécu.

CHAPITRE IX

L'abbaye est vendue de nouveau. — M. l'Abbé Bardenet. — Le Pensionnat des Filles de Marie (1829-1853). — Le Prieuré Bénédictin (1854-1857). Une Première fondation cistercienne (1862-1863). — Histoire de l'Ordre depuis la Révolution. — Deuxième fondation (1869-1870). — Mgr Nogret, évêque de Saint-Claude, fondateur de l'Abbaye. — La guerre franco-allemande. — Retour des religieux à Acey (1872). — Dom Benoît, premier prieur (1872-1873). — Dom Benoît II, second prieur (1873-1888). — Bienfaiteurs de l'Abbaye, Mgr Marpot, M. et Mme Ménans de Montrambert. — Restauration partielle de l'église. — Les expulsions de 1880. — Dom Jean, troisième prieur (1888-1889). — Départ de Dom Jean pour Rome (1890). — Moulin et scierie. — Résumé de cette histoire.

Le dix-huitième siècle put croire qu'il avait donné à l'Ordre monastique le coup définitif de la mort. Il avait vendu à l'encan les abbayes et renversé les autels ; il avait dispersé et pourchassé les moines ; parmi ceux-ci, les uns, et c'étaient les plus heureux, avaient gravi les degrés de l'échafaud ; les autres, les plus à plaindre entre tous, avaient apostasié et traînaient dans une paix honteuse une existence déshonorée ; d'autres enfin, en plus grand nombre, avaient pris le chemin de l'exil, et éprouvaient combien il est dur, suivant la parole du Dante, de monter l'escalier d'un étranger. Tous avaient été couverts d'opprobres, et partout d'immondes légendes étaient venues grossir et dénaturer les taches dont l'ordre monastique n'avait pas su se préserver dans son oisive vieillesse. Enfin pour consommer l'œuvre néfaste de l'impiété, on s'en prit aux maisons elles-mêmes.

Dans notre province, les unes telles que Cherlieu, Clairefontaine, Theuley, furent intentionnellement et systématiquement détruites; d'autres furent transformées en magasins à fourrage et écuries, ce fut le sort de Saint-Paul et Faverney; les plus heureuses furent celles dont on ne s'occupa point. Acey fut de ce nombre, et encore ce bonheur était-il bien relatif. Si M. Deslandes eut le mérite, dont il faut lui tenir compte, de ne point abattre les murs pour en vendre les matériaux, comment oublier qu'il laissa briser les vitres, les mosaïques et jusqu'aux dalles armoriées des tombes? Bien plus, par la dégradation des toitures, une telle masse de débris s'accumulèrent sur l'église, qu'en 1886, au moment des réparations, il fallut renoncer à tout enlever dans une saison, et l'on n'essaya point d'en délivrer les retombées des voûtes où leur poids offrait moins de dangers.

Cependant ces murs restaient et c'était énorme, mais qui pouvait croire que ces ruines reprendraient vie, et qu'un avenir non moins glorieux, espérons-le, que le passé, allait se lever pour la vieille Abbaye? C'est ce miracle que nous allons voir se réaliser.

En 1829, M. Deslandes, partageant le sort commun à tous les acquéreurs de biens nationaux, était obligé de vendre tout ce qu'il possédait. Il y eut quatre acquéreurs. MM. Mairot et Dornier reprirent la forêt divisée en deux lots. M. Domet de Mont eut le moulin et la tuilerie avec sa ferme et les bois environnants. M. Boutchoux de Chavannes acheta l'Abbaye avec les terres et prés qui en dépendaient. Celle-ci n'eut pas le temps de se louer de son nouveau propriétaire, car il la revendit la même année, pour dix-huit mille francs à M. l'Abbé Bardenet. Donnons en passant un souvenir tout spécial à ce prêtre, à qui elle doit après Dieu, sa conservation matérielle et sa résurrection spirituelle.

M. Bardenet est né, à en 1763, à Chassey-les-Montbozon, au diocèse de Besançon, d'une famille honorable et aisée. Après de brillantes études aux collèges d'Arbois et de Besançon, et enfin au séminaire de cette dernière ville, il fut ordonné prêtre le 25 mars 1787, nommé vicaire de Traves, et, un an après, curé de la paroisse de Mesmay que son oncle venait de résigner en sa faveur. En 1792, il refusa de prêter le serment constitutionnel, et eut dès lors pour partage les épreuves communes à tous les prêtres fidèles, l'exil avec ses amertumes, les retours furtifs, les courses et aussi les terreurs nocturnes, les dénonciations et les fuites précipitées, les messes dans les granges et au fond des forêts. Après la Révolution, il revint dans sa paroisse de Mesmay, et, à cette époque de restauration matérielle et spirituelle, put donner libre carrière à ses prodigieux talents d'architecte et d'entrepreneur non moins qu'à son zèle apostolique. La construction à Mesmay d'un presbytère et d'une maison d'école ne furent pour lui qu'un jeu, par lequel il préluda à la grande œuvre de sa vie : la construction de la maison des Missionnaires diocésains à Ecole près de Besançon. Il s'y fit de nouveau architecte et entrepreneur et y dépensa cent cinquante mille francs de sa fortune personnelle. Enfin, après avoir acheté le château de Saint-

Remi où les Frères de Marie, appelés par lui, fondèrent une ferme-école et un important établissement d'enseignement secondaire, il acheta l'Abbaye d'Acey. Ici, comme partout, sa féconde initiative créa des merveilles. Bientôt un pensionnat de jeunes filles y fut fondé et confié à la direction des Filles de Marie, religieuses cloîtrées vouées à l'enseignement; la nef gauche de l'église avec un bras du transept et les deux chapelles qui s'ouvraient sur ce bras, fut séparée du reste de l'église et forma une grande et imposante chapelle, où la psalmodie monastique retentit de nouveau. Quelle joie dut éprouver ce saint prêtre à ce spectacle, et ne lui sembla-t-il point entendre les anciens moines tressaillir de joie dans leur tombe et les pierres elles-mêmes de ces vieilles murailles, si longtemps souillées par les blasphèmes de la Révolution, crier un hymne de reconnaissance et d'actions de grâces envers le Tout-Puissant.

Le pensionnat d'Acey s'était déjà acquis une réputation très grande et avait recruté des élèves jusqu'aux extrémités de la Haute-Saône et du Jura, lorsqu'en 1844, M. Bardenet mourut, laissant le souvenir d'une des vies sacerdotales les mieux remplies et les plus méritoires de notre siècle. Ses cendres reposent à Acey, avec celles de quelques aumôniers qui y ont exercé, avec lui ou après lui, le saint ministère, et sa tombe modeste y est toujours l'objet de la vénération universelle.

Il était mort depuis peu, lorsque l'éloignement des grands centres et la multiplication des maisons similaires d'éducation déterminèrent les religieuses à se transporter à Lons-le-Saunier, alors privé de pensionnats congréganistes. Encore une fois, Acey allait changer de maître.

A ce moment même, un jeune moine de Solesmes, Dom Dépillier, parcourait le Jura, son pays natal, pour y solliciter la charité des fidèles et du clergé en faveur de son monastère. Les sympathies étaient ardentes en Franche-Comté pour Dom Guéranger et la Congrégation des Bénédictins de France dont il était le restaurateur. Aussi le moine quêteur trouvait-il partout l'accueil le plus flatteur. Bien plus, dans une réunion de prêtres à laquelle il assistait, fut émise l'idée de fonder à Acey une nouvelle maison bénédictine à l'aide des souscriptions des diocèses de Saint-Claude et de Besançon. Cette idée trouva faveur à l'évêché de Saint-Claude et plut à Dom Guéranger qui promit une colonie de ses religieux, si les souscriptions couvraient le prix fixé par les Filles de Marie, trente deux mille cinq cents francs. Cette somme ayant été réunie, il envoya en effet cinq religieux de chœur et six frères convers. Puis, le 2 février 1854, il fit ériger la maison en prieuré et vint peu après la visiter lui-même. Après cinquante quatre ans d'interruption, les moines rentraient donc à Acey.

Hélas! ce ne fut qu'une éclaircie entre deux orages.

Il est parlé dans l'Evangile d'un démon qui, ayant été chassé de sa demeure, erre dans des lieux arides et sans eau, cherchant un repos qu'il n'y trouve point. Alors il revient dans la maison d'où il était sorti, mais il la trouve purifiée et embellie et en est repoussé avec horreur. Il va donc chercher sept autres esprits plus méchants que lui, force la porte, et les iniquités nouvelles qui se commettent dans cette maison sont pires que les premières.

C'est bien l'histoire de notre abbaye à cette époque. La Révolution avait ouvert nos portes aux démons, et pendant longtemps ceux-ci avaient triomphalement régné dans le lieu saint, où place semblait leur avoir été faite par Dieu. Puis, lorsqu'ils s'y attendaient le moins, ils avaient été chassés par un saint prêtre, par de pures et innocentes enfants, par de pieuses et austères religieuses. La fondation bénédictine semblait avoir rendu définitive leur exclusion, et notre abbaye était bien devenue cette maison purifiée et embellie dont parle l'Evangile. Nous allons assister maintenant à de nouveaux et plus éclatants triomphes du mal, signes de la rentrée d'esprits immondes plus nombreux et plus méchants.

La congrégation des Bénédictins de France n'est point légalement reconnue par la loi civile et ne peut posséder par elle-même. Le moine quêteur avait donc passé en son nom l'acte d'achat de la maison et la possédait légalement. En face de cette autorité, vint se dresser l'autorité monastique et régulière du Prieur nommé par Dom Guéranger, Dom Menou. Que se passa-t-il? Le public l'ignora, mais peu après les Bénédictins secouaient la poussière de leurs chaussures sur cette maison dont ils avaient espéré faire un nouveau Solesmes, centre de vie intellectuelle puissante, de hautes et savantes études, et laissaient le moine propriétaire seul dans l'immense édifice.

Il était seul, mais il était riche, entouré encore d'une considération qui pouvait lui aider à augmenter sa fortune. Il se livra en effet à d'heureuses spéculations sur les vins, et, en février 1860, acheta de M. Alfred Dornier deux cent seize hectares de la forêt de Vaudenay pour deux cent mille francs, qu'il s'engagea à payer par annuités de vingt-cinq mille francs avec les intérêts du reste. Cette fois, il avait signé sa ruine et les évènements vont se précipiter.

Ne pouvant satisfaire à ses engagements, il emprunte deux cent mille francs, payables par annuités de dix-sept mille quatre cent quarante francs quatre-vingts centimes avec les intérêts au six du cent, à M. Carion, directeur du Crédit des paroisses, à Paris. Aussi incapable de payer dix-sept mille quatre cent quarante-quatre francs que vingt-cinq mille, il songe à se faire aider par une communauté, et fait signer une demande de fondation trappistine par les personnes qui ont le plus largement contribué à la fondation bénédictine. Il va ensuite à Aiguebelle, et y passe un hiver, pendant lequel il compose un livre sur la Sainte-Enfance de Jésus-Christ et jette les fondements d'une association pieuse de ce nom. L'Abbé est séduit, accepte ses propositions, et envoie à Acey une partie du personnel de l'abbaye de Notre-Dame des Neiges sous la direction de Dom Polycarpe.

C'était en 1861 et dès 1863, la communauté nouvelle n'existait plus. L'annuité, de plus de dix-huit mille francs au total, était pour elle une charge trop lourde. De plus, l'Enregistrement avait relevé quelque chose d'irrégulier dans l'acte de vente et avait frappé les signataires d'une amende de onze mille cinq cents francs. Enfin et surtout, l'ex-bénédictin était toujours là, toujours propriétaire légal et imposant toujours son contact de plus en plus odieux. Pour dénouer cette situation, les religieux recoururent aux grands moyens, à la prière, au jeûne, au travail, qui, d'après l'Evangile, chassent les démons les plus rebelles. A leurs travaux et à leurs observances ordinaires, ils ajoutèrent le défrichement d'une partie de la forêt de Vaudenay. Hélas ! ils purent vaincre les créatures matérielles, faire produire le centuple à cette terre vierge, alléger leurs charges, mais ils ne purent vaincre les démons. L'heure n'était pas encore venue. Ce furent ceux-ci au contraire qui forcèrent les moines à sortir pour échapper à d'inextricables difficultés. Une fois de plus l'Abbaye était vide. Bien plus, tout paraissait fini et déjà un honorable propriétaire du voisinage se proposait de l'acheter pour la démolir et en vendre les matériaux, lorsque le 20 octobre 1869, par l'intermédiaire de M. Lebeau, curé de Dole, elle fut achetée par Mgr Nogret, évêque de Saint-Claude, au prix de trente mille francs. Cette fois, elle était sauvée et allait bientôt devenir de nouveau cistercienne et trappistine. Comme il s'agit ici d'une installation définitive, rattachons les temps anciens aux temps nouveaux en retraçant rapidement l'histoire de l'Ordre de Citeaux depuis sa suppression en 1790 jusqu'à cette époque.

Pendant la période révolutionnaire, la communauté de la Trappe loin de se dissoudre, s'abrita tout entière en Suisse, dans l'Abbaye de la Val-Sainte, et y attira même à elle un nombre prodigieux de postulants. De nombreuses colonies en sortirent bientôt pour aller implanter la vie cistercienne dans différentes contrées d'Europe et jusqu'en Amérique.

Dès 1801, une nouvelle colonie reprenait le chemin de la France. Le Premier Consul chargeait nos moines de donner l'hospitalité aux voyageurs sur le Mont-Cenis, le mont Genèvre et ailleurs encore. Sous la Restauration, l'Ordre put se répandre à peu près librement en France, et reconstituer un certain nombre de ses maisons, ordinairement en utilisant les anciens monastères, ou tout au moins les ruines qui en restaient. Comme toutes ces maisons descendaient de l'abbaye de la Trappe réformée par l'Abbé de Rancé, l'antique nom de Cisterciens fut généralement oublié dans le monde et remplacé par celui de Trappistes. Le Saint-Siège lui-même consacra cette appellation nouvelle dans un décret de 1834, où tout l'Ordre fut réuni en un seul institut sous le nom de Congrégation des moines cisterciens de Notre-Dame de la Trappe. Disons en passant qu'une scission s'y produisit bientôt, motivée par les préférences des uns pour les Constitutions de l'Abbé de Rancé suivies jusqu'à ce moment, par le désir des autres de revenir aux Constitutions primitives de Cîteaux. Par un décret du 25 février 1847, Pie IX termina le différend, en formant deux congrégations, appelées l'une, l'Ancienne, l'autre, la Nouvelle Réforme de Notre-Dame de la Trappe, toutes deux de l'Ordre de Cîteaux. Ainsi sauvegardant ce qu'il y a de plus important dans une maison religieuse, la charité, il laissait au temps le soin de ramener le bien plus secondaire de l'uniformité.

C'est à une abbaye de la Nouvelle Réforme, à Aiguebelle, dont nous avons déjà parlé, que Mgr Nogret vint proposer la fondation d'Acey. Sur les indications de l'Abbé Dom Gabriel, il adressa ensuite une demande à Dom Timothée, Abbé de la Grande Trappe et vicaire général de la Congrégation. Cette supplique fut présentée au Chapitre général, et agréée, au moins en ce sens qu'il n'y aurait à Acey, ni abbaye ni prieuré, mais une simple grange dépendante des Dombes et destinée surtout à recevoir les fiévreux de ce monastère.

Au mois d'octobre 1869, une colonie partit donc des Dombes, conduite par Dom Benoît, religieux de Notre-Dame des Neiges. Elle se composait de quelques religieux valides, destinés à porter le poids des travaux de la maison, et surtout de religieux malades, pour lesquels Acey devait être un sanatorium. Ni les offices du chœur, ni la vie régulière complète n'étaient praticables dans une telle communauté, et les plus insignes bienfaiteurs y comptaient moins que personne. D'autres bienfaiteurs, de générosité moindre, en furent au contraire surpris. Mgr Nogret, mesurant le cœur des autres à son grand cœur, avait pris plaisir à faire part aux religieux, avant leur arrivée, des dispositions bienveillantes de beaucoup à leur égard, et à escompter ce que cette bienveillance allait leur attirer en aumônes pour établir solidement leur maison. Chez plusieurs, sous le futile prétexte de l'organisation défectueuse de la maison, tout s'évanouit comme de la fumée, et dès le mois d'août de l'année 1870, un véritable cri de détresse était jeté vers l'évêque par le supérieur. Hélas ! plus encore que l'Abbaye, la France était dans l'angoisse à ce moment, et le désastre national amena promptement la ruine de la fondation nouvelle.

Bientôt en effet, les religieux valides et jeunes furent appelés sous les drapeaux comme mobiles ; les malades renvoyés aux Dombes. Dom Benoît et le frère cellérier restèrent à la maison, mais molestés, tantôt par les bandes indisciplinées des francs-tireurs, tantôt par les

Prussiens, et manquant de tout, ils laissèrent à la garde du fermier la maison, leur petit mobilier, leur modeste train de culture et partirent à leur tour. Le livre de comptes, arrêté le 27 novembre 1870, porte un excédent de recettes de cinq francs quinze centimes. C'est avec cette somme, et sous des vêtements séculiers d'emprunt, qu'après avoir été arrêtés à Meximieux comme suspects, et y avoir passé une nuit en prison, ils arrivèrent enfin aux Dombes.

Deux ans s'écoulent. Dom Augustin, Abbé des Dombes, était mort de la variole qu'il avait contractée en visitant les frères enrôlés dans les mobiles. Son successeur, Dom Benoît, obligé de suffire à de lourdes charges pécuniaires imposées par les événements, accueillit peu favorablement les premières ouvertures de Mgr Nogret relatives au retour des Trappistes. Alors intervint Dom Gabriel, Abbé d'Aiguebelle.

Il avait visité l'Abbaye, et il avait été charmé de sa situation, de sa magnifique église, de ses beaux et antiques souvenirs. Les difficultés pratiques d'une fondation étaient peu de chose à ses yeux à côté de ces grandes choses, surtout étant donné l'état des esprits à ce moment. Personne n'a oublié, ni ces pèlerinages incessants d'immenses multitudes, ni la souscription pour le rachat de la France, ni toutes les grandes entreprises industrielles, économiques, commencées alors. C'étaient là autant d'éloquentes manifestations de la prodigieuse vitalité de notre race et de sa foi dans son avenir. Qu'au milieu d'une telle effervescence, Dom Gabriel ait cru à une solution facile des difficultés que pouvait amener une fondation prématurée et besogneuse, qui pourrait en être surpris et qui aurait le courage de l'en blâmer ? Le Chapitre général, pressé, vaincu par lui, décida donc le retour des moines, et, cette fois, pour une fondation définitive et régulière.

Le 14 avril 1872, les religieux quittèrent les Dombes, accompagnés jusqu'à la porte du cloître par la communauté tout entière. Une croix de fondation ayant été remise à Dom Benoît en 1869, on n'en donna pas de nouvelle cette fois. Ils allaient du reste en trouver à Acey de plus grandes et de plus douloureuses.

Mgr Nogret voulut lui-même les installer. Un autel fut préparé dans la chapelle pendant la récitation de Tierce. La messe fut célébrée ensuite par le Prieur et suivie de la récitation de Sexte. Faut-il mentionner en passant que l'on n'avait pas même songé au dîner. C'était pratiquer trop à la lettre la parole de saint Bernard : les esprits seuls et non les corps entrent ici. Il fallut demander à l'auberge voisine la soupe à l'huile et le plat règlementaire de haricots. On y ajouta même une omelette en faveur des étrangers. Mgr Nogret présida les vêpres et donna la bénédiction avec le Saint-Ciboire, la communauté n'ayant point d'ostensoir, et manifesta aux religieux la joie dont débordait son âme. Combien lui paraissait léger le généreux sacrifice accompli par lui pour sauver l'Abbaye, cette fois que tout paraissait bien fini et Acey vraiment fondé. Croissez et multipliez, telle fut sa dernière parole, accompagnée de sa bénédiction. Nous allons voir dans quelle modeste mesure et au prix de quels sacrifices, ce vœu du saint prélat devait se réaliser.

L'année 1872 se passa à organiser le monastère et le

train de culture, et à faire produire hâtivement aux jardins les légumes nécessaires. La vie était dure, mais la paix et la régularité régnaient dans la communauté. Quelques novices se retirèrent alors. L'Abbé des Dombes à qui la fondation avait toujours paru inopportune, ne les remplaça point. Dom Gabriel, au contraire, avait fait d'Acey son œuvre et suivait de loin avec attention tout ce qui s'y passait. Ces divergences de vues eurent un dénouement en 1873. Les deux Abbés arrivèrent ensemble à Acey. Dom Gabriel annonça qu'il prenait la maison sous sa filiation immédiate, et conformément à la règle, invita les religieux venus des Dombes, à choisir entre Acey et leur ancienne Abbaye. La plupart préférèrent rester. Néanmoins, le 15 avril 1873, une colonie arriva d'Aiguebelle, conduite par un nouveau prieur qui portait encore le nom de Dom Benoît, et qui venait prendre la direction de la maison. Les religieux de chœur furent dès lors au nombre de douze et avec les douze frères convers formèrent une communauté déjà importante.

Mgr Nogret acheva alors son œuvre. Un jugement du tribunal de Dole du 15 mai 1872 avait déclaré la maison libre de toute charge, relativement à ses propriétaires antérieurs. Mgr Nogret la transmit aux religieux par acte notarié le 20 mai 1873, et acquit ainsi définitivement le titre de fondateur de l'Abbaye.

Nous avons vu au Moyen-Age les princes, les barons et jusqu'aux fils du peuple s'unir aux évêques pour doter les abbayes et les mettre à même de remplir leur mission chrétienne et sociale. Au dix-neuvième siècle, l'Abbaye d'Acey a trouvé aussi, pour la protéger, sinon des princes, au moins des riches de ce monde, plus grands propriétaires fonciers peut-être que la plupart des barons ou seigneurs du douzième siècle. Sur ce livre d'or des bienfaiteurs d'Acey qui porte à ses premières pages les noms de Renaud III, comte de Bourgogne, des barons d'Apremont, d'Etrabonne et de tant d'autres, des chanoines de Saint-Jean, des prêtres, des hommes du voisinage, il faut ajouter à la dernière page, après Mgr Nogret, les noms de M. et Mme Ménans, du château de Montrambert. Dès 1872, M. Ménans avait laissé aux religieux la jouissance des terres défrichées en 1863 dans la forêt de Vaudenay. Le 16 décembre 1873, il les en rendit propriétaires en y ajoutant sept hectares de bois, qui formaient, avec les terres défrichées, une coupe dans l'aménagement de la forêt. Et depuis vingt ans, Mme Ménans complète, par un secours annuel, la donation de son époux défunt, et empêche la communauté de succomber sous ses charges. Cependant celle-ci resta pauvre à l'excès. On la voit acheter chaque année quelques chaises et tables pour meubler les chambres, manquer, dans un hiver rigoureux, de couvertures pour se préserver du froid, subir, au point de vue de la nourriture, des privations que la règle avait été loin de prévoir. Le monde ignora ces souffrances, mais les anges en furent témoins, et les portèrent devant le trône de Dieu dans ces encensoirs d'or, d'où s'élèvent jusqu'à lui, comme un encens d'agréable odeur, les prières et les pénitences des saints.

Alors parut être arrivé le moment de lui enlever son caractère précaire de fondation et de la constituer en monastère régulier en faisant élire le prieur par les religieux. Après s'être quelque peu divisées comme pour attester la liberté du suffrage, toutes les voix finirent par se réunir sur Dom Benoît qui reçut ainsi de la communauté un témoignage bien flatteur et non équivoque de sa confiance. Après quatre-vingts ans d'interruption, la série des Prieurs réguliers avait recommencé.

A peine nommé, Dom Benoît tourna ses regards vers l'église, âme du monastère depuis son origine, et projeta de commencer par elle une restauration complète de l'Abbaye. Sur sa demande, M. Carrette, vicaire général de Saint-Claude, dont la compétence architecturale était universellement reconnue, vint la visiter, et demanda qu'on s'assurât le concours de M. Ducat, architecte à Besançon. Malheureusement, par suite de la pauvreté de la maison, celui-ci ne put que faire débarrasser les voûtes des innombrables débris qui les écrasaient, et l'on perdit en pourparlers et en projets trois ou quatre années précieuses. Enfin, en 1879, la reconstruction de l'abside fut jugée absolument nécessaire pour soutenir le mur terminal et la rosace. Une carrière de pierre se trouva sur les terres de l'Abbaye. Malgré un outillage insuffisant, à force de patience et d'énergie, les religieux parvinrent à en extraire eux-mêmes tous les blocs nécessaires à la reconstruction. Des ouvriers les taillèrent pendant l'été de 1880, et dès la fin de ce même été, l'abside était définitivement achevée sous la direction de M. Ducat.

Qui pourrait dire les rêves que faisaient déjà les religieux pour leur chère église. Hélas! leurs espérances allaient être déçues; nous sommes dans l'année des expulsions décrétées par le gouvernement de la République française contre les congrégations non autorisées.

L'expulsion a été pour les religieux d'Acey une épreuve douloureuse entre toutes, sur laquelle ils m'ont néanmoins formellement demandé de ne donner aucun détail. Hommes de prière et de silence, ils veulent, pour de multiples raisons, conserver pour eux le souvenir de ce qu'ils ont souffert, et n'en parler qu'à Dieu dans leurs prières.

Disons donc simplement que l'expulsion fut opérée en effet le 6 novembre, par M. Jabouille, préfet du Jura. Les sceaux de l'Etat furent apposés sur toutes les portes de l'église, et les trois religieux propriétaires furent seuls autorisés à rester, tandis que les frères convers eux-mêmes durent sortir, pour ne rentrer que dépouillés du costume monacal et à titre de simples travailleurs. C'en était trop pour une maison qui commençait pauvre et besoigneuse à l'excès. Aussi, tandis que les religieux expulsés se fixaient par le vœu de stabilité où ils étaient, ceux qui restaient auraient quitté sans peine une maison qui paraissait sans avenir. Les bienfaiteurs eux-mêmes, s'apercevant du malaise général qui régnait dans la communauté, craignaient que leurs sacrifices ne fussent en pure perte et paraissaient disposés à les cesser. D'un autre côté, Dom Benoît commençait à être atteint de la maladie qui devait plus tard amener son départ d'Acey. Tout annonçait la fin prochaine de la maison, lorsque le salut lui vint d'où lui était venue la vie, c'est-à-dire du siège épiscopal.

Mgr Marpot avait succédé à Mgr Nogret et avait

hérité de son affection pour notre Abbaye. Prévenu du danger, il voulut la sauver à tout prix, même en s'engageant personnellement et pécuniairement pour en alléger les charges et les dettes. Il écrivait le 1.er janvier 1886 : « Que je serai heureux, cher Père, marchant sur les traces de mon vénéré et généreux prédécesseur, de vous donner de grandes marques de ma reconnaissance pour le bien que votre monastère fait à mon diocèse. Et puis, je me trouve si bien près de vous ! Plus d'une fois, j'ai eu la pensée de vous demander un petit coin de votre cimetière pour y attendre la résurrection. Vous me l'accorderez, mais auparavant je veux vous le payer. Ainsi comptez sur mon dévouement et ne songez plus à nous quitter. »

L'Abbé d'Aiguebelle, Dom Marie, successeur de Dom Gabriel, bien que n'ayant pas fait, comme celui-ci, d'Acey son œuvre, donnait les mêmes encouragements dans la carte de visite de 1886 : « Acceptez sans exception, disait-il aux religieux, avec joie ou du moins avec un cœur résigné, les renoncements que réclament les circonstances actuelles de votre situation. Ce serait une illusion, sachez-le bien, de vouloir changer de monastère sous le prétexte de vivre dans un plus grand recueillement. Il vous est bien plus sûr et plus méritoire de faire abnégation de vous-même que de suivre votre inclination et votre attrait. Si la modicité des ressources du monastère vous fait une obligation plus stricte de pratiquer la pauvreté, ne vous en affligez point, mais bénissez-en le Seigneur. »

En 1887, il disait encore : « Priez avec ferveur, pour que le bon Dieu vous procure de bonnes vocations. Une des joies les plus douces pour une communauté fervente, c'est la fécondité. Notre Père saint Etienne vivait saintement à Citeaux. Cependant il était triste de voir que les novices ne se présentaient pas. Dieu le consola en lui envoyant saint Bernard et ses compagnons. » Malgré ces encouragements et pour sortir de difficultés inextricables, un Père suggéra l'idée de réunir le personnel d Acey à l'Abbaye de Bonnecombe qui se fondait alors. Mgr Marpot intervint de nouveau. Le 22 avril 1888, il écrivait : « La menace dont vous me parlez ne se réalisera pas. Trop de sacrifices ont sanctifié la terre d'Acey pour qu'elle redevienne laïque. La Sainte Vierge vous conservera dans votre chère solitude pour le bien spirituel de mon diocèse. Je ferai tout dans ce but. S'il faut aller à Aiguebelle, j'irai. »

Devant ces pieuses et énergiques paroles, l'Abbé d'Aiguebelle s'inclina : « Puisque Monseigneur et le diocèse s'intéressent tant à votre chère Abbaye, écrivait-il le 31 mai 1888, il paraît nécessaire de la conserver. Si vous en avez l'occasion, dites à Monseigneur combien je lui suis reconnaissant de l'intérêt et du dévouement qu'il vous porte et assurez-le que je ferai tout mon possible pour la conservation et l'accroissement de votre monastère. »

Cependant Dom Benoît avait été forcé par la maladie de résigner sa charge, s'était retiré à Aiguebelle, et avait été remplacé par Dom Jean, le prieur actuel, qui lui-même fut bientôt appelé à Rome par le Pape, afin de diriger l'Abbaye de Saint-Paul-Troisfontaines.

Cette fois, la suppression d'Acey fut plus imminente que jamais, et Mgr Marpot en manifesta plus vivement aussi son indignation. « Serait-il possible, écrivait-il le 30 décembre 1889, au Père cellérier, qu'on songeât encore à supprimer ma chère Abbaye. O mon Père, comptez sur mon concours le plus énergique. Je ferai tout ce que vous m'indiquerez. Vous voudrez donc bien m'écrire dès que vous saurez de quoi il s'agit. Au besoin, je me rendrai à Acey malgré la rigueur de la saison. Je suis convaincu que les ressources vous viendront. Je me ferai mendiant pour vous, mais restez. » Reconnaissons que cette indignation était légitime. Après tant de sacrifices accomplis par le diocèse et par les bienfaiteurs, spécialement par les évêques de Saint-Claude et les châtelains de Montrambert, il y eût eu, sinon de l'injustice, au moins de l'ingratitude, à supprimer le monastère, auquel évidemment tant de dons n'eussent pas été faits, si on lui eût prévu une existence aussi éphémère. Ces considérations que Mgr Marpot, plus que tout autre, avait droit de faire valoir, firent prendre aux supérieurs la décision enfin irrévocable de maintenir Acey : l'évêque avait remporté la victoire.

L'Abbé d'Aiguebelle, Dom Marie, nomma Dom Hermann, cellérier, Prieur provisoire et la communauté put reprendre, extérieurement et surtout intérieurement, sa vie calme et paisible.

D'après la carte de visite du 18 janvier 1890, elle comprenait deux profès de chœur, deux novices, trois oblats, onze profès convers, un novice, deux oblats, en tout vingt-deux personnes. Nous aimons à citer les sages conseils que donnait Dom Marie dans cette même visite : « Puisque le Seigneur daigne vous envoyer des postulants, nous recommandons d'apporter tous les soins à ne recevoir au noviciat que des personnes bien appelées. Qu'on veille attentivement à former les novices à la pratique exacte de l'obéissance et de toutes les observances monastiques. Ne les admettez à la profession que lorsqu'ils auront donné des garanties suffisantes de leur formation religieuse. Il vaut beaucoup mieux à tous les points de vue, pour l'avenir de notre monastère, ne pas vous multiplier que d'admettre des religieux qui ne garderaient pas notre sainte règle et troubleraient la paix du monastère. »

Ailleurs il disait de toute la communauté :

« Dans le scrutin secret auquel tous ont participé, vous nous avez paru contents de la paix qui règne dans votre monastère. Demandez à Dieu de vous la conserver, et travaillez à l'augmenter en vous montrant tous les jours plus soumis, plus dévoués et plus unis à votre révérend Père Prieur.

« Obéissez lui avec confiance, non seulement parce qu'il vous commande avec bonté et sagesse, mais surtout et avant tout, parce qu'il est pour vous le représentant de Notre-Seigneur Jésus-Christ.

« Aimez-vous les uns les autres dans la charité et dans la patience. Supportez chacun les imperfections et les défauts de vos frères, comme vous voulez qu'on supporte les vôtres avec indulgence.

« Souvenez-vous que la vertu se perfectionne dans l'infirmité : *Virtus in infirmitate perficitur*, c'est-à-dire que les infirmités, les faiblesses du prochain nous donnent l'occasion d'accroître notre vertu et notre mérite.

« Qu'il plaise au divin Auteur d'augmenter votre petit troupeau. Ne vous lassez pas de demander cette grâce ; ne vous découragez pas si le Seigneur se fait prier longtemps, il veut sans doute que vous ajoutiez la persévérance à la ferveur pour exaucer vos prières et combler vos légitimes et saints désirs.

« Déjà vous êtes plus nombreux au chœur que l'année dernière ; témoignez-en votre reconnaissance à Dieu en célébrant l'office divin avec plus de joie, plus d'ardeur, plus de force et de suavité, s'il est possible.

« Nous voyons avec une vive satisfaction que le dimanche vous chantez plusieurs offices. Puissiez-vous, grâce à la persévérance de tous, continuer ainsi.

« Il est convenu avec votre révérend Père, que, dans un temps prochain, tous les jours, les religieux assisteront au Chapitre pour entendre l'explication de la sainte règle.

« On évitera de célébrer les messes privées pendant la messe conventuelle, afin que l'assistance à cette messe soit plus nombreuse.

« Nous recommandons de ne pas prolonger et de ne pas multiplier les entretiens sur le lieu du travail. D'après nos us, si on a quelques mots à dire au président du travail, on doit le faire à l'écart et à voix basse. Le silence pendant l'exercice favorise beaucoup la contemplation et l'union avec Dieu. »

Puis viennent les intentions de prières indiquées sur chaque carte de visite : « Priez, nos très chers frères, pour l'Eglise si éprouvée et pour son chef, notre saint Père le Pape, pour la France, pour votre diocèse et pour Monseigneur votre Evêque, pour notre Congrégation et pour notre Révérendissime, pour votre Révérend Père, et pour nous enfin qui vous restons tout dévoué en Notre-Seigneur.

« Et sera la présente carte lue à tous les Quatre-Temps de l'année jusqu'à notre prochaine visite. »

Ce document nous montre bien l'état de la communauté. A l'extérieur, on a pu voir de l'agitation, du découragement, de l'angoisse par suite du changement de prieur, de la rareté des vocations, de la pauvreté excessive. Ce n'était qu'à la surface. A l'intérieur, la vie restait toute de prière, de silence, de pénitence, de ferveur. Ainsi est-elle demeurée jusqu'à la visite canonique de 1891, la dernière dont nous ayons le compte-rendu sous les yeux. Ainsi espérons-nous bien qu'elle restera toujours. Le 20 juin 1891, le Père Visiteur écrivait en effet : « Nous sommes heureux de vous exprimer notre satisfaction sur votre régularité et sur la manière édifiante avec laquelle vous récitez le saint office. Consolez-vous de votre petit nombre en resserrant entre vous, autant que possible, les liens de la charité. De plus en plus, vivez de l'esprit de famille, c'est-à-dire de l'esprit de sacrifice et de dévouement, dans la pratique exacte des devoirs de la vie commune. Elle est pour un monastère la source des joies les plus intimes, le principe de la force, et la semence des mérites les plus abondants. »

Ce témoignage autorisé nous dispense de tout autre éloge. Ajoutons qu'un heureux évènement, survenu dans la direction de l'Ordre, va donner à l'autorité plus de force pour réprimer les abus et empêcher le mal, puisque les abus et le mal, hélas! peuvent se glisser partout, plus de hardiesse pour promouvoir le bien et enflammer les âmes généreuses. En 1892, Léon XIII a réuni les trois Observances Trappistines, c'est-à-dire l'Ancienne et la Nouvelle Réforme et la Congrégation de Belgique. De ces trois tronçons, il a formé de nouveau et rendu à l'Eglise le grand Ordre de Citeaux, auquel préside un Abbé général, assisté d'un Chapitre général, comme cela s'était fait depuis le douzième siècle jusqu'à la Révolution. Ainsi l'Ordre, suivant la parole de l'Ecriture, a renouvelé sa jeunesse comme celle de l'aigle; il avait la ferveur de son commencement, il en a maintenant la puissante unité, et notre Abbaye, petite partie de ce grand corps, pourra se retrouver, elle aussi, telle qu'elle était au douzième siècle, alors que le Bienheureux Guy la faisait jaillir, sur les rives de l'Ognon, radieuse de pénitence et de charité.

En terminant cette histoire, je viens exprimer un double regret.

L'un a rapport à la situation matérielle de l'Abbaye. Le moulin construit à l'ombre de ses murs, dès ses premières années, vient, il est vrai, de lui être rattaché et a été augmenté d'une scierie, afin que la force motrice ne reste jamais inactive; d'autres industries telles que la fabrication de dragées pectorales et de beurre sont venues s'y adjoindre. Cependant, dans son extrême pauvreté, elle n'a pu encore restaurer dans son église, je ne dis point la partie désaffectée, probablement condamnée à jamais, mais le chœur et la partie du transept non comprise dans la chapelle actuelle. Le vent y passe librement encore à travers les fenêtres dépourvues de leurs vitres; on n'y voit plus ni croix ni autels; le pavé lui-même a été enlevé, et l'étranger qui visite ces lieux désolés, entendant à peine le bruit de ses pas sur le sol poudreux, répète involontairement la parole prophétique de Louis Veuillot décrivant les ruines d'une abbaye avant 1870 et l'incendie de Paris : « Si Dieu traite ainsi les maisons qui ont abrité les saints, que deviendront les Tuileries ? » Nous avions espéré, pour cette restauration, dans le zèle entreprenant d'un nouveau cellérier, Dom Edmond Obrecht, que Dieu nous avait envoyé, mais nous n'avons fait que l'entrevoir. Son court passage à Acey, entre un ministère fécond à New-York et la direction, qui lui a été confiée, de l'abbaye de Gethsémani dans le Kentucky, semble avoir été voulu par la Providence uniquement pour rendre possible l'impression, faite par ses soins, de cette histoire.

Le second regret a rapport à cette histoire elle-même. Une abbaye, disais-je en commençant, est destinée surtout à former des saints, et son histoire véritable serait l'histoire de la sainteté plus ou moins grande dans laquelle ont vécu les religieux qui s'y sont succédé. De fait, l'Abbé de Rancé a écrit plusieurs volumes de notices sur ceux de ses religieux dont les vertus lui ont paru le plus éclatantes, nous donnant par là une idée beaucoup plus juste du monastère qu'il n'eût pu le faire par tout autre récit.

J'ai le très grand regret de n'avoir pu réaliser cette pensée, au moins pour le temps qui a précédé la Révolution. Nos moines n'écrivaient point pour faire de l'histoire, mais pour administrer sagement leur maison. Accepter des aumônes, promettre des prières, garantir des droits, passer des baux, stipuler des compensations en échange des terres dont ils faisaient l'abandon, c'est là tout l'objet de leurs chartes. On n'y parle que très accidentellement du nombre des religieux, de leur vie intime et de leurs bonnes œuvres. Ainsi en s'enfermant dans le cloître, ceux-ci s'étaient littéralement ensevelis avec le Christ; le silence qui a passé sur leur vie s'est étendu encore sur eux après leur mort et leurs vertus ne nous seront connues qu'au grand jour des manifestations suprêmes. C'est beau au point de vue de l'humilité religieuse; il n'en est pas moins vrai que, par suite de cette lacune, l'histoire ancienne de l'Abbaye, c'est-à-dire depuis l'origine jusqu'à la Révolution, est forcément incomplète et le sera tojours.

Pour l'histoire contemporaine, cet obstacle n'existait point. Aussi, on l'a remarqué, c'est au point de vue religieux surtout que je l'ai envisagée. On aurait pu faire davantage encore, en écrivant des notices sur les religieux les plus édifiants, morts à Acey depuis que « le désert a refleuri » et que la vieille église a vu cesser sa désolation. Mais après avoir passé si rapidement en vue sept siècles, il n'eût pas convenu de s'arrêter trop longuement dans le même ouvrage à narrer la vie de quelques hommes. Mieux valait réserver ce sujet pour un autre travail. Qu'il me soit simplement permis aujourd'hui de signaler, parmi tous nos morts, ceux qui ont été les victimes les plus héroïques de la pénitence et de l'amour de Dieu. Je saluerai en particulier Frère Joseph, si connu des visiteurs d'Acey, à l'âme si ardente, à l'obéissance si exemplaire, moissonné au printemps de sa vie, mais d'une vie riche déjà en sacrifices, en combats et en glorieuses victoires. Je saluerai surtout Frère Amable, mort le 21 avril de cette année 1898, vieilli par trente années passées dans les luttes du cloître et dans les âpres sentiers de la vie parfaite. Pendant ces trente années, on le vit chaque jour passer des heures entières auprès du Tabernacle, à genoux sur le pavé froid et humide, insouciant des courants d'air qui se jouaient autour de lui, plongé dans un recueillement dont rien ne le tirait. Pendant trente ans aussi, par sa générosité à suivre la règle dans ce qu'elle avait de plus austère, sans que jamais, nous écrit son confesseur, on l'y ait vu manquer volontairement, il fit vraiment de sa vie une continuelle et inappréciable pénitence. Aussi à quelle hauteur de vertu n'atteignit-il pas ? D'un tempérament où bouillonnait la colère, il paraissait doux par nature, tant la grâce en lui avait dompté ses passions. Seul, son confesseur connaissait ses luttes intérieures, par les scrupules où le jetait la crainte de n'avoir pas assez vite réprimé un premier mouvement d'humeur ou d'impatience. Serviable à l'excès, ne pensant jamais mal de personne et n'en parlant en mal qu'en cas de nécessité absolue, lorsqu'il fallait demander un conseil ou une ligne de conduite et toujours en excusant ce cher prochain, d'une obéissance si scrupuleuse que ses supérieurs étaient obligés à beaucoup de précautions pour ne pas le troubler, il en était arrivé à ne jamais commettre de faute qui fût une matière certaine à l'absolution sacramentelle. Comme l'a dit saint Paul, vivant, il était vraiment mort à la nature ; sa vie était cachée avec le Christ en Dieu, et pour lui, vivre c'était le Christ.

Dans ses sept cent cinquante ans d'existence, que

de religieux aussi saints que le frère Joseph et le frère Amable, a comptés l'Abbaye, et en songeant à tous ces mystères de pénitence, de luttes pour la vertu, d'amour de Dieu, comme je suis bien autorisé à conclure :

Non, elles n'ont pas été trompées les espérances que les grands chrétiens du douzième siècle avaient fondées sur la nouvelle Abbaye d'Acey. Si au seizième, au dix-septième et au dix-huitième siècle, elle ne compta qu'un petit nombre de religieux, et si, parmi ceux-ci, plusieurs furent indignes de leur vocation sous l'empire de causes que nous avons énumérées et qu'il est inutile de rappeler, que d'autres, même dans ces siècles si désastreux pour les anciens Ordres, furent pieux et charitables, chastes et appliqués à leurs devoirs. Et au douzième, au treizième, au quatorzième, au quinzième siècle même, ainsi que de nos jours, que de centaines de religieux, appartenant à toutes les classes de la société, réunis par une même pensée de foi profonde et de désir de la perfection, livrèrent dans leur propre chair à l'esprit du mal de rudes combats, remportèrent de glorieuses victoires, et, portés sur les ailes de la pénitence, opérèrent dans leur cœur de mystérieuses ascensions vers Dieu. Et quelle gloire dès lors ils lui apportèrent, puisque, d'après saint François de Sales, une âme parfaite a plus de prix aux yeux de Dieu que mille âmes imparfaites !

Comment aussi estimer les aumônes matérielles répandues par l'Abbaye dans le sein des pauvres depuis son origine, les services rendus par elle aux travailleurs, et à ceux qu'elle a occupés, et à ceux qui ont imité ses méthodes de culture, et à ceux qui ont employé les produits de ses granges et de ses diverses industries? Comment estimer enfin les aumônes spirituelles qu'elle a faites, surtout dans ses beaux siècles? Dans ses murs, pendant plusieurs siècles, des multitudes d'hommes, obscurs et mystérieux semeurs, ont répandu devant Dieu leurs prières et leurs renoncements, leurs adorations et leurs pénitences; que de grâces n'ont-ils pas obtenues, que de péchés n'ont-ils pas expiés, et quel secours n'ont-ils pas apporté, et à l'Eglise, et spécialement aux âmes qui les environnaient ou qui se recommandaient à eux.

Le monde oublie et ces services et ces vertus pour ne voir que l'attiédissement et les fautes. A l'encontre du monde, les hommes d'intelligence et de cœur, sans nier ces fautes et cet attiédissement, n'oublieront pourtant pas que les vertus et les services les surpassèrent incomparablement en durée, en intensité, en éclat. Les chrétiens feront mieux encore : ils verront dans les moines passés et présents de puissants intercesseurs devant Dieu, ils se recommanderont à eux, et avec eux, ils demanderont pour notre chère Abbaye deux choses : à Dieu, des vocations, et aux pouvoirs publics la liberté.

PIÈCES JUSTIFICATIVES

Je tiens à indiquer la provenance des pièces justificatives qui vont suivre ; ce sera dire en même temps où j'ai puisé les éléments de cette histoire.

Les religieux actuels d'Acey possèdent et m'ont communiqué quatre sortes de documents :

L'inventaire et le résumé sommaire de toutes les chartes de l'Abbaye, fait au siècle dernier par les soins de Claude du Chaylard, Abbé commendataire.

La copie d'un manuscrit de l'Abbé de Rothelin, déposé à la Bibliothèque Nationale et contenant cinquante chartes du premier et du second siècle.

La copie de cent cinquante chartes transcrites par Dom Charles, religieux bénédictin.

Le manuscrit, original ou remontant à l'époque de la visite faite par ordre du Parlement en 1765, à la mort de l'Abbé commendataire, Philippe de Saint-André.

Un nombre de beaucoup plus considérable de chartes n'ont pas été transcrites et se trouvent en partie à Vesoul, en très grande partie à Lons-le-Saunier.

S'il était nécessaire de voir toutes ces chartes pour composer cette histoire, il serait absolument superflu de les reproduire. Toutes les donations se ressemblent, tous les baux sont conçus dans les mêmes termes. Je n'ai donc eu qu'à reproduire un exemple de l'un et l'autre de ces genres d'actes. J'y ai joint quelques passages de chartes relatifs à des évènements plus importants.

PIÈCES JUSTIFICATIVES 251

N° 1. (1128). — Anséric, archevêque de Besançon, consacre la basilique des ermites du Val-Saint-Jean.

A. dei gratia bisuntine ecclesie archipresul universis gradibus catholice fidei notum sit † tiane religioni Quod milites et domini terviacences... Constantino presbitero et fratri ejus Roberto carnales affectiones et affinitates pro deo deserentibus insuper et vestigia † ti admonentis : Venite ad me qui laboratis et onerati estis et ego vos requiescere faciam imitari studentibus locum istum ubi domino operante in sancti Johannis-Baptiste et aliorum sanctorum honore basilicam V Kalendis decembris consecravimus... ipsis et eorum consociis et etiam successoribus in perpetuum ex integro dederunt usualia quoque tum ipsis tum suis animalibus necessaria... tam in silvis campis quam in pascuis atque pratis et molendinis.

N° 2. — Thierry, prêtre d'Acey, donne ses terres et son église à Anséric, qui sur sa prière, les offre à Guy, Abbé de Cherlieu, pour y fonder une abbaye.

Notum sit omnibus quod Theodericus clericus concessit Deo et sancte Marie Acey quidquid habebat in Aceyo et reddidit postmodum ecclesiam ejusdem loci et quidquid habebat ibidem in manu Anserici archiepiscopi Bisuntini et eo laudante et rogante dedit archiepiscopus ecclesiam abbati Cariloci ad construendam abbatiam.

N° 3. (1138). — Renaud, comte de Bourgogne et ses feudataires de la vallée fondent et dotent l'Abbaye. Les moines de Saint-Oyant se désistent de leurs droits moyennant une rente de cinq sous dont le prince veut bien grever ses vignes de Montagney et d'Arbois.

Raynaldus comes Burgundie et omnes qui aliquid ab eo tenebant apud Accinctum, videlicet... dederunt Deo et sancte Marie ad abbatiam secundum ordinem et consuetudinem cisterciensium statuendam quidquid ibi habebant in agris pratis silvis piscationibus et ceteris usibus ad eumdem locum pertinentibus. Que quia ad abbatiam sancti Eugendi jurensis pertinuisse dicebantur... comes Raynaldus statuit eis quinque solidos annuatim censualiter persolvendos.

N° 4. — Dans les très nombreuses donations de la même époque, je relève les suivantes qui présentent un intérêt particulier.

« Les hommes libres d'Ougney donnent en aumône leurs alleux à l'Abbaye, les reprennent pour se mettre sous sa garde, entre les mains de Guy, Abbé de Cherlieu. »

Propterea liberi homines predicte (ville de Oneyo) Huo, stephanus de Cray Wido du Cray Meugno Wichardus Humbertus Odilo Bordel Alux Henricus Falco Humbertus Brafort Stephanus de Valnoyse Paganus li pelez postremo ceteri liberi preter milites communi consilio et consensu dederunt eidem domui in elecmosina omnia alodia sua et hoc super altare beati Petri et rursus de domo predicta retinuerunt ea et in custodia ejusdem seipsos et sua constituerunt et hec omnia facta sunt in manu domini abbatis Widonis de Caroloco a prima constitutione supradicte domus.

N° 5. — Renaud, comte de Bourgogne, donne à Philippe, Abbé d'Acey, ce qu'il avait acheté, à Thervay, de Narduin d'Auxange, afin d'obtenir le pardon de ses péchés.

Ego Raynaldus comes Burgundie delictorum meorum veniam misericorditer implorans Philippo abbati de Aceys ceteris que ejusdem loci fratribus terram illam... laudo et concedo ut... eorum precibus divina bonitas mihi subveniat.

Renaud donne encore tout ce qu'il possède à Colombier, c'est-à-dire un manse et sans doute le serf qui l'exploite. D'autres seigneurs donnent également des manses exploités par des serfs dont on cite les noms.

Raynaldus comes Burgundie dedit Deo et sancte Marie Acey quiquid habebat apud Columbarium scilicet mansum Berigni Narduinus de Aspero monte dedit quicquid habebat ibidem scilicet mansum Godefridi laudantibus filiis suis.

Petrus Albus similiter dedit quicquid habedat ibidem scilicet mansum Godefridi Willelmus et Pontius de Ogney dederunt quicquid habedant ibidem scilicet mansum Stephani non videntis.

Hugo de Thervay dedit Deo et sancte Marie Acey laudantibus fratribus suis Narduino et Roberto quicquid habebat in manso Galfridi de Columbario.

N° 6. — Narduin de Vaux et sa femme, Anséric et sa femme méritent une mention spéciale par la liberté qu'ils donnent à leurs serfs de donner ou vendre à l'Abbaye le surplus deleurs récoltes.

Narduinus de Vallibus et uxor ejus, Ansericus et uxor ejus dederunt quicquid penitus habebant in Columbario et in Atheys. Si vero homines eorum in predictis locis aliquid fructificaverint monachis tercias reddant et si terram excoluerint sine jussu dominorum suorum offerre pro elecmosina vel vendere solummodo ecclesie Accincti poterunt.

Narduin d'Auxange donne le manse du moine Constantin, une des premières vocations sans doute de la vallée.

Narduinus de Ansenger laudantibus filiis suis dedit quicquid habebat in Atheys scilicet mansum Constantini monachi et mansum Bernardi et mansum Alburgis.

N° 7. — Une donation de Guy de Pins énumère les trois classes qui composent la population du monastère.

Guido Barata de Pins dedit pratum situm subter domum de Fonte-Arlay quod est in territorio de Gysyr et decimas proprii laboris apud Fontem-Arlay quas monachi et conversi et eorum familia propriis manibus seu animalibus excoluerint.

Cette distinction de moines, convers et familiers est également rappelée dans une donation de Girard et Etienne d'Ougney.

N° 8. — Humbert, archevêque de Besançon, donne aux moines d'Acey, à l'exclusion de toute autre communauté religieuse, le droit de faire pâturer sa terre de Gy et d'y élever un abri pour les troupeaux pendant l'hiver.

Humbertus archiepiscopus Bisuntinus talem usum qualem potestas de Pins obtinet in potestate de Gy et de Bucey fratribus Acey concessit et ne homines alterius religionis in predicta potestate de Gyi sine consensu abbatis et fratrum Acey inhabitent confirmavit et in loco qui notatur Chacyned et usque ad Fayl super sanctum Mauricium et usque ad Croset et usque ad Fontem Johannis domun cellam ad alenda pecora a Festivitate Omnium Sanctorum usque in Pascha quotannis construere perhenniter concessit ita tamen quod alios labores infra prescriptos terminos sine laude et consensu ministrorum suorum nec vos nec posteri vestri exercebitis. Hoc donum laudaverunt ministri de Gyi et de Bucey videlicet Petrus villicus de Bucey. Ricardus et Guido de Gyi forasteri Stephanus cocus Humbertus cellerarius et Saltorius de Castello Narduinus de Ventoux.

N° 9. — Etienne d'Ougney et Aduin, chevalier de Pesmes, donnent des dîmes.

Stephanus Viridis de Ognei dedit Deo et sancte Marie Acey quicquid habebat indecimis de Vestruy et apud Tessenne et quicquid habebat in decimis que de laboribus nostris exiguntur.

Aduinus miles de Pasmis dedit Deo et sancte Marie Acey quicquid habebat in decimis de Tessene. Hoc donum laudaverunt filii predicti Aduini.

N° 10. — Guillaume de Pesmes avec le droit de pâture accorde l'exemption du droit de vente sur le marché de Pesmes.

Willelmus de Pasmis dedit Deo et sancte Marie Accincti pasturas tocius terre sue preterea concessit et dedit ventas de his que monachi emerent in foro de Pesmes laudante uxore sua.

N° 11. — L'archevêque Eberard sanctionne l'accord passé entre les religieux et Guy de Thervay et remet les choses au point où elles en étaient avant le schisme... *quo causa schismatis a domibus suis ejecti sunt;* Guy les remet en possession de tout *in terris pratris, nemoribus, ceteris quibusque*; le chemin d'Acey a Colombier barré par lui sera remplacé par un autre *quam dominus G. monachis pro concambio dedit;* les cens et droits seront rétablis dans les forêts; les bornes pour les pâturages seront replacées où elles étaient *mete pascuarum sicut inter eos antiquitus posite sunt tenebuntur;* une clôture en bois ou en pierre sera faite par les moines à leur grange de Colombier, etc.

Un accord semblable intervient avec les chevaliers de Brans.

N° 12. (1181). — Thierry, archevêque de Besançon, pour encourager le travail des moines, leur donne tout ce qu'ils ont aplani et essarté dans une de ses terres et trois arpents à défricher avec d'autres avantages.

Theodericus Bisuntinus archiepiscopus concessit fratribus de Aceyo quicquid ipsi applanaverant vel ayssertaverant in terra de Valedon et tria jugera ad applanendum...

N° 13. (1181). — Richard de Chastenay et son frère Aymon donnent entre autres choses des dîmes à condition d'être admis au nombre des moines quand ils le voudront.

...Quicquid habebant in decimis de Waschanger et in terra de Viller... in hac conditione quod quando predicti fratres Wichardus et H. voluerint in numero et consortio fratrum Accy recipientur...

Dans la même charte, Girard de Thervay, leur donne pour le repos de l'âme de sa mère différents biens, et entre autres un pré où ils pourront faire un étang s'ils le veulent, et le droit de pêche dans ses eaux pendant les deux jours qui précèdent la fête de Sainte-Croix.

N° 14. (1183). — Le port de Montagney.

Daniel de Moster dedit Deo et sancte Marie Acey... quicquid habebat in nemore de Vodenay preter perticas ad usum portus... et pratum juxta portum...

N° 15. — Etienne de Bourgogne donne une charge de sel par semaine.

Stephanus comes Burgundie dedit Deo et sancte Marie Acey unam monteam murie in suo puteo Ledonii singulis septimanis persolvendam ac jure perpetuo libere possidendam...

N° 16. (1195). — Le chapelain d'Avrigney donne du vin.

Amicus capellanus d'Avringney dedit Deo et fratribus Acey decem sextarios vini censualiter reddendos isti ecclesie singulis annis Dominica post festum Omnium sanctorum tali conditione quod ecclesia predicta vinum illud nunquam a se alienabit sed habebit cum conventus ipsa die predicta.

N° 17. (1205). — Etienne, chevalier de Thervay donne des dîmes, un serf, des pâtures et sa part dans les terrains défrichés.

Stpehanus miles de Thervays dedit in eleemosinam partem suam in extirpationibus... quicquid habebat in decimis Ognei videlicet mediam partem minoris decime et sextam majoris... etiam unum hominem apud Thervay videlicet uxorem Uldrici cum filiis et tenemento suo qui homo habebit mansum apud Thervay et falcatam prati et IX jugera terre. Dedit quoque pasturas apud Thervay post mortem suam et quamdiu in via Constantinoplis erit.

N° 18. (1275). — L'Abbé Hugues emprunte dix livres à un bourgeois de Pesmes.

Nos frater Hugo... debemus Vernero burgensi de Pesmes X libras quas mutuo recepimus in pecunia... reddendas eidem vel ejusdem mandato... quum sue placuerit voluntati...

N° 19. (1275). — André de Chamblay donne en aumône un manse. — Cette charte est en français comme un grand nombre de celles que l'on trouve ensuite. Toutes ont pour objet des aumônes, des acensements ou des conventions, et dès lors toutes se repètent. Contentons-nous de voir sous quelle forme ces choses se traitaient au Moyen-Age. Ce qu'il y a pu avoir de plus intéressant pour l'histoire a été rapporté dans le cours de ce travail.

« Je André de Chamblay fes cai en ariers Vienat de Chamblay fais assavoir a tos ces qui verront ces présentes lettres que por lou remede de m'arme et de mes ancessors ay donne et outroié en puire et permaignable aumônne a Deu et Nostre-Dame d'Acey et à l'abbé et au covant de cel meisme leu lou mes Lambelin au Mothon de Branc et la maison qui est essise au dit mes et de met lou cultil qui est darriers lou dit mes et darriers les apertenances qui apertiennent au dit mes ce est a savoir en terre en prés en eaux et en bois et en totes autres choses qui apertiennent et doivent apertenir au dit mes... En témoignaige de laquel chose nos frères André abbé de Rozières et Pierre vicayre de Chamblay a la requeste doudit André et d'Estevenin, de

Willemin et Jehannins dessus nommey avons mis nos saels en ces presentes letres que furent faites l'an de l'Incarnacion Notre Seignor Jhesus Crist qui corroit per M. et CC. et LXXIIII du mois de janvier ».

N⁰ 20. (1274). — Vente d'un droit au port de Montagney.

« Je Jacot de Cresancé... ai vendu et outroié permaignablement a religions homes a l'abbé et au covant d'Acey... tel pertie cou je avoi ne davoi avoir au port de Montaigné c'est a savoir la moitié per huit livres d'estevenans et men tiens por paies en bons deniers nombrés que je ai reçues des dits religions homes de l'abbé et dou couvant d'Acey... »

N⁰ 21. (1295). — Vente sous forme d'aumône.

« Je Perrin, qui fut fils de Jelebert de Montainé... por le remède de l'arme de moi et des armes a mes ancessors ai donné et doine en heritaige et en aumonne permainnamble... la nue partie des decimes des terres des communes de Montainné et la moé partie des terres co ast a savoir la sezeme partie des mêmes dismes des dites terres... Et por ca que lidits seignors d'Acey ont regarde la bone devocion que je ai a lu et a lor yglise il me ont done en recompensatium de cest dont je lor ai fai quarante sos de bons estevenans et un amenal de ble a la mesure de Pesmes desques quarante sos et dedit amenal de ble je me tiens por bien paie... »

N⁰ 22. (1298). — Fondation d'un service religieux pour défunts.

« Messire Faivre de Montagney chevalier donne « doze amenates de blé et huit amenates d'avoine à la mesure de Pesmes » « espécialement por ce que ils doivent faire de lor propre por moi et mes ancessors un anniversaire chacun an ».

N⁰ 23. (1304). — Bail à vie de quatre journaux de terre.

« Nos frere Haymes dis abbé d'Acey... avons laissié outroyé et delivrey a Perrenot le fils de Hugon autroittier de Sermaiges à Hugonin et à Huguenot enfans doudit Perrenot à lour vie tant solement quatre jornals de notre terre de la grange de Monmorel c'est à savoir en la fin de Beroth en tel manière que nos ou notre commandemens davons havoir paiere et recevoir un chacun ans ou temps de la moisson d'icels en la dite terre la sexte partie toute délivrée à leur vie et après le décex dou darrier de lour en cel année que li darriers de lour sarai trespassée de vie a mort nous en notre commandement ou notre successour pouront et perceuront hicele année au temps de la moisson en la dite terre la moitié des feis et dou blé... et notre dite terre doit repaissier a nos et a nos successours.

N° 24. (1316). — L'Abbaye engage des dîmes.

Jehan, fils au lordet de Gendrey fais savoir à tous qui comme chose certenne fut que Frere Besancon abbes d'Acey et li covent de ce moisme leu me dahussent seize livres d'estevenans que je lours avoir prestées a leur grant besoin... que je lour ay quitté et quitoi pour tous jours mas pour lour desmes de Sermaiges que il mont... delivrey jusque a dix ans continuellement a venir après la confection de ces lettres... et si je teigne les dis desmes par l'espace des dites dix années la dite some d'argent sot quite que je ne lour au prins ne doit jamais riens demander et lidis desmes repaure et a lour franchement sans nul empagement lou terme passey...

N° 25. (1316). — L'Abbaye termine un différend avec Huguenin de Saint-Julien en lui promettant une pension alimentaire où il entre de la viande.

Je Huguenin de Saint-Julien filz cai en arrière Villemete d'Avreney damosale fais savoir à touz que come descors fuist mehuz entre moy d'une part et religiouses persones frere Besancon dict abbé d'Acey et lou covent de cel mainmes leu d'autre part sur ce que je demandoie es diz abbey et covent et alour dicte englise d'Accey lou mex et lou tenement Henry dict Froide Ale d'Avreigney item lou mex et lou tenement Berthoul d'Avreigney et les appartenances desdiz mex essis en la ville et au territoire d'Avreigney pour raison de heristaige de part Villemete ma mère dessus dicte... hay quitey et quitois pour moy et pour mes hers a tous jours mois es diz abbey et covent et à la dicte englise d'Accey pour lour et pour lour successours tel droit, tel raison, tel action come je ay povoir et devoir avoir pour rayson de moy et de mes devantiers es doux mex dessus diz c'est a savoir ou mex Henri Froide ale d'Avreigney et ou mex Berthout dou dit leu et es appartenances des dix mex, c'est à savoir en chasseuls, en moissons, en cultiz, en champs, en preez, en vignes et en toutes autres choses... pour raison de coir, li diy abbés et li covent d'Accey... en récompensation dou droit que je povoie et davoie avoir e diz mex me ont donney et outroié donent et outroient à ma vie seulement en lour dicte maison d'Acey ma provende de pain telle come a un moine et de vin aussi selon cou que li année aporterait et selon cou moismement quel on donnoit a un moingne cest a savoir pain et vin de covent et viande aussi de covent telle comme a un moigne et quatre aunes de drap et ma chancemante et lit soffisant. Et si je voloie aler ou aloie demerer autre part fors de la dite englise d'Accey je an puis porter et doi avoir ma provende de pain et les quatre aunes de drap et ma chancemante... et quand il me plairoit de retorner je auroie les chosses dessus dictes come devant.

Recueil des inscriptions des abbayes cisterciennes du diocèse de Besançon, par M. Gauthier, archiviste du Doubs.

Furent inhumés et eurent leur inscription à Acey :

1. Damette, dame de Pesmes et Guillaume son fils vers 1270.

2. Jean d'Apremont, fils de Guillaume mort en Franconie (treizième siècle, — 2º moitié).

3. Humbert de Rye, seigneur de Beaujeu, août 1333 ou 1363.

4. Jean d'Arguel, chevalier, seigneur de Roset, mort en mai 1370.

5. Marguerite de Rougemont, femme de Mathieu de Rye, seigneur de Balançon, 4 février 1378.

6. Richard de Mailley, chevalier, 3 août 1382.

7. Mathieu de Rye, dit de Neublans, seigneur de Balançon, 17 janvier 1420 et Thiébaud de Rye son oncle, 17 février 1399.

8. Béatrix de Vienne, dame de Balançon, 19 septembre 1422.

9. Antoinette de Salins, dame de Balançon et Corcondray femme de Jean de Rye, 17 mars 1440.

10. Louise de Rye, dame de Poupet et d'Ougney, fille de Mathieu de Rye et de Béatrix de Vienne, 24 mars 1440.

11. Etienne Pardessus ou Pardessus les autres, écuyer, seigneur de Chazel, 29 novembre 1459.

12. Pierre de Salins, Abbé d'Acey, 4 mars 1462.

13. Jean de Rye, seigneur de Balançon et Corcondray, 17 septembre 1462.

14. Jean de Salives, conseiller au Parlement, 25 septembre 1469.

15. Louis de Rye, et Jeanne de Salins sa femme, 27 mai 1477.

16. — Jean de Rye, 18 mai 1481, et sa femme Jacquette de Rufey, 1er juin 1481.

17. Jacques de Dijon, dit de Tournielle, 24 février 1506, Abbé d'Acey.

18. Jean Bretin de Thervay, écuyer, 19 juillet 1520.

19. Pierre de Louhans, dit de la Michodière, Abbé, 17 avril 1525.

20. Guillaume du Vergier, écuyer, seigneur de Chemilly, 2 juin 1530, et Marie du Brulard, sa femme.

21. Frère Laurent Puget de Rancé, Abbé, 1545.

22. Louis de Rye, évêque et prince de Genève, 24 août 1550, (seulement le cœur du prélat).

Académie de Besançon, année 1882, p, 290. Des fragments des tombes de Jean d'Arguel, Mathieu de Rye, Pierre de Salins, et Louis de Rye, existent encore aujourd'hui à Accy.

ÉVALUATION

EN MESURES ET MONNAIES ACTUELLES

des

MESURES ET MONNAIES ANCIENNES

Citées dans cet ouvrage

Bichot. — Mesure pour les graines, de 480 livres, soit 240 kilogrammes (1).

Livre. — Poids de 16 onces ou un demi-kilog.

Muid. — Mesure pour les liquides, 256 pintes ou 500 litres environ.

Montée de sel. — Quantité de sel contenu dans 24 muids ou 12,000 litres d'eau salée.

Journal. — Portion de terre suffisante pour occuper un colon dans une journée, soit le tiers d'un hectare.

Faulx ou soiture. — Portion de pré qu'un homme peut couper dans une journée, le tiers d'un hectare environ.

Arpent. — Mesure en usage surtout pour les forêts et équivalant à peu près à 28 ares.

Livre. — Monnaie d'argent pesant, à l'origine, une livre ou 500 grammes.

Sol. — Monnaie d'argent valant le vingtième d'une livre.

Denier. — Monnaie valant le douzième d'un sol.

Florin. — Monnaie d'or française, d'une valeur variable. En 1476, 1000 florins valaient 700 livres (1) ou en monnaie comtoise, un peu plus de 777 francs. Afin de permettre

(1) Dom Grappin, *Recherches*, etc. p. 100.
(1) Dom Grappin, ibid. P. 14).
(1) Ibid., p. 59).

d'apprécier les acensements, disons qu'au treizième siècle, le bichot de blé (240 kilogs se vendait 40 sols et le muid de vin (500 litres) de 2 à 6 livres. On donnait à un soldat pour sa journée, 8 deniers ; à un fossoyeur de vigne, 18 deniers ; à une femme, 5 deniers. Une livre de cire coûtait 2 sols 6 deniers ; une poule de 4 à 8 deniers. Le blé se vendant un denier la livre, un vigneron devait travailler 11 jours pour en acheter 100 kilogs. Enfin, on l'a vu, souvent c'est une partie déterminée des fruits qui est fixée comme une redevance et dès lors chacun peut comparer les conditions de ce fermage avec celui de notre époque (1).

(1) Dom Grappin, *Recherches*, etc. p. 101.

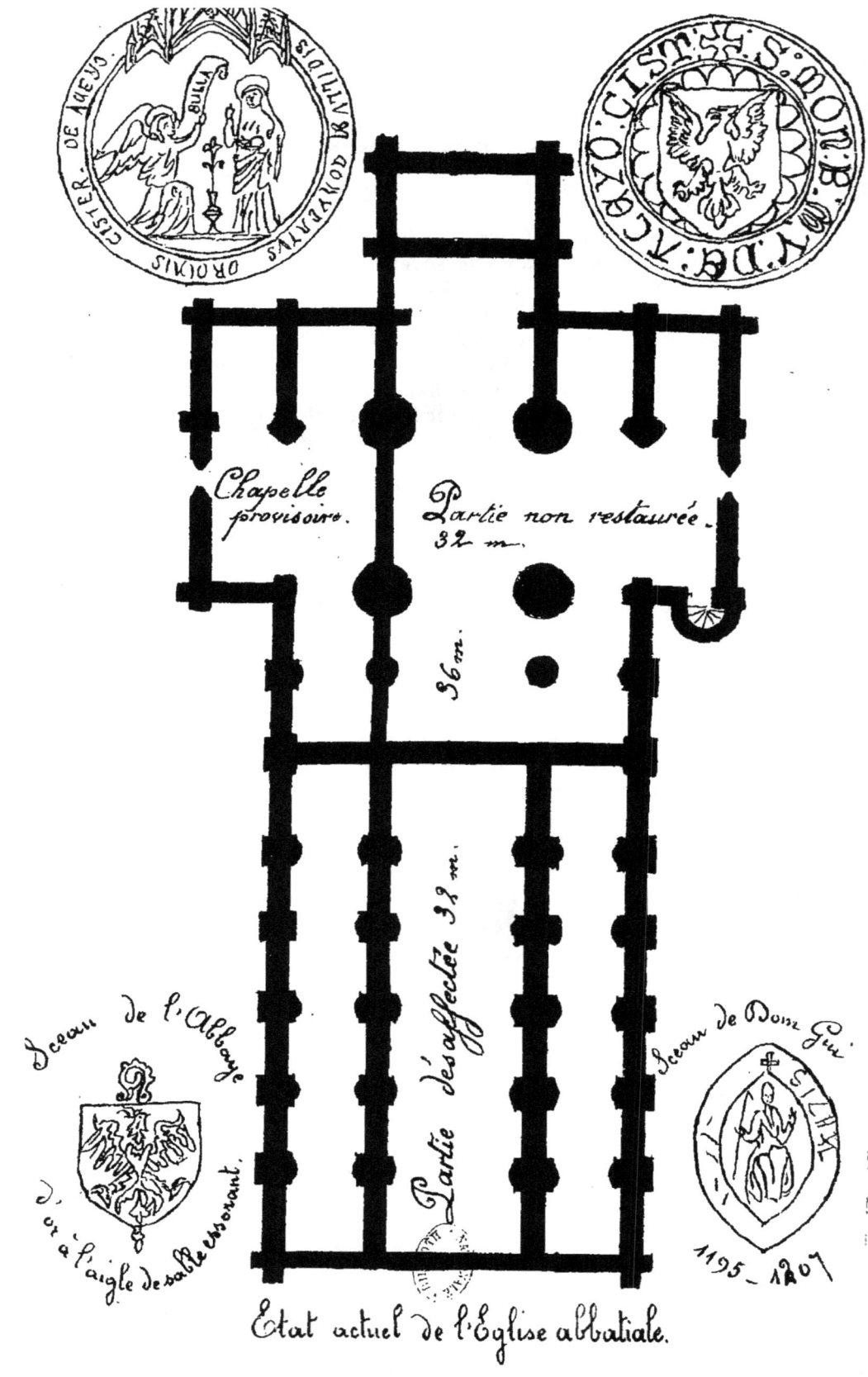

État actuel de l'Église abbatiale.

TABLE DES MATIÈRES

CHAPITRE PREMIER. — Situation d'Acey. — Souvenirs de l'époque romaine et de la première époque du Moyen-Age. — Fondation de l'Ermitage Saint-Jean et consécration de sa basilique. La congrégation des ermites (1128). page 7

CHAPITRE DEUXIÈME. — Renaud III, comte palatin de Bourgogne, fondateur de l'Abbaye d'Acey. — Les archevêques Ansèric et Humbert, ses protecteurs ; les seigneurs et prêtres, ses principaux donateurs. — L'Ordre de Citeaux ; sa règle, sa popularité et les motifs de sa popularité. — Saint Bernard et Acey. page 24

CHAPITRE TROISIÈME. — Dom Philippe, premier Abbé d'Acey (1138-1151). — Départ de Cherlieu. — Dom Lucas, deuxième Abbé (1151-1162). — Construction du cloître et des lieux réguliers, du moulin et de l'huilerie. — Donations de terres et serfs. — Moines profès et convers. — Mercenaires. — Organisation des granges et multiples bienfaits de l'Abbaye. page 48

CHAPITRE QUATRIÈME. — Lutte de Frédéric Barberousse contre Alexandre III et contre l'Ordre de Citeaux. — Les moines d'Acey sont chassés du monastère par Herbert. — Dom Pierre, troisième Abbé (1161-1179). — Fondation de l'abbaye de Polisy. — Dom Odon, quatrième Abbé (1179-1180). — Construction de l'église abbatiale. — Sa description sommaire. — Dom Servius, cinquième Abbé (1180-1195). — Agrandissement des domaines. — Dom Guy, sixième Abbé (1195-1207). — Inhumation des bienfaiteurs dans le cimetière de l'Abbaye. — Le Prieuré de Bellefontaine. — Dom Gauthier, septième Abbé (1207-1220. — Donations de rentes. — Un oblat. — Dom Pierre II, huitième Abbé 1120-1256). — L'Abbaye acquiert des fiefs. — Le siècle d'or de l'Ordre de Citeaux. page 75

CHAPITRE CINQUIÈME. — Dom Louis neuvième Abbé d'Acey (1255-1267) — Dom Jean, dixième Abbé (1265-1270). — Abolition de la Charte de Charité. — Dom Hugues, onzième Abbé (1270-1290). — Scrupules des laïques possesseurs de dîmes. — Dom Jean, douzième Abbé (1290-1300). — Changement dans l'esprit public. — Les marchés remplacent les donations. — Dom Vernier, treizième Abbé (1300-1314). — Lutte de Philippe-le-Bel contre Boniface VIII et sa persécution contre les moines. — Dom Etienne, quatorzième Abbé (1314-1317). — Dom Jacques, quinzième Abbé (1317-1320). — Dom Aimé de Rochefort, seizième Abbé (1320-1326). — Dom Renaud, dix-septième Abbé (1326-1334). — Acensements. — Diminution de la ferveur dans les cloîtres. — Dom Humbert de Sermange, dix-huitième Abbé (1334-1348). — Réforme de Benoît XII. — Dom Nicolas de Sermange, dix-neuvième Abbé (1348-1364). page 104

CHAPITRE SIXIÈME. — Dom Aimé II de Rochefort vingtième Abbé (1364-1405). — Donation de Philippe de Rouvres et de la maison d'Arguel. — Décadence persistante de la discipline des moines. — Etat nouveau de l'Ordre. — Dom Etienne de Salins, vingt et unième Abbé (1405-1412). — Dom Jean de Rouvres, vingt-deuxième Abbé (1412-1423). — Misère publique et troubles. — Dom Jean Machefoin vingt-troisième Abbé (1423-1429). — Donation de l'église de Peintre. — Dom Pierre de Salins, vingt-quatrième Abbé (1429-1462). — Paix et prospérité. — Dom Jacques Albert, vingt-cinquième Abbé (1462-1477). — Acensements désastreux. — Dom Jacques de Balerne, vingt-sixième Abbé (1477-1478). — Sac de l'Abbaye par les troupes de Louis XI. — Emprisonnement, rançon et mort de l'Abbé — Dom Vincent de Vair, vingt-septième Abbé (1478-1495). — Pauvreté de l'Abbaye et des campagnes. — Décision de Rome au sujet de l'abstinence. — Dom Jacques de Dijon, vingt-huitième Abbé (1495-1509). — Etat de l'Ordre. — Dom Pierre de Louhans, vingt-neuvième Abbé (1507-1517). — Règlement avec Balançon pour la chasse et les fondations. — Dom Laurent de Rancey, trentième et dernier Abbé régulier d'Acey (1545-1545). page 130

CHAPITRE SEPTIÈME. — Les abbés commendataires. — De la commende : son origine et ses causes, ses progrès et ses conséquences. — Louis de Rye, évêque de Genève, trente et unième Abbé, et premier commendataire (1545-1550). — Philibert de Rye, trente-deuxième Abbé et deuxième commendataire (1550-

1559). — Claude de Bauffremont, évêque de Troyes, trente-troisième Abbé, et troisième commendataire. — Institution d'un fermier général. — Philippe-François de Rye, trente-quatrième Abbé et quatrième commendataire (1593-1637). — Invasion de l'Abbaye par les soldats de Henri IV et réconciliation de l'Eglise en 1604. — Sac de l'Abbaye par les Suédois en 1656. — Misère inexprimable du pays. — Peste. — Pierre-François-Ernest de Mercy, trente-cinquième Abbé et cinquième commendataire (1637-1653). — Il réside à Acey. — Laurent Outhenin, trente-sixième Abbé et sixième commendataire (1653-1672). — Ses procès, ses luttes contre les religieux. — Décadence spirituelle. page 161

CHAPITRE HUITIÈME. — Réforme d'Alexandre VII. — La règle nouvelle de Citeaux. — François de Croy, trente-troisième Abbé et septième commendataire (1672-1725). — Un compétiteur, Etienne Patouillet. — Conquête de la Franche-Comté. — Les Français à Acey (1674).—Incendie de l'Abbaye (1683). — Philippe de Saint-André, trente-huitième Abbé et huitième commendataire (1725-1765. — Reconstruction de l'Abbaye. — Luxe de l'Abbé. — Claude du Chaylard, trente-neuvième Abbé et neuvième commendataire (1765-1779). — Reconstruction des cloitres. — M. de Lezay-Marnezia, quarantième et dernier Abbé, dizième commendataire. — Vie des religieux. — Mesures préparatoires à la suppression des Ordres religieux. — Décret de suppression 13 février 1790. — Vente de l'Abbaye et de ses biens, 19 décembre 1790. — Démolition de l'autel (1792). page 184

CHAPITRE NEUVIÈME. — L'Abbaye est vendue de nouveau. — M. l'Abbé Bardenet. — Le Pensionnat des Filles de Marie (1825-1853). — Le Prieuré bénédictin (1854-1857). — Une première fondation cistercienne (1862-1863). — Histoire de l'ordre cistercien depuis la Révolution. — Deuxième fondation (1867-1870). — Mgr Nogret, évêque de Saint-Claude, fondateur de l'Abbaye. — La guerre franco-allemande. — Retour des religieux à Acey (1872). — Dom Benoît, premier Prieur (1872-1875). — Dom Benoît II, second Prieur (1873-1878). — Bienfaiteurs de l'Abbaye, Mgr Marpot, M. et Madame Menan, de Montrambert. — Frère Joseph et Frère Amable. — Restauration partielle de l'église abbatiale. page 222

BESANÇON. — IMP. H. BOSSANNE

OUVRAGES DU MÊME AUTEUR :

La paroisse de Vauconcourt et les seigneurs du Chastelet

L'Eglise prieurale de Grandecourt, *honoré d'une mention de l'Académie de Besançon*

Un coin de frontière franc-comtoise

Réglement pratique de vie chrétienne, *traduit de l'italien et revu*

www.ingramcontent.com/pod-product-compliance
Lightning Source LLC
Chambersburg PA
CBHW062011180426
43199CB00034B/2379